教育部人文社会科学重点研究基地

U0950042

对外汉语/汉语国际教育研究生系列教材

总主编 崔希亮

语言测试概论：几个问题

张凯 著

北京语言大学出版社
BEIJING LANGUAGE AND CULTURE UNIVERSITY PRESS

图书在版编目（CIP）数据

语言测试概论：几个问题 / 张凯著 .-- 北京：北京语言大学出版社，2016.11

对外汉语 / 汉语国际教育研究生系列教材

ISBN 978-7-5619-4766-1

Ⅰ . ①语…　Ⅱ . ①张…　Ⅲ . ①汉语－对外汉语教学－教学研究－研究生－教材　Ⅳ . ① H195.3

中国版本图书馆 CIP 数据核字（2016）第 276886 号

语言测试概论：几个问题

YUYAN CESHI GAILUN：JIGE WENTI

排版制作：北京创艺涵文化发展有限公司
责任印制：姜正周

出版发行：北京语言大学出版社
社　　址：北京市海淀区学院路 15 号，100083
网　　址：www.blcup.com
电子信箱：service@blcup.com
电　　话：编辑部　8610-82303647/3592/3395
国内发行　8610-82303650/3591/3648
海外发行　8610-82303365/3080/3668
北语书店　8610-82303653
网购咨询　8610-82303908
印　　刷：北京九州迅驰传媒文化有限公司

版　　次：2016 年 11 月第 1 版　　印　　次：2016 年 11 月第 1 次印刷
开　　本：787 毫米 × 1092 毫米　1/16　　印　　张：16.5
字　　数：333 千字
定　　价：49.00 元

PRINTED IN CHINA

总 序

崔希亮

2010年初，由张博、孙德金教授提议，编写一套对外汉语 / 汉语国际教育研究生系列教材，推举我做总主编。我觉得这是一件值得去做的事就答应下来了。然后我们就组成编委会，开始确定选题，物色作者，并几次开会研究讨论，确定这套教材的编写思路，包括指导思想、教材定位、教材特色、编写体例等。北京语言大学出版社对这一选题也很感兴趣，从技术和资金方面给予支持。

编委会经过研究，确定了这套教材的八个板块，拟定了每个板块的内容，并初步确定了作者队伍。这八个板块是：

一、基础理论与方法板块

二、汉语语言学理论板块

三、语言教学理论板块

四、语言技能教学理论板块

五、语言要素教学理论板块

六、语言教育技术理论板块

七、汉外对比及跨文化交际理论板块

八、其他板块

根据这八个板块，我们拟分批推出30种教材：

1.《语言导论》

2.《语言学流派》

3.《语言学方法论》

4.《语言教学研究方法论》

5.《语言研究的实验设计》

6.《汉语概论》

7.《汉语简史》

8.《第二语言教学导论》

9.《第二语言教学设计概论》

10.《语言学的观念和方法》

11.《第二语言学习概论》

12.《语言测试导论》

13.《第二语言教学史》

14.《第二语言教学法研究》

15.《专门用途汉语教学》

16.《对外汉语教材导论》

17.《汉语听说教学研究》

18.《汉语阅读教学研究》

19.《汉语写作教学研究》

20.《语法及语法教学研究》

21.《语音及语音教学研究》

22.《词汇及词汇教学研究》

23.《汉字及汉字教学研究》

24.《语用、篇章教学研究》

25.《语言教育技术研究》

26.《语言教育资源研究》

27.《汉外对比研究与教学》

28.《跨文化交际研究与教学》

29.《第二语言教学与文化》

30.《第二语言教师发展与培养》

这个框架是按照学科的学理逻辑构建的，作者的选择也是根据学者们的学术背景和专业特长确定的。待各项工作展开之后，我们才发现这一工作并不简单。首先，教材的文本内容应该是深入浅出的，而要做到深入浅出实非易事；其次，这套教材应该考虑到趣味性、可读性，这又是一个更困难的任务，因为严肃的学术问题有的时候只能不苟言笑；第三，现在的教授们都很忙，忙着上课、带学生、讲学、做项目，甚至云游四海，很难静下来好好考虑教材的问题。由于有以上一些困难，有的作者表示难以完成任务，提出退出课题组，因此编委会经过讨论，决定从实际出发，适时调整板块内容和作者。

对外汉语教学 / 汉语国际教育是一个独立的学科，也是一个交叉的学科，同时它还是一个新兴的学科，这个学科涉及语言学理论、汉语语言学、语言教学和语言学习理论、语言教学技能、语言教学方法、语言测试、语言教育技术、汉外对比研究和跨文化研究等不同的分支学科。从学科分布上看，这个学科涉及语言学、教育学、认知科学、心理学、计算机技术等不同的领域，任何人都难于以一己之力贯通所有研究领域。因此整合学术力量、协力合作才是最佳选择。当前，开设语言学及应用语言学专业对

外汉语教学 / 汉语国际教育方向研究生课程的高等学校越来越多，招收的研究生数量也十分可观，尤其是专业研究生的数量增加速度很快，而学生来源却是五花八门，什么专业背景的都有，师资力量准备不充分，没有现成的合用教材。我们也知道这个学科既有的研究基础尚嫌薄弱，但是编辑出版一套针对研究生的教材时机已经成熟。我们邀请了学界知名学者和汉语教学经验丰富的专家担纲，推出这套“对外汉语 / 汉语国际教育研究生系列教材”，可以填补这个领域的空白，为对外汉语教学和汉语国际教育的研究生培养贡献绵薄之力。这也是学界期盼已久的事情。

这套教材的学科定位为语言学及应用语言学专业的对外汉语教学 / 汉语国际教育方向；读者定位为硕士研究生指导教师和硕士研究生群体，当然也涵盖汉语教师志愿者、孔子学院教师等；内容定位为对外汉语教学 / 汉语国际教育的所有分支学科；作者队伍定位为对外汉语教学与研究的一线教师和资深专家；编写理念定位为理论与实践相结合，学术性与可读性相统一。

在讨论的时候，我们在以下几个方面达成共识，即本套教材应该具备以下几个方面的特色：

（1）以问题为导向设计章节，目的是引导学习者尽快介入本学科研究的前沿课题，深入思考各种各样的问题，鼓励学习者自己动手寻找答案；

（2）注意知识点和问题排列的科学性和系统性，借鉴国内外学界最新研究成果，求创新，图新颖；

（3）对问题的讨论力求深入浅出，晓畅易懂，不拘泥于成说，诱导读者步步深入，探及问题本质；

（4）教材要有趣味性，语言生动、例子经典，学习者可以用来自学而不觉得枯燥乏味；

（5）配合各章节提出的问题注重研究方法的讲解和阐释，尽量给学习者留出进一步研究的空间。

科学研究是一项个体性非常强的行为，所以本选题虽然是系列教材，但是每一本教材的个性特征还是很鲜明的。尽管我们在体例上提出了要求，但是不同的作者还是会把自己的印迹留在教材上。不管是内容的剪裁还是语言表达风格，都与作者的研究领域和教学经验密不可分。

四年时间过去了，作者们开始陆续交稿了，我期待着学界的批评指正，更期待着大家对这套教材提出完善意见和建议（反馈邮箱：gjhyjxyj@blcup.com），为日后的修订提供借鉴和参考。

2015 年 10 月

目　录

第一章 绪论

语言测试属于应用语言学，而在应用语言学领域里，语言测试可以说是一门抱负不凡的学科。

在心理测量和教育测量的影响下，现代语言测试萌芽于20世纪初，"语言测试作为一个分立的活动的概念已初露端倪……在本世纪［指20世纪——引者按］的最初几年，可以看出，一场旨在测量人类差异的浩大运动已经开始"（Barnwell，1996：8-9）。1915年，Frederick Kelly 发明了多项选择题；1919年，Charles Handschin 编制出第一个标准化的语言测验（Barnwell,1996：9-15）。按照 Spolsky（1996：354）的第二种划分，语言测试此时进入了它的"现代"时期。1961年，Robert Lado 出版了他的 *Language Testing: The Construction and Use of Foreign Language Tests*，这是语言测试领域的第一部专著。

到了20世纪90年代，语言测试已经有了极大的发展，于是有人认为：

> 语言测试……从 Lado 时代应用语言学的配角，转变为今天［指20世纪90年代——引者按］在应用语言学中居主导地位的角色，其原因在于，它是用明显有活力的方法去面对语言学习和语言应用中的主要问题。在过去的20年中，语言测试一直使自己从只具有实践意义向既具有实践意义也具有理论意义转变。唯其如此，它便既获得了学院派的尊敬，又开始具备了解释力。（Davies，1990：71-72）

那么语言测试为什么能"获得学院派的尊敬并具备解释力"呢？按照 Davies（1990：70-71）的说法，是因为语言测试"既要解决语言教学中的实践性问题，又要检验应用语言学所关心的核心问题：语言能力的性质、语言能力倾向、语言学习阶段的描绘"，因此，Davies（1990：9-10）认为，语言测试有研究语言的作用。Bachman

（1990：67-69）则更具体地说，语言测试可以用于研究语言能力的性质、语言处理、语言习得、语言丧失和语言教学等五个方面的问题。

从 20 世纪 90 年代开始，语言测试的研究者就这样给自己的学科定位，所以我们说语言测试可以算是一门抱负不凡的学科。

20 世纪 90 年代到现在，又是 20 多年过去了，我们怎样看待 Davies 等人给语言测试的定位呢？

Bachman（1990：2）曾说，"当前语言测验的研究和发展，融合了几个领域的成果：语言习得和语言教学研究、描述语言熟巧度和语言应用的理论框架以及测量理论"。既然语言测试研究融合了几个领域的成果，那它或许也应该为这些领域做出一些贡献，然而这样的东西似乎很少。Rogers（1995）出版了一本 800 多页的书 *The Psychological Testing Enterprise: An Introduction*，这是一部史论兼具的教材。他把书中所讨论的主要内容——其实就是心理测量以及相关领域的一些重大事件——列成一个表，他称作 road map（路线图）。这个表长达十几页，内容有几百项，而语言测试方面的贡献只有一项，即 Frederick Kelly 发明的多项选择题。

近一百年来，我们语言测试领域一直在使用心理测量、教育测量、数学等领域创造的理论和方法，而我们自己对其他领域几乎没有贡献。语言测试是应用语言学的一部分，Davies 等人甚至认为语言测试在应用语言学中居主导地位，但我们给应用语言学乃至语言学提供了什么东西呢？前文提到，语言测试要解决语言能力的性质问题，那么关于这个问题，我们解决得如何呢？

20 世纪 60 年代，Lado（1961）以及 Carroll（1968：8）提出了语言能力的"技能—成分"模型，Bachman（1990：82）对这个模型提出了批评：

> 为测量语言能力而建立的早期模型，是把语言技能和语言成分结合在一起，如 60 年代初 Lado 和 Carroll 提出的模型就是这样。这类模型区分了语言技能（听、说、读、写）和语言知识的组成成分（语法、词汇、音位 / 正字法），但没有指出各项技能和语言知识是如何联系的。各项技能是否只是知识成分在不同方式和通道的表现形式，抑或它们之间有本质的区别，这些都是不清楚的。

20 世纪 70 年代，关于语言能力，Oller（1976、1979）提出了他的"单一能力假说（Unitary Competence Hypothesis，UCH）"，他认为，语言能力是一个单一的、不可再分的能力。尽管这个假说获得了相关分析和因素分析的支持，但几乎从一开始，就没什么人相信或愿意相信语言能力是单一的能力。有意思的是，反对 UCH 的人则陷入一个悖论：

> 我们陷入一个这样的悖论：我们越是想测到不同的技能，并且测这些技能的工具越精良，这些技能之间的相关就越高，于是它们就越像是一个不可划分的单一技能。（Carroll,1973:11）

到了20世纪80年代，在Hymes（1972、1974）交际理论的影响下，Canale & Swain（1980）提出了一个语言交际能力模型。在这个模型的基础上，Bachman（1982）提出了自己的交际能力模型，该模型在80年代末又经过了修改和扩充（Bachman，1990）。Bachman的交际能力模型声称通过了经验检验，语言能力的问题解决了！自Bachman以来，语言能力的研究在测试领域没有什么进展。然而现在我们发现，Bachman的做法有一些错误，这个模型根本没有通过检验（详见第二章）。

以上说的是语言能力理论方面的问题。自多项选择题、完形填空等题型出现以来，测试方式上至今也没什么大的发展。语言测试使用的题型仍然是以多项选择为代表的客观题和作文、口试等主观题。这两类题型各有各的问题。

我们先说客观题。客观题的基本形式包括两个部分：一部分是书面或口头的语言材料，这是给被试的刺激；另一部分是若干个书面的选项，被试从中选择一个他认为正确的作为他的反应。语言测试是以反应为中心的测量，我们是通过被试对语言刺激的反应去推测他的语言能力的。我们知道，接受语言刺激、做出语言反应，都是大脑活动的结果。然而，在使用多项选择题的情况下，我们无法知道被试大脑里的语言活动是什么样的，但我们却可以推断，在被试接受的刺激和他的反应之间，一些和语言能力无关的因素可能掺杂进来，这些因素可能会"污染"被试的反应，这些因素就是误差。大家知道，语言测试中的误差可能来自题目、评分员或评分系统，可能来自环境，也可能来自被试自己。我们只说来自被试方面的误差。假定我们使用的是四选一的多项选择题，假定有一个被试，他完全没有语言能力，但从概率上讲，他可以通过随机猜测答对四分之一的题目。我们又假定，有一个被试，他有一定的语言能力，他凭他的能力认真答题，也答对了四分之一的题目。用现在的技术，我们是无法区分这两个被试的。

至于主观测试，其缺陷就更是众所周知了，那就是评分的主观性。评分的主观性是客观存在的，现在，我们只能用增加评分员的办法去"抵消"这种主观性，但这并不是一个合理的办法（详见第六章）。

目前，语言测试在理论研究和技术开发方面都处于停滞不前的状态。我们也许认为语言测试是一门科学，至少我们希望语言测试这个学科能够成为一门科学。但也许我们忽略了，一个学科要想成为科学，那需要几个基本条件，归纳起来，这些条件就是“四个基本”，即基本对象、基本现象、基本问题、基本方法。

科学不是什么东西都研究。在这个大千世界里，我们可以看到各种各样的事物。一个学科要想成为科学，它就要在这些事物中选择一种或一类作为基本的研究对象，而不是把很多不同的东西放在一起统统作为研究对象。例如，物理学中的力学只把运动着的大大小小的物体当作研究的基本对象，这些物体大到天体，小到基本粒子。再如化学，它只以分子和原子层面上的物质结构为研究对象，大于分子或小于原子的物质它就不研究了。物理学和化学都不以社会、文化、历史等为研究对象。

波塞尔（2002：155-156）列出了科学研究中的“第一级规定”，其中第一条就是“本体规定”，“这类规定决定各个科学分支即学科的基本研究对象……另外还决定这些基本对象之间的一般关系”。波塞尔（2002：156）接着说：“没有一门学科可以离开这一规定……各个学科所特有的基本研究对象以及这些对象之间的基本关系，同时决定了该学科的结构。”

科学研究的目的是探索事物的规律，并使我们获得关于对象的真知识。不同的对象可能有不同的规律，例如，物体运动的规律就和遗传的规律不同。如果我们把性质不同的对象混在一起，那很可能就发现不了什么规律，反而会把事情弄得很乱。

在语言测试里，基本研究对象就是“语言能力”。对于这个判断，没有人会有异议，Lado、Carroll、Oller、Davies、Bachman 等人都明确地说语言能力是我们这门学科的研究对象。但是，如何理解以及怎样界定所谓的“语言能力”，不同的人可能有很不同的看法（详见第二章），在这个问题上，研究语言测试的人之间存在很大的分歧。

确定了基本研究对象，我们还要去寻找基本现象。一个或一类研究对象可能会呈现出多种现象，例如一个人，他在父母面前表现得像儿子，在妻子面前表现得像丈夫，在工作单位表现得像领导，而在医院则表现得像病人，这些都是这个人呈现出来的现象。和确定基本研究对象一样，我们也需要确定一个基本现象。一个特定的学科，把哪个现象当成其研究的基本现象呢？多伊奇（2002：144）说：

> 一个现象，如果只有深刻地理解了它，才能达到对世界的充分理解，则称这一现象为“基本”现象。当然，这个世界哪个侧面最值得去理解？哪个现象最深刻或最基本？对这种问题有各种各样的不同意见。有的人认为爱情是世界上最基本的现象，也有人认为如果某个人把经书背得滚瓜烂熟，那他就理解了一切值得理解的东西。我所讲的理解是用物理定律和逻辑、哲学原理表示的理解。深刻的理解是指那个更具有一般性、使表面上毫无关联的事实建立了更多联系、解释得更多而使用未解释的假设更少的理解。最基本的现象隐含在许多其他现象的解释

中，但是它们自己只能通过基本定律和基本原理得到解释。

就语言能力这个基本对象而言，我们可以看到它表现出的很多现象。例如，有人啰唆，有人寡言；有人声如洪钟，有人细声慢气；有人字斟句酌，有人信口开河。这些都是值得研究的基本现象吗？理解了这些现象算是对语言能力的深刻理解吗？或许我们应该在语言能力里寻找能用"物理定律和逻辑、哲学原理"去理解的现象？关于这个问题，我们将在第二章和第六章讨论。

确定了基本对象和基本现象，我们还要确定基本问题。什么是学科的基本问题？汪丁丁（1997：38-39）说：

> 基本问题就是贯穿于一个学科的全部历史并且推动着学科发展的那些问题。……基本问题在海德格尔看来根本就是不可能解决的，研究者只是不断地理解这些问题，不断地重新提出这些问题，从而不断地深化他们对整个理论的领悟。

汪丁丁这话也可以换一个说法：基本问题就是一个学科里最重要、最核心的问题，正是对这样的问题的不断研究，推动了学科的发展，而这样的问题，即便不是完全不能解决，也是很难解决的。在语言测试领域，语言能力（或语言能力模型）这个基本问题一直没有解决，至少没能很好地解决。在语言学领域，乔姆斯基在20世纪50年代提出了普遍语法理论，这个理论经过了若干个发展时期，直到20世纪末最简方案提出，普遍语法理论的问题也并没有彻底解决，但乔姆斯基及其学派的研究，推动了语言学的发展。

一个学科的基本问题为什么很难解决或不能解决，我们还可以从另一个通俗而简单的角度去理解：如果这个问题解决了，这个学科就没事干了，也就没有存在的理由了。

在我们这个学科里，我们试图解决的基本问题是：语言能力的本质是什么？这个问题，我们也将在第二章和第六章讨论。

一个学科要想成为科学，还需要一个条件，那就是基本方法。皮尔逊（1892/1999：15）说，"形成科学的，不是事实本身，而是用来处理事实的方法"。在现代科学看来，这个基本方法就是数学方法。

冯·诺伊曼（1999：28）则说，"在现代经验科学中，能否接受数学方法或与数学相近的物理学方法，已经愈来愈成为该学科成功与否的主要标准"。

在语言测试（也包括心理测量和教育测量）领域，我们虽然一直在使用一些数学方法，做一些统计描述和统计推断，但我们做得还很不够，我们还没有提出能用数学方程来表示的关于语言能力的定律。关于这个问题，我们将在第三章和第六章讨论。

除了语言能力问题尚未解决以外，测试领域的其他一些问题也还存在着混乱和误解，例如效度问题，尤其是构想效度问题。测试中效度概念的提出，已经有 100 多年了。在这 100 多年的时间里，效度概念不断发展、扩充。1954 年，美国心理学会（APA）发布了《心理测量与诊断技术的建议执行标准》（简称“1954 年标准”），其中出现了一个新的效度概念，那就是“构想效度”。第二年，Cronbach & Meehl（1955）写了一篇文章，对构想效度概念进行了阐述。构想效度概念的出现，是测试领域的一件大事。Rogers（1995：472）认为，“构想效度的引进，可以看成是自比奈发明智力测验以来，测验领域中最为显著的变化”，它标志着测验“和历史传统与实用传统彻底决裂”，而且“至今仍以显著的方式改变着测验事业”。但也有人说，效度研究方面“规范的理性进步却来得十分缓慢”（Wiley，1991：76），构想效度概念从出现时到现在，人们对它的误解，一直也没有消除。我们将在第三章讨论构想效度问题。

1952 年，Frederic M. Lord 写出了他的博士论文 *A Theory of Test Scores*，通常认为，这标志着被称为现代测量理论之一的项目反应理论（IRT）的正式诞生。经典测量理论（CTT）使用了大约 50 年后，人们发现它有一个很大的缺点，即测验和被试能力相互依赖。假如测验题目不变，能力水平高的被试会使这个测验的题目显得容易，而能力水平低的被试会使测验的题目显得难。这个事情的另一面是，假定被试不变，让他做一份难题，他的得分会低，而让他做一份容易的题，他的得分会高。这就是题目难度和被试能力之间的互相依赖。由于题目难度和被试能力互相依赖，我们就无法知道题目的绝对难度，也无法知道被试的绝对分数（能力）。Lord 的博士论文要解决的正是这个问题。2000 年，87 岁高龄的 Lord 去世，*Psychometrika* 杂志发布了讣告，讣告的作者是 Lord 的同事和朋友 H. Wainer 和 M. Stocking。讣告中说：

> Lord 建立的统计模型，也就是项目反应理论，在实践上有两个重要成果。第一，它提供了一个估计题目难度值的客观方法；第二，它允许不同的被试使用不同的测验，而得到的分数仍然是可以比较的。

熟悉 IRT 的人都知道，这说的就是 IRT 的一个重要特性：参数的不变性。第一条说的是题目参数具有不变性，第二条说的是被试的能力值具有不变性。从 Lord 的博士论文出现，也就是 IRT 的出现到现在，60 多年过去了。在这 60 多年里，怀疑 IRT 不变性的人少，而承认不变性的人多。那么，IRT 的参数是变还是不变呢？我们将在第四章里讨论。

1964 年，Luce 和 Tukey 提出了一个新的测量理论——联合测量（conjoint

measurement），关于联合测量理论的问题，我们将在第五章讨论。

语言能力、构想效度、IRT、联合测量等理论问题都存在一些混乱，这可能使我们的思路受到一定的限制，同时测试技术的进步也受到了限制。本书最后一章将尝试着提出两个新思路。一个是用计量语言学的方法解决作文评分问题，另一个是试图把事件相关电位技术引入语言测试。

第二章　语言能力问题

第一节　Bachman 语言能力模型批判

一、Bachman 的语言能力模型

Bachman 的语言能力模型可能是最著名、影响最大的模型。2012 年出版的 *The Encyclopedia of Applied Linguistics* 中有“Bachman”这个词条，其中说，在最近的 30 年里，Bachman 是语言测试领域最重要的理论家之一。Bachman 博士论文的内容是关于语言习得的，20 世纪 70 年代中期，他开始对语言测试产生兴趣。到了 20 世纪 80 年代初，他开始发表关于语言能力结构的文章。1982 年，他在 *TESOL Quarterly* 上发表了一篇文章（Bachman，1982），内容是分析完形测验所测到的潜在特质的结构。Bachman 编了一个由 30 个完形填空题组成的测验，根据题目内容（删掉的词的性质），这 30 个题分为 3 类、13 组，其中句法 4 组，连接（词组或句子之间的连接）7 组，策略 2 组。这 13 组题目究竟代表了什么特质？可供选择的有三个模型：第一，13 组题目都属于一个单一的特质，这和 Oller 的 UCH 相当；第二，13 组题目分属“句法”“连接”和“策略”三个互不相关的特质；第三，“句法”“连接”和“策略”三个特质既能区分开来，又有一定的相关，这样，就构成了一个“一般因素加特殊特质模型”。经过拟合检验后，Bachman 接受了最后一个模型，这个模型是这样的：

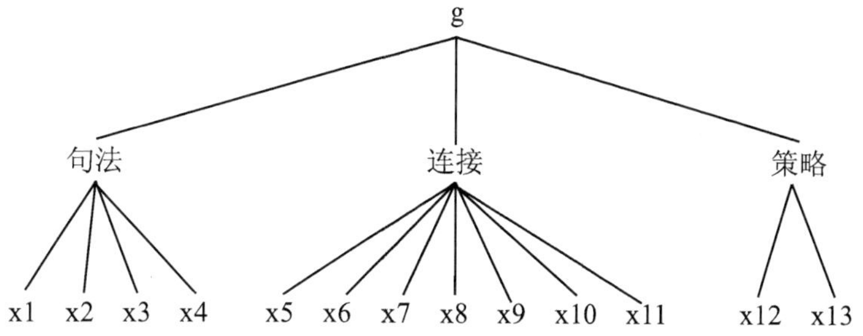

图 2-1　Bachman 模型的雏形（Bachman，1982：65）

在 20 世纪 80 年代，Bachman 的语言能力模型经历了一些变化，最后，该模型在他的专著（Bachman，1990：87）中定型。在 1990 年的书中，Bachman 列出了一个交际性语言运用中语言交际能力的各个成分及其相互之间关系的模型，这可以称作是他提出的语言交际能力模型，下面要说到的“语言能力模型”是其中的一个成分，除此之外，该模型中还有“策略能力和心理生理运动机制”等成分。本书不讨论他的交际能力模型的其他部分，只讨论其中的语言能力模型。Bachman 的语言能力模型见下图：

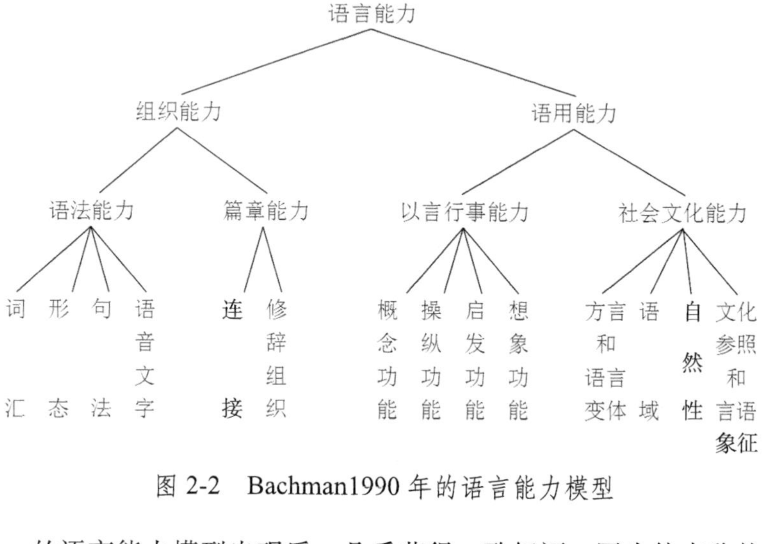

图 2-2　Bachman1990 年的语言能力模型

Bachman 的语言能力模型出现后，几乎获得一致好评，因为他声称他的语言能力模型通过了实证检验，而语言测试领域的其他人也认可这个说法（如 Skehan，1991）。到了这个时候，“语言能力（模型）”似乎已经不成问题了，有待检验的只剩下“策略能力和心理生理运动机制”等成分了。1992 年，荷兰的 Verhoeven 和 Vermeer 也提出了一个交际能力模型，该模型和 Bachman 的模型大同小异，此后，语言能力模型问题就没有什么大的进展了。

然而，在今天看来，当初大家好像是过于乐观了。

从它所包含的各个成分看，这个模型好像很全面，但我们认为它好像过于全面了，它包含了许多不属于语言能力的成分。在这里应该说明，在如何使用“语言能力”这个概念上，我们和 Bachman 是有区别的。在一个尾注里，Bachman（1990：108）对他所使用的“语言能力”等概念做过一个说明：

> 我或多或少地把 knowledge 和 competence 用为同义词，用这两个词来指我们所假设的实体，这些实体存在于语言使用者的头脑中。此外，我也在 Hymes 的意义上使用 competence 这个词，并不把它限制在乔姆斯基最初定义的“语言能力（linguistic competence）”的意义上。

Knowledge 和 competence 在乔姆斯基那里是同义词（详下）。Bachman 这段话就等于说他既在乔姆斯基的意义上使用 competence，也在 Hymes 的意义上使用这个词。在本章第二节、第三节我们会看到，competence 这个词在乔姆斯基那里和在 Hymes 那里是很不相同的。在术语使用上，Bachman是混乱的，当然，他自己可能认为是“全面”，同时按照两个人的意思去使用 competence 这个词，能使他的语言能力模型包含他认为应该包含的全部内容。

和 Bachman 不同，本书将一直在乔姆斯基的意义上使用 competence（语言能力）这个概念。由于我们是在乔姆斯基的意义上使用“能力”概念，在我们看来，Bachman 的模型里就包含了太多的不属于语言能力的东西。

按照乔姆斯基的理论，真正属于语言能力的只有句法，而这种能力，在母语者那里是天生的、是在不知不觉中习得的。词汇是概念—意义系统的东西，形态不是所有语言都有的，语音属于发音感知系统，文字只是语言的书面表达符号，而且有的语言没有文字，因此这些都不属于语言（关于这个问题，详见本章第二节、第三节）。

在 Bachman 的模型里，“篇章能力”属于“组织能力”，它下面包括“连接”和“修辞”。无论这两个成分用书面形式还是口头形式表达，它们都不是语言的基本成分，而是受过一定教育的人为语言表达的严谨和生动而采取的手段，这些手段（技术）不是天生的，而是需要学习和训练的。请想想文盲和精神病患者的语言。文盲只有口语，不会使用书面语。在文盲的口语里，即便有一些修辞手段出现，那也是很少、很有限的。精神病患者因为思维出了问题，他的语言在连接上就会出问题，也就是他往往表现为前言不搭后语，或其语言和环境不一致、不协调。但是，无论是文盲，还是精神病患者，他们的语法都是没问题的。我们这么说的根据是，他们说的话，我们都听得懂。如果他们的语法（语言能力）有问题，我们应该听不懂他们说的是什么。

Bachman 的模型中“语用能力”下有一个“以言行事能力”，这部分和语言能力的本质无关，只和语言的使用有关。做个类比：如果我研究货船，我只研究它怎样能运载更多的货物，并不研究你究竟是用它运送合法的东西还是用它来走私。

Bachman 的模型里还有“社会文化能力”，这也不属于语言能力。“社会文化能力”包括方言、语域（社会方言）、自然性（言语行为和母语、母方言者一样）以及文化方面的知识。

首先，上述四个方面的东西都属于社会文化知识或者知识的运用 / 模仿。其次，任何一种语言的母语者都不可能具备这四个方面的完备的知识和运用这些知识的能力。

先说方言。大概很多语言（使用人口多一些、分布地域广一些的语言）都有方言，在有方言的地方（国家或地区），估计很少有人会说某种语言的所有方言。中国可能是个方言比较多的国家，不同地区的方言可能不能通话。大家都知道，如果没有专门的训练或学习，北方人听不懂广东、福建等地的方言，如果不推广普通话（也包括普通话广播、电视、电影以及普通话授课），广东、福建等地的人也听不懂普通话和北方方言。听不懂方言、不会说方言，并不是一个人语言能力上的缺陷。

语域是社会方言，是存在于不同职业、不同社会地位、不同性别间的语言变体。我们估计，大概没有多少人能了解或使用他的母语里的所有社会方言。同样，不懂社会方言也不是一个人语言能力上的缺陷。

Bachman 模型里的“自然性”，即言语行为和母语者或母方言者一样，这同样是一个不合理的要求——估计也没有多少人在说他母语里的所有方言时会像母方言者一样自然。

最后一个成分，即“文化参照和言语象征”，这就完全是一个知识问题了。Bachman（1990：97）举出的例子是：

> A: I hear John didn’t do too well on his final exam.
>
> B: Yeah, it turned out to be his Waterloo.

上例中的 Waterloo 是用了一个典故去比喻 John 考试没考好。To bc his Waterloo 大致相当于汉语里的“走麦城”。说出或听懂一个典故，都需要特定的知识。我们还是那句话：估计没有人能知道或听懂他的文化里的所有典故。

语言固然和文化有关系，但也只是有关系而已。按照乔姆斯基的观点，语言不是文化，而是人类遗传的结果。除了语言之外，和文化有关系的东西还有很多。食物、服装、住宅等都和文化有关系。例如食物，如果你是一个营养学家，你只研究食物的成分和营养价值，你并不研究在婚礼、生日、祭祀、施舍（社会救济）等不同情境下使用什么不同的食物。在我们这个领域，我们只研究语言能力的本质是什么，只研究使用什么办法能够证明语言能力是什么样的，只研究如何能够准确地测量到这个语言能力。至于通常意义上的语言和文化的关系，不在我们的研究范围之内。

我们只研究语言能力，是因为我们这个学科是一个"抱负不凡的学科"，这不是我说的，Bachman、Davies 等人都有这个意思。很多人，不管内行、外行，也都把现在的语言测试当成科学，例如李筱菊（1997）那本书的书名就叫《语言测试科学与艺术》。既然把语言测试当成科学，那我们就按照科学的规范真把它当科学来研究（至于怎么研究，详见以下各章）。

根据以上的分析，Bachman 的语言能力模型内容太庞杂，而且掺杂进很多并不属于语言能力的东西。因此，这个模型在理论上是不可取的。在现实层面，且不说外语者，即便是母语者，大概也没人具备 Bachman 的模型所描写的那样的能力。因此，这个模型也没有现实意义。

二、Bachman 模型的检验

从上面引用的"图 2-1"到"图 2-2"，Bachman 的模型发生了一些改变，在对这个模型进行不断修改的过程中，他也做了一些检验工作。他的检验工作一共做了四次（Bachman，1982；Bachman & Palmer，1981b，1982a，1989）。每一次的基本结论都是他的模型通过了实证性检验。但我们现在要问的是：他的模型真的通过了检验吗？或者我们不如问：他的检验做得对吗？

Bachman 使用的检验方法基本上有两个，一个是多特质—多方法矩阵（MTMM），另一个是因素分析。下面我们分别介绍。

(一) Bachman 的多特质—多方法矩阵检验

在分析 Bachman 的检验之前，我们先简单介绍一下多特质—多方法矩阵。

多特质—多方法矩阵（Multitrait-Multimethod Matrix，缩写 MTMM）是 Campbell 和 Fiske（1959）提出的一个方法，这个方法用来检验一个测验的构想效度。使用这个方法的基本条件是：所测的特质至少有两个，所用的测试方法至少有两个。这实际上是把实验设计和相关分析结合在一起的一种方法。

使用多特质—多方法矩阵去检验测验的构想效度，需要两个条件：第一，我们想要测的特质至少有两个，所使用的测试方法至少有两个。假定要测的特质有 T1、T2、T3 三个，我们就先设计或选择三种测试方法 M1、M2、M3，这三种测试方式分别对应三种特质，亦即 M1 适合测 T1，M2 适合测 T2，M3 适合测 T3。同时，我们也用三种测试方法的任意一种去测另外两个特质。这样，我们就要编制九个测验，三种特质、三种方法及九个测验的关系如下图所示：

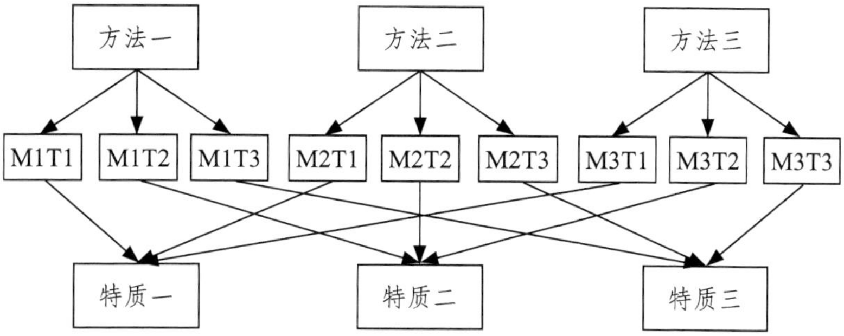

图 2-3　多特质—多方法矩阵的设计

图 2-3 中的“M1T1”是用方法一测特质一的测验，“M1T2”是用方法一测特质二的测验……其余类推。

九个测验编好之后，我们去施测。测试完成后，我们计算每个测验的信度和九个测验之间的相关系数，然后，把这些信度系数（如 α 系数）和相关系数按下表的方式排列在一起。

表 2-1　多特质—多方法矩阵（张凯，2013；引用时有改动）

		方法一			方法二			方法三		
	特质	一	二	三	一	二	三	一	二	三
方法一	特质一	(.95)								
	特质二	.28	(.86)							
	特质三	.58	.39	(.92)						
方法二	特质一	*.86*	.32	.57	(.95)					
	特质二	.30	*.90*	.40	.39	(.76)				
	特质三	.52	.31	*.86*	.55	.26	(.84)			
方法三	特质一	*.73*	.10	.43	*.64*	.17	.37	(.48)		
	特质二	.10	*.63*	.17	.22	*.67*	.19	.15	(.41)	
	特质三	.35	.16	*.52*	.31	.17	*.56*	.41	.30	(.58)

上面矩阵里的数字分为四类。

第一类是主对角线上带括号的数字，那是每个测验的信度系数，代表测验的质量。

第二类是次对角线（共有两条）上的数字，即上表中的加粗的斜体数字。这些数字是用某两种不同方法测同一特质的测验之间的相关系数。例如第四行第一列的 0.86，表示用方法一测特质一的测验和用方法二测特质一的测验之间的相关，其余类推。

第三类是上表中实线三角框里的数字，这些数字表示用同一方法测不同特质的测验之间的相关。例如第二行第一列的 0.28，表示用方法一测特质一的测验和用方法一测特质二的测验之间的相关，其余类推。

最后一类是上表中虚线三角框中的数字，这些数字表示用不同方法测不同特质的测验之间的相关。三角框中的数字又有几种不同情形。第五行第一列的 0.30，表示方法一测特质一的测验和方法二测特质二的测验之间的相关，第四行第二列的 0.32 表示方法一测特质二的测验和方法二测特质一的测验之间的相关。

主对角线上括号里的数字是每个测验的信度，代表测验的质量，这些数越大越好。如果这些数字在整个矩阵里是最大的，那说明所有测验的质量都很好。

次对角线上的数字代表聚敛效度。这些数字是用不同方法测同一特质的测验之间的相关系数。虽然所用方法不同，但如果相关的两个测验都测到了某个要测的特质，由于所测特质的效应，这两个测验应该有较高的相关。或者说，如果这些测验有效，虽然所用的方法不同，但所测的共同特质把它们"聚敛"在一起了，所以，这些数字可以叫作"聚敛效度系数"。如果测验无效，次对角线上的数字就会很小。

实线三角框和虚线三角框里的数字是判别效度系数。如果所测的不同特质确实没有关联，当我们用同一方法测不同特质时，或用不同方法测不同特质时，它们之间应该没有相关，相关系数应该很小，这表明所测的不同特质是能够区分开的，所以，两种三角框里的相关系数叫作"判别效度系数"或"区分效度系数"。如果判别效度系数大于聚敛效度系数，那就说明所要测的特质是区分不开的。出现这种情况，可能的原因是方法的效应大于所测特质的效应。

我们现在归纳一下，如果 MTMM 矩阵里主对角线上的数字均大于次对角线上的数字，次对角线上的数字均大于三角框里的数字，按照 Campbell 和 Fiske 的想法，这些或这套测验就有良好的构想效度，因为它测到了几个想要测的特质，且能把不同的特质区分开来。如果两种对角线上的数字不大、三角框里的数字不小，测验则没有构想效度。至于 MTMM 是否真能检验测验的构想效度，我们这里暂且不论，我们现在来看看 Bachman 是如何做 MTMM 的。

1981 年，Bachman 和 Palmer 在 *Language Learning* 上发表了一篇文章，对 FSI 口语面试做了一个构想效度检验。

他们选择了两种特质和三种方法，两种特质是口语能力和阅读能力，三种方法是面试、翻译、自评。两种特质和三种方法的组合构成以下六个测验：

口语：FSI 口试（M1T1）；用母语听指令，准备一段时间，口头翻译（M2T1），录在磁带上；自评口语能力（M3T1）。

阅读：读一段英文，用母语回答问题（M1T2）；翻译 FSI 阅读测验（M2T2）；自评阅读能力（M3T2）。

我根据 Bachman 和 Palmer 的设计做出了下面的 MTMM 示意图（图 2-4）：

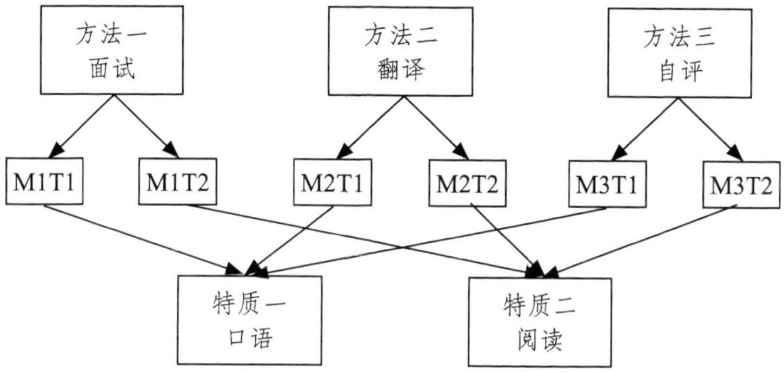

图 2-4 Bachman 和 Palmer 的 MTMM 设计

其中 M1T1 是 FSI 口试，M1T2 是用母语口头回答阅读题，M2T1 是口头翻译，M2T2 是翻译 FSI 阅读测验，M3T1 是自评口语能力，M3T2 是自评阅读能力。

他们的结果如表 2-2 所示：

表 2-2　Bachman & Palmer（1981b:75）的“MTMM”

Table 2

MTMM correlation matrix

All correlations sig. at. p ＜ .01.df = 74

		Speaking (A)					Reading (B)				
		Int-1 (1)	Int-2 (2)	Trans-1 (3)	Trans-1 (4)	Self (5)	Int-1 (1)	Int-2 (2)	Trans-1 (3)	Trans-1 (4)	Self (5)
A	1	1.00	.88	.77	.76	.51	.54	.56	.58	.52	.44
	2	.88	1.00	.72	.72	.56	.45	.46	.61	.55	.45
	3	.77	.72	1.00	.85	.46	.62	.64	.64	.62	.47
	4	.76	.72	.85	1.00	.53	.65	.67	.68	.69	.51
	5	.51	.56	.46	.53	1.00	.58	.60	.46	.49	.68
B	1	.54	.45	.62	.65	.58	1.00	.97	.65	.65	.68
	2	.56	.46	.64	.67	.60	.97	1.00	.65	.65	.68
	3	.58	.61	.64	.68	.46	.65	.65	1.00	.94	.54
	4	.52	.55	.62	.69	.49	.65	.65	.94	1.00	.54
	5	.44	.45	.47	.51	.68	.68	.68	.54	.54	1.00

上表中的“Int-1”是FSI口试的第一评分员给出的分数，“Int-2”是FSI口试的第二评分员给出的分数，“Trans-1”是翻译测验的第一评分员给出的分数，“Trans-2”是翻译测验的第二评分员给出的分数，Self是自评分数。

Bachman & Palmer（1981b：74-76）说，上表是一个 10 × 10 的相关矩阵，按照聚敛效度和判别效度的标准，表中有三类相关：第一类是不同方法测同一特质的测验之间的相关，他们说这是“效度系数”，这些数字在左上部分和右下部分的三角框里；第二类是用同一方法测不同特质的测验之间的相关，这些数字在左下角和右上角用两条虚线标出的对角线上；第三类是用不同方法测不同特质的测验之间的相关，就是三角框和虚线对角线以外的数字。

Bachman 和 Palmer 所做的“MTMM”有以下几个错误：

第一，主对角线上有 10 个“1.00”，这是各变量和自己的相关，它两侧的数字完全是对称的，把对角线两侧的相关系数都列出来完全没有意义。正确的做法是把各个测验的信度系数放在对角线上。

第二，不应该把口试和翻译的两个评分员分数之间的相关列出，而应该把两个评分员分数合成一个，即口语、阅读的Int-1和Int-2、Trans-1和Trans-2合成一个分数（如取两评分员分数的平均数），然后去算这些变量和其他变量的相关。这样，所用的变量应该是 6 个（“图 2-4”中的 M1T1 到 M3T2），而不是 10 个，这 6 个变量的多重相关应该形成一个 6×6 的相关矩阵，而不是 10×10。

第三，他们的这个矩阵排列怪异（对照“表 2-1”），而且他们对矩阵里数字的解释也是不完全正确的，从下面的“表 2-3”可以看出，虚线三角框和虚线次对角线中的数字并不都是 Bachman 和 Palmer 所说的“不同方法测同一特质的测验之间的相关”或“同一方法测不同特质的测验之间的相关”，这些数字里的多数都是多余的，根本不应该出现在 MTMM 矩阵里（详见“表 2-3”下的说明）。

我们先把 Bachman 和 Palmer 的相关矩阵整理一下。下表是他们原来的相关矩阵，不过我们做了一些标记：

表 2-3　Bachman 和 Palmer 相关矩阵（加标记后）

		Int-1	Int-2	Trans-1	Trans-2	Self	Int-1	Int-2	Trans-1	Trans-2	Self
		M1T1		M2T1		M3T1	M1T2		M2T2		M3T2
M1T1	Int-1	1.00	~~.88~~	.77	.76	.51	.54	.56	.58	.52	.44
	Int-2		1.00	.72	.72	.56	.45	.46	.61	.55	.45
M2T1	Trans-1			1.00	~~.85~~	.46	.62	.64	.64	.62	.47
	Trans-2				1.00	.53	.65	.67	.68	.69	.51
M3T1	Self					1.00	.58	.60	.46	.49	.68
M1T2	Int-1						1.00	~~.97~~	.65	.65	.68
	Int-2							1.00	.65	.65	.68
M2T2	Trans-1								1.00	~~.94~~	.54
	Trans-2									1.00	.54
M3T2	Self										1.00

上表中，有很多多余的相关系数，放在里面没有意义。

第一类是画了双删除线的四个数，Bachman 和 Palmer 说那是不同方法测同一特质的测验之间的相关，是“（聚敛）效度系数”，实际上，这四个数都是同一方法、同一特质下两个评分员之间的相关，根本不是聚敛效度系数，这些数应该删除。

第二类是虚线方框中的数字，每个虚线方框中都有四个数字，这又分两种情况。第一种是左上方和右下方的两个虚线方框，两个框里各有四个数字，它们虽然都是“不同方法测同一特质的相关”，但因为两种方法各有两个评分员，所以出现了四个相关系数。正确的做法是把两个评分员的分数合并，合并后，每种方法只剩下一个分数，相关系数就只有一个了。所以，这四个数只能保留一个，其余没有意义。

第二种是右上方的虚线方框，其中也各有四个数字。虽然这些数字里包括了“同一方法—不同特质间的相关”或“不同方法—不同特质间的相关”，但和上面说的第一种情况一样，每个框中保留一个数字即可。

第三类是实线方框里的数字，这些框里都有两个数字，只保留一个即可，理由和上面一样。

由于Bachman和Palmer原矩阵里有很多没有意义的数字，他们的解释就很成问题了。

下面我们把这个相关矩阵修改一下：

表 2-4 修改后的相关矩阵

	口语			阅读		
	M1T1	M2T1	M3T1	M1T2	M2T2	M3T2
M1T1	1.00	.77	.56	.56	.58	.45
M2T1		1.00	.53	.67	.68	.51
M3T1			1.00	.60	.46	.68
M1T2				1.00	.65	.68
M2T2					1.00	.54
M3T2						1.00

上表中的各个相关系数在 MTMM 矩阵里重新排列后，应该是下表的样子：

表 2-5 MTMM 的正确排列

		面试		翻译		自评	
		口语	阅读	口语	阅读	口语	阅读
面试	口语	M1T1 信度					
	阅读	M1T1- M1T2	M1T2 信度				
翻译	口语	***M1T1- M2T1***	M1T2-M2T1	M2T1 信度			
	阅读	M1T1-M2T2	***M1T2-M2T2***	M2T1-M2T2	M2T2 信度		
自评	口语	***M1T1-M3T1***	M1T2-M3T1	***M2T1-M3T1***	M2T2-M3T1	M3T1 信度	
	阅读	M1T1-M3T2	***M1T2-M3T2***	M2T1-M3T2	***M2T2-M3T2***	M3T1-M3T2	M3T2 信度

上表中主对角线上应该是六个测验（M1T1 到 M3T2）的信度系数，“M1T1-M1T2”等表示两个测验之间的相关，斜体加粗的是不同方法测同一特质的测验之间的相关。这个 MTMM 的最终结果应该是：

表 2-6　Bachman 和 Palmer 应该得到的结果

		方法一 Int A	方法一 Int B	方法二 Trans A	方法二 Trans B	方法三 self A	方法三 self B
	特质	A	B	A	B	A	B
方法一	A	(.877)					
	B	.56	(.974)				
方法二	A	***.77***	.67	(.849)			
	B	.58	***.65***	.68	(.943)		
方法三	A	***.56***	.60	***.53***	.46	(.908)	
	B	.45	***.68***	.51	***.54***	.68	(.851)

我们再重复一下通过 MTMM 检验的条件：主对角线上的数字均大于次对角线上的数字，次对角线上的数字均大于三角框里的数字。上表中主对角线上的信度系数来自 Bachman 和 Palmer（1981b：75）。从主对角线上看，这六个测验的信度似乎还不错。但其余的就成问题了。

关于聚敛效度系数，Bachman 和 Palmer（1981b：76）认为他们得到的相关已经足够大了，这些数字的范围是从 0.46 到 0.97（“表 2-2”中三角框里的数字）。但对照加了标记的“表 2-3”，我们会发现，他们说的那几个大数 0.88、0.85、0.97、0.94，并不是不同方法测同一特质测验之间的相关（聚敛效度系数），而是第二评分员和第一评分员之间的相关，这些数应该删掉。删掉这四个数之后，次对角线上（“表 2-4”）最大的数是 0.77，其余都在 0.68 以下，而三角框里的数（如 0.68、0.67）并不小。Bachman 和 Palmer 关于聚敛效度的解释是错的。

关于判别效度，Bachman 和 Palmer（1981b：76）只看到“表 2-2”第一行第二列的 0.88 大于第一行右侧的 0.56、0.58、0.52、0.44 等，为什么看不到这一行里的 0.58 大于左侧三角框最右边一列的 0.51、0.56、0.46、0.53 呢？我们已经说过，他们看到的那个 0.88 根本不是效度系数。Bachman 和 Palmer 关于判别效度的解释也是错的。

从“表2-6”应该得到的结果看，靠近主对角线的三个实线三角框和一个虚线三角框里的数字，明显大于次对角线上的0.65、0.53、0.54等聚敛效度系数，左侧虚线框里的0.58、0.60也大于次对角线上的0.53、0.54。次对角线上的数字不大，说明这六个测验缺乏聚敛效度，三角框里的数字不小，说明六个测验缺乏判别效度。Campbell和Fiske（1959）整理了12个用MTMM做的效度检验，居然没有一个能满足MTMM所要求的条件，他们不得不说，“方法或工具因素对心理测量的影响太大了”。可见，要想达到MTMM的要求是很难的。

Bachman & Palmer（1981b：84）的结论是：“我们认为，我们发现了表明FSI口语面试既有聚敛效度又有判别效度的证据。”从上面的分析看，这个结论是不能成立的。

有意思的是，在这篇文章（Bachman & Palmer, 1981b）发表之前，Bachman和Palmer还有一篇文章，A Multitrait-Multimethod Investigation into the Construct Validity of Six Tests of Speaking and Reading（1981a），收在一个会议论文集里（*The Construct Validation of Tests of Communicative Competence*）。这两篇文章使用的材料完全一样（六个测验、被试、评分员及评分方法完全一样），两篇文章的主要区别是，在1981a里他们只使用了MTMM方法，没有做因素分析，或者说，1981a实际上是1981b的前一半。两篇文章还有一个区别，那就是在1981a里，他们对第一评分员和第二评分员的分数做了合并（取平均数），因此得到的相关矩阵是6×6矩阵。由于两个评分员的分数做了合并，矩阵里的相关系数和1981b里的不一样。

和1981b一样，1981a也不满足MTMM的要求，其聚敛效度系数最高是0.90，其余是0.73、0.69、0.60、0.57、0.57，而判别效度系数超过0.74的有三个，超过0.6的有两个，他们自己也承认，有些效度系数没有达到MTMM的要求（Bachman & Palmer，1981a：158-160）。我们之所以先讨论1981b，是因为1981b包含了因素分析的结果。

1981年以后，Bachman和Palmer（1982、1989）又做过两次MTMM。1982年这次是为了检验Bachman修改过的语言能力模型。Bachman 1982年的模型见下图：

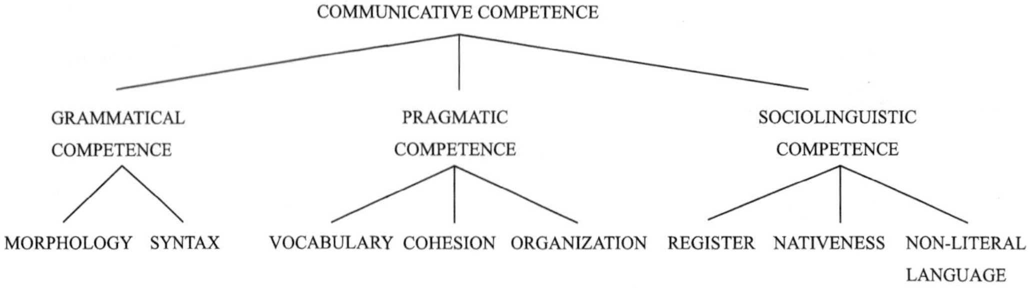

图2-5　Bachman（1982：451）的语言能力模型

对照“图 2-1”和“图 2-2”，我们可以看出，这是 Bachman 最初的模型和 1990 年定型的模型的一个中间状态，这个模型已经很像 1990 年最终的模型了。这一次，Bachman 和 Palmer 要检验上图所示的语言能力模型。他们要测的特质（语言能力的成分）有三个，分别是语法能力、语用能力和社会文化能力。他们使用的方法有四种：口语面试、多项选择题、写作和自我评价。他们使用的检验方法是MTMM和因素分析。在 MTMM 部分，他们没有做什么说明和分析，只是把一个原始相关矩阵放在附录里，说那就是 MTMM 的结果（表 2-7），这个相关矩阵的排列方式仍然和 1981 年的那个一样，不容易看出哪些是聚敛效度系数，哪些是判别效度系数。

表 2-7 Bachman & Palmer（1982:465）的 MTMM

APPENDIX A

MTMM Correlations

（All correlations significant at p ≤ .001，df =109*）

	GRAMINT	GRAMWRT	GRAMMLT	GRAMSLF	PRACINT	PRACWRT	PRACMLT	PRACSLF	SLCINT	SLCWRT	SLGMLT	SLCSLF
GRAMINT	1.000											
GRAMWRT	.801	1.000										
GRAMMLT	.660	.668	1.000									
GRAMSLF	.656	.632	.524	1.000								
PRACINT	.857	.751	.636	.678	1.000							
PRACWRT	.754	.667	.435	.617	.659	1.000						
PRACMLT	.517	.572	.637	.337	.493	.365	1.000					
PRACSLF	.760	.607	.627	.758	.708	.656	.428	1.000				
SLGINT	.718	.628	.442	.648	.727	.634	.365	.683	1.000			
SLCWRT	.774	.725	.570	.636	.729	.736	.547	.689	.722	1.000		
SLGMLT	.589	.587	.434	.508	.556	.588	.388	.488	.560	.671	1.000	
SLCSLF	.688	.503	.501	.667	.662	.583	.334	.864	.662	.663	.478	1.000

为了节省篇幅，我们删掉了自我评价部分的相关系数，把“表 2-7”中的数据重新排列一下，见“表 2-8”。

表 2-8　重新排列后的“表 2-7”

		方法一：面试			方法二：写作			方法三：多项		
	特质	语法	语用	社会	语法	语用	社会	语法	语用	社会
方法一	A	(?)								
	B	.857	(?)							
	C	.718	.727	(?)						
方法二	A	***.801***	.751	.628	(?)					
	B	.754	***.659***	.634	.667	(?)				
	C	.774	.729	***.722***	.725	.736	(?)			
方法三	A	***.660***	.636	.442	***.668***	.435	.570	(?)		
	B	.517	***.493***	.365	.572	***.365***	.547	.637	(?)	
	C	.589	.556	***.560***	.587	.588	***.671***	.434	.388	(?)

我们可以看到，他们虽然在正文里（Bachman & Palmer, 1982：459）列出了各个测验的信度系数，但却没有把它们列在 MTMM 矩阵里。更重要的是，他们没有发现，在次对角线上有 0.493、0.365 这样小的相关系数，而在两种三角框里有 0.857、0.774 这样大的数值。例如，用方法一测特质一和特质二的相关是 0.857，这个数大于用方法一和方法二测特质一的相关 0.801，这说明特质一和特质二区分不明显，而方法的效应明显。从 MTMM 的总体情况看，他们的这次检验仍然是不成功的。

正是 1982 年的这篇文章，使 Bachman 得出他的语言能力模型已经通过了经验检验的结论，而测量界也欢欣鼓舞地接受了这个结论而没有任何怀疑。

1989 年，Bachman 和 Palmer 为了检验自我评价的构想效度，又做了一次 MTMM，所用的能力模型仍然是 1982 年的那个（图 2-5）。和 1982 年所做的一样，他们也只是在附录里列出一个原始相关矩阵，正文中没有什么讨论。现在我们也把这个表列在这里：

表 2-9　Bachman & Palmer（1989：29）的 MTMM

Appendix B: Multitrait-Multimethod Correlations

	Mean	S	GRAM ABY	GRAM DIF	GRAM REC	PRAG ABY	PRAG DIF	PRAG REC	SOC ABY	SOC DIF	SOC REC
GRAM ABY	1.57	.55	1.000								
GRAM DIF	2.63	.65	.651	1.000							
GRAM REC	2.59	.68	.604	.603	1.000						
PRAG ABY	2.68	.58	.588	.532	.640	1.000					
PRAG DIF	2.68	.59	.608	.727	.647	.760	1.000				
PRAG REC	2.88	.64	.505	.499	.623	.721	.754	1.000			
SOC ABY	2.81	.65	.524	.468	.536	.739	.653	.686	1.000		
SOC DIF	2.63	.63	.554	.554	.616	.709	.737	.830	.765	1.000	
SOC REC	2.76	.82	.500	.339	.569	.664	.586	.780	.654	.722	1.000

我们已经知道，这个样式的“MTMM”里，三角形框里的数字是不同方法测同一特质的测验的相关，即标准 MTMM 里的次对角线上的数字，亦即聚敛效度系数，上表次对角线的数字是同一方法测不同特质测验的相关系数，即标准 MTMM 里实线三角框里的数字，其余是虚线三角框里的数字，这些都是判别效度系数。和“表 2-8”的情况一样，聚敛效度系数最高是 0.765（倒数第二行、倒数第三列），而框外的相关系数有的达到 0.830、0.780。这仍然说明他们的检验是不成功的。

严格地说，要想确定一套测验是否具有聚敛效度和判别效度，那就应该对次对角线上的数字和两种三角框里的数字做相关系数差异的显著性检验。只有当次对角线上的相关系数均显著地大于两种三角框里的相关系数时，MTMM 检验才算成功，然而 Bachman 和 Palmer 没有做这个检验。

从我们上面的分析看，Bachman及他和Palmer所做的三次MTMM，做法一直没变，而这三个 MTMM 的样子和标准方式不一样，都有点儿怪异。样子怪异倒还在其次，关键问题在于，他们在没有仔细分析两类效度系数大小的情况下，就声称自己的语言能力模型通过了检验，这显然是不可接受的。而从我们的分析看，他们的测验显然缺乏聚敛效度和判别效度，其能力模型显然没有通过检验。

Bachman（2000：22）在谈到效度检验问题时说：

> 本领域具有最大影响的效度检验研究……大概就是 Oller（1976、1979）做的那些工作，这些工作导致了语言能力是单一特质的假说。另一类效度检验……作为对单一特质假说的回应，就是 20 世纪 80 年代所做的多特质—多方法研究（如 Bachman & Palmer，1981；Clifford，1981；Bachman & Palmer，1982）……

十几年乃至二十年过去了，Bachman 还在引用他和 Palmer 所做的 MTMM，这说明他根本不知道自己的 MTMM 检验有问题。顺便说一句，Bachman 引用的 Clifford（1981）的 MTMM 的做法没问题，但其结果并不支持测验有聚敛效度（参见 Clifford, 1981：67）。

Bachman 的 MTMM 没做对，那他的因素分析是否做对了呢？

(二) Bachman 的因素分析

1982 年，Bachman 在 *TESOL Quarterly* 上发表了一篇文章，题目是“The Trait Structure of Cloze Test Scores”。该文的目的是用 30 个完形填空题证明他提出的三个语言能力模型。这 30 个题所测的能力（特质）有三个：句法、连接、策略。这 30 个题目按内容分为 13 组，与句法特质相对应的题目有 4 组，与连接特质相对应的题目有 7 组，与策略特质相对应的题目有 2 组。

Bachman设想的模型有三个。他的第一个模型没有层级，但 13 个变量之间有相关，这 13 个变量直接属于那个“g”因素，该模型叫作“一般特质模型”（这个模型实际上就相当于 Oller 的单一能力假说）。第二个模型是一个无相关的模型，叫作“特殊特质模型”，变量 1 ～ 4 属于“句法”特质，变量 5 ～ 11 属于“连接”特质，最后两个变量属于“策略”，但“句法、连接、策略”三个特质之间没有相关。该文中第三个模型就是上文引用的 Bachman 1982 年的模型（图 2-1）。这是一个有层级关系的模型，最顶层是一个一般语言能力因素，叫作“g”，第二层是“句法、连接、策略”三个特质（能力），最底层是由 13 组题目所代表的 13 个原始变量，这个模型叫作“一般因素加特殊特质模型”。

他以 13 组观测值做原始变量，对这个完形填空做了因素分析，因素分析的结果见下表：

表 2-10　Bachman（1982：65）的因素分析结果

Factor Loadings for General plus Specific Traits Model

	General	Syntactic	Cohesive	Strategic
STX1	.558	.176	*	*
STX2	.569	.029	*	*
STX3	.713	.379	*	*
STX4	.254	.185	*	*
COH1	.296	*	.123	*
COH2	.401	*	.795	*
COH3	.453	*	.048	*

（续表）

	General	Syntactic	Cohesive	Strategic
COH4	.609	*	.076	*
COH5	.347	*	.308	*
COH6	.564	*	.083	*
COH7	.435	*	.091	*
STG1	.621	*	*	.525
STG2	.530	*	*	.186

他认为，除了 COH2 有点儿异常以外，这个结果支持了他的“一般因素加特殊特质模型”，因为 13 个变量有 12 个在“一般因素”上有高负荷，而 12 个变量在“句法、连接、策略”三个因素上也有一定负荷，虽然在这三个因素上的负荷低于在“一般因素”上的负荷。

Bachman 的意思是说，这个模型得到支持，就意味着语言能力由“句法、连接、策略”三个特质构成，而在这三个特质之上，还有一个更一般的因素“g”。如果用因素分析的术语来说，那就是语言能力由三个因素构成，而这三个因素又构成一个高阶因素。或者说，“句法、连接、策略”是三个一阶因素，“ g ”是一个二阶或高阶因素。

Bachman 固然可以提出他的“一般因素加特殊特质模型”，也可以探索除了“句法、连接、策略”三个一阶因素外，是否还存在高阶因素。但是，抽取高阶因素不是这个做法。

在观测变量数量比较多的时候，这些变量之间的相关系数，可能显示不出它们之间有什么样的关系。这时候，我们希望对这些原始变量做一些“归并”，把众多原始变量“归并”为少数几个“因素”，用这样几个因素去解释相应的变量。例如，我们希望把代数、三角函数、几何“归并”到“数学能力”这个因素里去；把语音、语法、词汇“归并”到“语言能力”这个因素里去，这样，被试上述六个方面的能力就能用“数学能力”“语言能力”这两个简单的因素去概括。要做这种概括，我们就可以使用因素分析。

因素分析的做法是，先计算出观测原始变量之间的相关系数，从而得到一个相关矩阵。然后我们对这个相关矩阵做若干处理（具体方法略），从中抽取若干个因素，计算各原始变量在这些因素上的负荷，最后得到一个因素负荷矩阵。在因素负荷矩阵里，如果变量 1、2、3 在“因素 1”上有高负荷，我们就说“变量 1、2、3 属于因素 1”，或者“因素 1 代表了变量 1、2、3”，同理，“因素 2 ”代表另外一些变量。如果我们运气好的话，经过这样的处理之后，我们看到的就不是数量众多但相互关系不明显的单个题目，而是一些题目属于一个因素，另一些题目属于另外一个因素，这表明，这些题目测到了两种不同的能力。这是构想效度检验常用的一种方法，Bachman 要做的就是这样一件事。

对原始变量做因素分析后得到的因素叫“一阶因素”，也就是最初得到的因素。如果得到的一阶因素数量仍然太多，它们之间的关系仍然不清楚，或我们要对一阶因素做进一步的归并，那我们就继续做高阶因素分析。高阶因素分析是把一阶因素之间的相关矩阵（如同原始变量的相关矩阵那样）作为原始变量，从中抽取更少量的因素。如果输入的变量是一阶因素的相关矩阵，抽出的因素就是二阶因素，最后得到的就是二阶因素负荷矩阵。

王权（1993：259）给出了高阶因素分析的过程示意图：

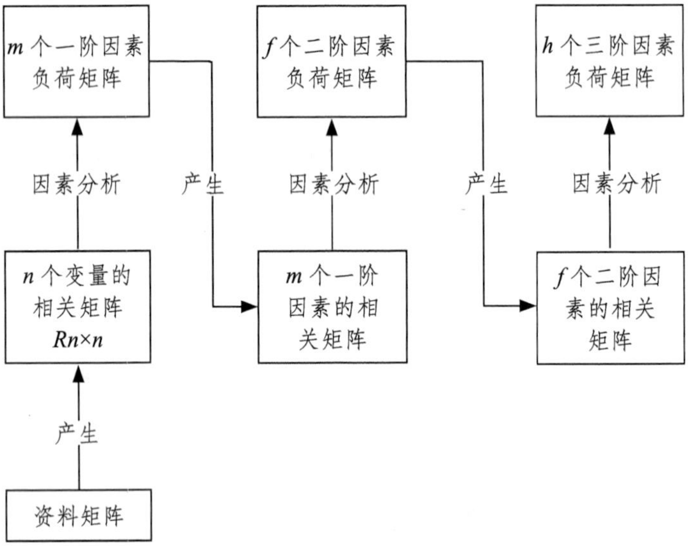

图 2-6　高阶因素分析过程图（引用时有删节）

如果要对一个测验的数据做二阶因素分析，我们应该先做一阶因素分析，得到一阶因素的负荷矩阵，然后做二阶因素分析，得到二阶因素的负荷矩阵。这也就是说，我们应该得到两个因素负荷矩阵，或者说，一阶因素的负荷和二阶因素的负荷不能在同一张表里出现。

Bachman所做的因素分析（表2-10）显然有问题，它的问题有三个：第一，从“图 2-1”的模型看，general（g）是一个二阶因素，它不应该和“句法、连接、策略”出现在同一个因素负荷矩阵里。第二，STX 等 13 个原始变量不应该在 general 上有负荷，而应是“句法、连接、策略”三个一阶因素在 general 上有负荷；如果 STX 等直接在 general 上有负荷，那它就不是二阶因素，而是一阶因素了。所以，第三，“表 2-10”的结果和“图 2-1”的模型是矛盾的。

那么 Bachman 这个因素分析怎么会做成这样？他没有详细说明其做法，但我们可以猜测。

Clifford（1981：65）提到，Stevenson（1974）在其博士论文里发现，第一因素和所有的测验都有高相关，所有的测验在这个因素上都有高负荷，于是，他就把这个因素称为“the familiar general language proficiency（家族性的一般语言能力）”。其实很多人都发现过这个现象，在第一章我们就引用过 Carroll（1973：11）的说法，他认为我们陷入一个悖论，我们越想测到不同的技能，这些技能之间的相关就越高。所有测验都在第一因素上有高相关这个现象，使一些人认为语言能力是一个不可再分的单一因素，如 Oller；另一些人则把这个因素当成了听、说、读、写等技能之上的一个“总能力”或“一般能力”，如 Stevenson（1974）。Bachman 大概也属于第二种人。Oller 的单一能力假说虽然在直觉上很难让多数人接受，但它不违反因素分析的原则，Stevenson 和 Bachman 把这个因素当成一个高阶因素，这就既违反了因素分析的操作步骤，也在解释上出现了矛盾。

1981 年，Bachman 和 Palmer 在“The Construct Validation of the FSI Oral Interview”一文（也就是前面我们分析过的 MTMM 那篇文章）里也做过一个因素分析。在这篇文章的因素分析部分，他们提出了四个模型，最后用因素分析检验了其中的两个。这两个模型是（Bachman & Palmer，1981b：78）：

1. 他们所用的六个测验测到了一个一般因素加两个不相关的特质因素；
2. 两个相关的特质因素。

“表 2-11”和“表 2-12”是上述两个模型因素分析的结果。

表 2-11 一般因素和两个特质因素的负荷矩阵（Bachman & Palmer，1981b：80）

Measures	General	Speaking	Reading	Interview	Translation	Self-Rating
Oral int 1	.725	.503	.000	.314	.000	.000
Oral int 2	.725	.503	.000	.314	.000	.000
Oral trans 1	.665	.561	.000	.000	.302	.000
Oral trans 2	.665	.561	.000	.000	.302	.000
Oral self-rate	.665	.099	.000	.000	.000	.437
Read int 1	.892	.000	.183	.231	.000	.000
Read int 2	.892	.000	.183	.231	.000	.000
Read trans 1	.708	.000	.330	.000	.879	.000
Read trans 2	.708	.000	.330	.000	.879	.000
Read self-rate	.687	.000	.157	.000	.000	.519

表 2-12　两个相关特质因素的负荷矩阵（Bachman & Palmer，1981b：82）

Factor Loadings for the Correlated Trait Model for Ten Measures

Measures	Speaking	Reading	Interview	Translation	Self-Rating
Oral interview 1	.819	.000	.459	.000	.000
Oral interview 2	.819	.000	.459	.000	.000
Oral translation 1	.568	.000	.000	.729	.000
Oral translation 2	.568	.000	.000	.729	.000
Oral self-rating	.298	.000	.000	.000	.734
Reading interview 1	.000	.155	.972	.000	.000
Reading interview 2	.000	.155	.972	.000	.000
Reading translation 1	.000	.756	.000	.611	.000
Reading translation 2	.000	.756	.000	.611	.000
Reading self-rating	.000	.216	.000	.000	.834

Bachman & Palmer（1981b：84）认为，根据拟合检验的结果，"两个相关的特质因素"模型和 MTMM 更一致，最后他们选择了这个模型及其因素分析的结果。然而这个结果也是有问题的。

第一，口试、翻译等测验的第二评分员的分数不能作为独立变量进入分析，两个评分员的分数应该合成一个，因此，进入因素分析的变量就不应该是 10 个，而应该是 6 个。

第二，"一般因素和两个特质因素的负荷矩阵"可疑，和 Bachman（1982：65）的问题一样，在没有做高阶因素分析的情况下，怎么会出来个"一般因素"？我们前面已经说过，如果有这样一个"一般因素"，6 个或 10 个原始变量不应该在这个因素上有负荷，而应该是"口语""阅读"这两个能力因素在"一般能力"上有负荷，如果原始变量在"一般能力"上有负荷，这个结果就和"一个一般因素加两个不相关的特质因素"这个模型有冲突。

第三，虽然他们选择了"两个相关的特质因素"模型，摆脱了"一般因素"造成的矛盾，但他们陷入了另一个矛盾。他们选择了第二个模型，是因为他们认为这个模型的因素分析结果和 MTMM 结果更一致，在这里，他们恰恰错了。

他们所做的因素分析的结果和 MTMM 的结果确实是一致的，但根据因素分析得出的结论和根据 MTMM 得出的结论是矛盾的。

因素分析结果（表 2-12）表明，他们所用的材料里包含两个能力因素（口语和阅读）和三个方法因素（面试、翻译、自评）。根据我们对其 MTMM 的重新分析，他们所用的 6 个测验既缺乏聚敛效度，也缺乏判别效度。如果一套测验既无聚敛效度，也无判别效度，那么这套测验所显示出来的效应就都是方法效应。他们的因素分析中果然存在三个方法因素，所以说，他们的因素分析的结果和 MTMM 的结果确实是一致的。

根据 MTMM 分析，Bachman & Palmer（1981b: 84）的结论是："我们认为，我们发现了表明 FSI 口语面试既有聚敛效度又有判别效度的证据。"如果我们认为他们关于 MTMM 的这个解释是正确的，即他们真的发现了"既有聚敛效度又有判别效度的证据"，那就说明，MTMM 显示这套测验里只发现了特质（能力）的效应，而方法的效应很小或没有。但因素分析却又显示出有三个方法因素，因此，他们的这两个解释就是矛盾的。

1989 年，Bachman 和 Palmer 又做了一次 MTMM 和因素分析，这次要分析的是自我评价的构想效度问题。他们使用的工具是由 21 个多项选择题组成的自我评价试卷，检验的模型还是 Bachman 和 Palmer 1982 年的模型（图 2-5），即语言交际能力由语法能力、语用能力和社会文化能力构成。

Bachman 和 Palmer 的这篇文章首先也是做了一个 MTMM 设计，他们要测量的特质有三个，即语法能力、语用能力和社会文化能力，所使用的方法有三个：评价自己的能力如何（如掌握多少语法和词汇）、评价自己的困难所在（如会犯多少语法错误）、评价自己的辨认能力（如别人说话有语法错误时是否能辨认出来）。随后，他们报告了 MTMM 和因素分析的结果。MTMM 的结果我们在前面已经说过了，因素分析结果见表 2-13。

表 2-13　一般能力因素加两特质及两方法因素（Bachman & Palmer，1989：22）

Measure	General	Grammar	Prag/Socio	Ability	Dif/Rec
GRAM ABY	.629	.398		.205	
GRAM DIF	.722	.558			.185
PRAM REC	.683	.276			.223
PRAG ABY	.798		.026	.417	
PRAG DIF	.982		.076		.101
PRAG REC	.818		.189		.354
SOC ABY	.712		.355	.371	
SOC DIF	.802		.330		.249
SOC REC	.667		.192		.543

这个因素分析的结果显示，自我评价测验测到了一个一般能力因素，两个特质因素，即语法（Grammar）及语用和社会文化能力（Prag/Socio），另外还有两个方法因素（Ability、Dif/Rec）。

这篇文章的做法与 Bachman & Palmer（1981b）基本上是一样的，其问题也基本上一样。其主要问题是："一般因素" 的来历可疑，MTMM 的结论和因素分析的结论相矛盾。除了这两个问题外，这篇文章还有一个更大的问题，它的因素分析结果（"表 2-10" "表 2-11" "表 2-12" "表 2-13"）不支持 Bachman（1982）的模型（图 2-5）：

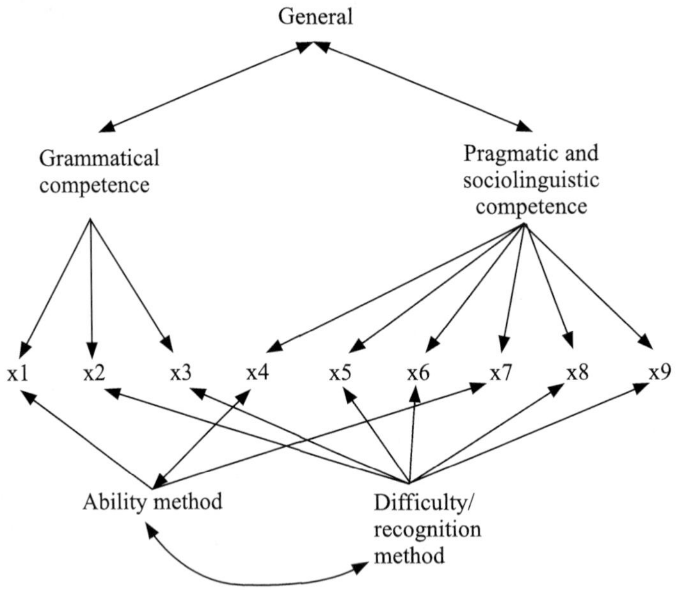

图 2-7　Bachman & Palmer（1989：21）拟合检验后得到的模型

Bachman & Palmer（1989）的这个结果，实际上是对 1982 年模型的颠覆。

首先，在 1982 年模型里，语言交际能力由三种特质（能力）组成，即语法能力、语用能力、社会文化能力，而在 1989 年确认的模型里，语用能力、社会文化能力合二为一了。从因素数量方面说，一个是三因素模型，一个是二因素模型，这是两个不同的模型。

更为不合理的是，在一个语言能力模型里，怎么能出现两个方法因素？我们研究语言能力和测验的效度，一方面是想知道语言能力的结构是由什么东西（哪些因素）组成的，另一方面也想知道，用什么方法能够有效地探查到这个结构。在语言能力研究和效度研究中，方法固然有很重要的作用，但它只是我们进行研究时所使用的手段或工具，它本身并不是我们要研究的那个语言能力。因此，方法因素出现在能力结构中完全是不可思议的事。我们可以做个类比。正常人体有 206 块骨骼，分为颅骨、躯干骨和四肢骨三部分。用因素分析的话说，人体有206块骨骼，可以归为三个因素：颅骨、躯干骨和四肢骨，还可以再抽取一个高阶因素：人体骨骼。这个事情如果按Bachman & Palmer（1989）的解释，则应该是：人体骨骼由三种骨骼因素和两种方法因素构成，这两种方法因素是X光和核磁共振。

现在我们回到本节开头的问题：他的模型真的通过了检验吗？

我们总结一下，Bachman（1982）、Bachman & Palmer（1981、1982、1989）一共做过四次构想效度检验，MTMM和因素分析各用过三次。

Bachman的三个MTMM检验都是不合要求的，我们在前面已经看到，三个相关矩阵里均存在两种三角框里的相关系数大于聚敛效度系数（次对角线上的数字）的情形，因此Bachman所声称的"既有聚敛效度又有判别效度"的结论是不成立的。

在三个因素分析里，Bachman两次都接受了一个高阶因素，而这个"高阶因素"导致了一个矛盾：如果它是一个高阶因素，那应该是"句法"等一阶因素在这个因素上有负荷；如果原始变量在这个因素上有负荷，它就不是高阶因素。第三次因素分析的结果和1982年模型并不一样，而且这个结果里还出现了两个方法因素。

根据以上分析，我们可以说，Bachman的模型根本没有通过经验检验。

第二节 乔姆斯基的语言能力假说

上一节我们分析了Bachman的语言交际能力模型及其检验，我们发现，他的模型在内容上十分复杂，但他的效度检验又存在问题。对于语言测试领域里的这个现象，20多年前就有人提出过质疑。De Jong & Verhoeven（1992：4-5）曾说：

> 在语言测试理论的发展中，过去的10年（1980—1990）主要属于两个紧密联系的运动……
>
> 第一个运动起源于解决实际的评估问题，几个评价语言能力的量表由此产生。在这些量表上，语言水平是用行为主体产出的语言来描述的……然而，作为描写语言能力发展的量表，其完备性一直受到质疑，主要的反对意见是说，它采取的是半结构主义方法，并且没有进行效度研究。
>
> 第二个运动是努力把Hymes关于交际能力的社会语言学概念结合到语言能力模型里去……这些模型追求面面俱到，交际能力不仅取决于语言和应用语言的能力，而且还取决于人格特质和一般知识等，这些东西不该揉进语言能力模型。关

于人类行为中有多少可以划入语言行为的争论暂且放在一边，仅就这些扩展的模型自身而论，其经验性的证明一向就很少，而且远不能令人信服（如 Bachman & Palmer，1982 等）。在语言习得和语言测试研究领域内，对这些模型的进一步证明仍有待于从头做起。

我们已经看到，Bachman 的语言交际能力模型既想把乔姆斯基的理论吸收进来，又把 Hymes 交际理论中的全部要素都放了进去，这样一来，他的理论和模型就变得非常混杂了。理论的混杂，表明我们这个领域对语言能力问题的思考还不是很深入。McNamara（1996：7）说：

60 年代末、70 年代初，交际能力概念定型并广泛传播，第二语言行为评估从中获得了巨大的原动力。美国的 Clark 和 Savignon 在先，随后是英国的 Morrow 等人，均在一般交际性语言测验中采取以行为为基础的方法，以此作为对 Hymes 理论进展的最初的响应。然而，……在交际能力理论中，第二语言行为评估的理论基础事实上惊人地薄弱……

尽管 Bachman 的理论在 20 世纪 90 年代获得了很多人的好评，但语言测试领域对语言能力的研究自 90 年代以来似乎就没有什么进展，交际性语言测验仍然是以行为为基础，因此，McNamara 所说的语言测试的“理论基础惊人地薄弱”的状态至今仍然存在。究其原因，这可能是我们没有选择一个好的语言能力理论作为语言测试的理论基础。也许，一个好的关于语言能力的理论已经存在了，但我们这个领域对它的理解还不到位。我说的这个语言能力理论就是乔姆斯基关于语言能力的理论。

一、乔姆斯基的语言能力理论

在乔姆斯基的理论出现之前，语言学界也好，应用语言学界也好，都没有专门的语言能力概念。1965 年，乔姆斯基出版了他的《句法理论的若干问题》（*Aspects of the Theory of Syntax*），在这本书的开头，乔姆斯基（1965：4）便做了一个重要的区分：

为了研究语言表现，我们必须考虑各种因素间的相互作用，在这些因素之中，说话人—听话人的潜在能力是一个最适合的因素。在这方面，语言研究和对其他复杂现象的经验研究没什么区别。

因此，我们要在能力（说话人—听话人关于他的语言的知识）和表现（在具体环境中语言的运用）之间做一个重要的区分。

这是语言能力概念被首次提出。乔姆斯基（1965：4）认为，“一种语言的语法，就是要描写理想的说话人—听话人的天生的能力”，乔姆斯基管这样的语法叫作“生成语法”。

语言能力和语言表现这对概念提出来后，人们就有不同的理解，围绕着这两个概念，不同的学者之间也有一些争论，这个问题我们到第三节再做讨论。我们现在先来讨论乔姆斯基理论的意图是什么？这个理论要解决什么问题？

（一）乔姆斯基对结构主义语言学的批评

乔姆斯基的哲学观点来自笛卡尔、莱布尼茨的理性主义，其语言学观点来自笛卡尔和洪堡特。笛卡尔是二元论哲学家，他承认主客观的二元对立，而他的哲学就是要把主客观的对立协调起来。关于语言，笛卡尔有一个假设，他认为人脑里面的松果体是掌管思维和语言的。乔姆斯基（1965：32）提出“语言获得装置（Language Acquisition Device，LAD）”，就是受了笛卡尔的影响。

乔姆斯基理论的另一个来源是洪堡特。洪堡特认为，语言是“有限手段的无限运用”，乔姆斯基接受了他的这个观点，而形成了语法具有生成性的观点，他说（乔姆斯基，1982：1-3）：

> 洪堡特观察到语言是“有限手段的无限运用”。他的这种理解无疑是正确的。……在新出现的领域中有一个基本的概念就是“生成”语法。语法，从现代的角度讲，是由能把声音、意义和抽象结构的特定形态赋予句子的无限集合中每一个句子的规则和原则所构成的明晰系统。语法可以看成是知识的某种系统的体现。由于语法是一种有限的客体，所以它可以以某种人们根本不了解的方式体现在有限的人脑中。从这个意义上讲，语法为理解和使用语言提供了“有限的手段”。由于语法的范围是无限的，所以它保证了对这种有限的手段的无限的使用。又由于现代意义的语法完全明晰，所以它又不必依赖于语法读者的智力，而能够对构成人脑的奥秘做出精确的解释。

乔姆斯基认为，洪堡特的观点是正确的，同时他还认为，语法是一种知识，而且它以某种我们还不了解的方式存在于人脑之中，这就是所谓的语言能力。站在理性主义立场上，乔姆斯基对经验主义的语言学和心理学理论提出了批评。对布龙菲尔德、霍凯特等人，乔姆斯基（1966：12-13）批评道：

> 现代语言学也疏于论及笛卡尔的意见，并未以任何严肃的方式对待人类语言。例如布龙菲尔德观察到，在自然语言中，“组合的可能性实际上是无限的”，因此无望在重现和列举的基础上去解释语言的使用，但是，除了指出说话人所以能说

> 出新的形式是因为他根据听过的类似形式做了“类推”外，布龙菲尔德没有进一步说明任何问题。同样，霍凯特把语言的创新完全归结为“类推”。类似的看法还可见于保罗、索绪尔、叶斯帕森以及其他许多人的著作。把语言的创造性归结为“类推”或“语法程式”，完全是在用隐喻的方式使用这些术语，既无明晰的意义，也不合语言学理论的技术规范。

结构主义语言学的基本观点和方法我们是比较熟悉的。从索绪尔开始，语言被看成一个有结构的符号体系，语言学的任务就是把这个符号系统描写出来。以美国描写学派为代表的语言学家使用的方法就是描写，根据语言材料，对它进行尽可能详尽的描写，然后归纳出若干规则，称之为“语法”。乔姆斯基认为，“语言”不是语言学研究的对象，因为它不是实在的东西。他说，“结构主义语法、行为心理学和其他当代语言研究方法都把语言看作一个外在的客体——一连串行为、动作、声音、意义的匹配。从这一观点看来，语法是关于语言的描述，这才是研究的真正对象”（乔姆斯基，1982：6）。乔姆斯基认为，结构主义把“语言”作为研究对象是不恰当的，他把这种语言叫作“外化的语言（Externalized Language，E- 语言）”：

> 结构派和描写派语言学、行为主义哲学，要么把语言看成是活动、话语或与意义相对应的语言形式的集合，要么把语言看成是由语言形式或语言事件构成的一个系统，如布龙菲尔德认为语言是“一个语言共同体所能创造的全部话语的集合”。……我们把关于语言的这种概念称为“外化的语言”，依这一概念，对结构的理解是不依赖于“心智 / 大脑”的特性的。根据这个观点，语法就是关于 E- 语言的描写性说明的集合，用技术术语说，语法可视为具有列举 E- 语言诸元素的功能，有时，语法也可视为 E- 语言的特性。……E- 语言是个真实的研究对象，语法则是一个派生出来的概念，语言学家有以这种或那种方式选择不同语法的自由，只要它能正确地辨认 E- 语言。（乔姆斯基，1986：19-20）

乔姆斯基所说的 E- 语言，就是人们说出来的话、写出来的句子等。由于这些话已经说出来了，它就不再依赖人的大脑的特性了。乔姆斯基认为，结构主义方法是失败的：

> 如果我们注意到结构主义语言学的方法论、刺激—反应式的心理语言学，或者语言活动的概率或自动机理论的模型的目前状况，我们就会发现，在上述每一个领域中都得到同样一个结果：仔细的分析表明，只要业已提出的概念和原理体系能够以精确的方式表示出来，那么就可以证明，这些概念和原理的体系从根本

上讲是不适当的。从这些理论中可以得出的结构，并非是那些为了解释语言运用而必须假定的基础结构——如果要遵守经验的充足条件的话。不仅如此，这些失败和不当还使人们相信：上述的研究方法本身就不对头。也就是说，在每一领域中都已表明——在我看来还是很有说服力的，这种方法不仅是不够的，而且从根本上就是错误的。（乔姆斯基，1968：4）

为什么乔姆斯基认为结构主义方法是失败的呢？因为：

在我看来，研究这些课题的结构主义方法和行为主义方法的基本弱点在于：忠实于肤浅的解释，相信人的心理必定比任何一个已知的生理器官都简单，以及相信最简单的假设必定足以解释所有能观察到的现象。于是，人们不加论证（或用定义为真的方式）就想当然地认为：语言是一种“习惯结构”或是联想的连接网络；或者语言知识只不过是“知道怎样”的事情，一种可以用反应倾向系统来表示的技巧。据此，语言知识必须通过重复和训练缓慢地发展，其明显的复杂性来自于非常简单的要素的剧增，而不是来自于心理组织的深层的原理；这种原理就像消化和协调运动的机制一样，是内省方法所无法了解到的。（乔姆斯基，1968：27-28）

乔姆斯基有两个概念：语言和语法。他认为，结构主义以语言为研究对象，他把这个概念称为“外化的语言”，而这个概念不是真实世界中的客体，因为所谓的语言只是人脑的产物，而且，不同的人可以用不同的方法去界定它，如布龙菲尔德就把语言定义为“一语言共同体所能创造的全部句子的集合”，其他人还可以有其他定义，因此，乔姆斯基说 E- 语言是人为的、有任意性的。传统意义上的“语法”是对这种 E- 语言的概括和归纳，因而也是人为的、任意的。

另一个概念是语法，在乔姆斯基批判结构主义时，“语法”有两个意思，一个是传统意义上的语法，即关于外化语言的语法，如我们熟悉的某某人写的一部现代汉语语法，另一个意思是乔姆斯基自己的专门概念“语法”。他说，“日常使用的‘语言’这个直觉概念和专门概念‘语法’十分接近，而和‘外部化客体’的专门概念‘语法’则并不接近”（乔姆斯基，1982：7）。他举例说，我们平常说一个人懂得一种语言，并不是说这个人知道一些句子，我们指的是这个人知道声音和意义是如何按一种特定方式互相联系起来的，是什么使它们聚在一起的。事实上，这个人了解的是语法而不是句子之类的东西。这个“语法”就是乔姆斯基的语法而不是结构主义的语法。我们可以以我们自己为例来区分这两种“语法”。我们都是以汉语为母语的人，会说汉语，我们知道汉语的语法吗？如果我们是学语言学的学生或语言学家，也许知道有很多语言学家写了很多语法著作，吕叔湘的、王力的、朱德熙的、陆俭明的等等，这些学者写的汉语语法显然是有差别的，所以乔姆斯基才说这些语法是“人为的、任意的”，读懂这些语法需要读者的智力，起码得是本科生；但是，作为母语者，我们说话时凭借的是这样的语法吗？显然不是。最明显的例子就是文盲，他们是根本不懂也不知道有这种语法的，可是他们不是照样说话吗？我们每个人（包括文盲）说话所遵循的，就是乔姆斯基所说的语法，这套语法和外化的语言相对，乔姆斯基称之为“内化的语言（Internalized Language, I- 语言）”。乔姆斯基的语言学于是从“外化的语言”转向了对“内化的语言”的研究，而内化的语言，则被认为是真实的客体。

（二）乔姆斯基要解决的问题

既然 E- 语言（外化的语言）是人为的、任意的，那么语言研究就需要一个转向。关于这个转向，乔姆斯基说：

> 转换语法把研究焦点从现实的或潜在的语言行为，转向人的内在的天资，这种天资使人有可能获得这样的知识——语言知识。这是从外化语言的研究转向内化语言的研究，即从把语言当作外化的对象的研究，转向对心智 / 大脑内部获得和体现的语言知识系统的研究。转换语法意欲精确地描述，当一个人懂得一种语言时，他究竟知道什么，究竟学到了什么，亦即是哪些天生的原则使他学会了语言。普遍语法（UG）就是要刻画这些天生的、由生物性决定的原则，正是它，构成了人的一个心理因素，亦即语言本能（Chomsky，1986：24）。

关于转向后的语言研究，乔姆斯基（1986：3-4）提出了三个基本问题：

> 在处理语言问题的方法上，转换语法实现了一个研究焦点的转向，简单地说，就是从研究行为或行为的结果，转而研究驱动这种行为的心智 / 大脑的状态。如果我们采取这种态度，那么中心问题就变成了语言知识，亦即语言知识的性质、起源和使用。
>
> 于是，下列三个基本问题就提出来了：
>
> 1. 语言知识是由什么构成的？
> 2. 语言知识是怎样获得的？
> 3. 语言知识是怎样应用的？

两年以后，乔姆斯基再次提出类似的问题，这时，问题变成了四个（乔姆斯基，1988：3）：

1.（懂得一种语言所应具备的）知识系统是什么样的？说英语、说西班牙语、说日语的人的心智 / 大脑里究竟有什么东西？

2. 这个知识系统是怎样出现在人的心智 / 大脑里的？

3. 在说话（或写作）这样的第二系统中，这种知识是怎样付诸使用的？

4. 这个知识系统及知识的应用，究竟是以什么样的生理机制为其物质基础的？

到了 1995 年的《最简方案》，问题变成了五个（Chomsky，1995：17）：

a. 当懂得一种特定语言的时候，琼斯知道什么？

b. 琼斯是怎样获得这个知识的？

c. 琼斯是如何将这个知识付诸使用的？

d. 在人这个物种里，心智 / 大脑的这些属性是怎样演化（进化）的？

e. 在大脑的机制中，这些属性是怎样实现的？

传统的语言学观点认为，语言是人类语言社团共同创造的一套符号，人们用它来进行交流，儿童则在这个语言社团中学会一种语言。和传统观点不同，乔姆斯基一向坚持认为，语言不是社会性行为的产物，而是人类心智的一个部分，因此语言学的首要任务就是证明人知道什么，也就是人的大脑里有什么样的语言知识。他认为语言（也就是 E- 语言）是和社会有关的第二位的现象，而语法才是更本质的东西，人会说话，是因为他知道一套语法，这套语法并不是存在于社会里，而是存在于每个人的脑子里。

语言是一种独特的心理官能（mental faculty），跟人类的其他心理官能不同，也和动物的官能不同。语言官能是由人类独特的遗传因素决定的。因此乔姆斯基认为，研究语言知识可以使我们认识人类大脑的独特属性，从原则上讲，语言研究属于心理学范畴，也属于生理学范畴，因为最后要证明的是 UG 的存在，也就是证明语言知识是一种物理存在。

乔姆斯基要解决的第一个问题是“语言知识是什么”，他认为，这个问题和一个有关人类知识的问题有关，这个问题就是“柏拉图问题”：

第一个［问题］就是要解释一个人是如何获得这种语言知识的。这是一个传统的老问题，我们可以把它称作“柏拉图问题”。对这一普遍性的问题，柏拉图的回答是：我们所知道的大部分并非得自经验，而是与生俱来的，它来自对先存时期的“记忆”。两千年以后，莱布尼茨认为这一思想是正确的，但是必须“除掉关于先存说的错误”。他主张我们有许多知识是天生的。……三十五年前，伯特兰·罗素

> 又恰当地对柏拉图问题做了阐述："人和世界的接触是短暂的、个人的、有限的，那么人是怎样对世界了解得如此之多的呢？"这的确是一个不能忽视的问题。（乔姆斯基，1982：3-4）

"柏拉图问题"这个词是乔姆斯基发明的，这个问题出自柏拉图的对话《美诺篇》（《柏拉图全集 · 第一卷》，507-516）。为了证明人的部分知识不是后天学来的，而是来自先期的记忆，苏格拉底叫来美诺带来的一个奴隶，那是一个没受过教育的男孩。苏格拉底通过提问（不是通过讲授），使那个童奴理解了几何学的原理。最后，苏格拉底对美诺说，"一个无知者可以对某个他不具有的知识的主题具有正确的意见"（p.516）。

乔姆斯基根据这件事提出"柏拉图问题"。这是一个关于知识论的问题，罗素、乔姆斯基等人认为，人的知识并非全部来自经验，人的一部分知识来自人类理性，乔姆斯基认为，语言就是这样的知识。乔姆斯基的语言学转向，就是要把语言研究的方向转向对人脑内部的研究。

二、乔姆斯基的几个基本概念

要理解乔姆斯基的语言能力理论，我们就先要了解他的几个基本概念。

（一）语言能力

在乔姆斯基那里，语言能力和语言知识是同义词，我们前面已经引用过乔姆斯基的原话，语言能力就是"说话人—听话人所具有的关于他的语言的知识"（乔姆斯基，1965：4）。"语言的发展是我们整个进化过程中的一部分，和其他生理或心理属性密不可分，这些属性都是人类进化的结果。"（Kess，1992：278）语言能力是人类（也是人类个体）所具有的一种能力，它在本质上和视觉能力、听觉能力、消化能力等是一样的，都是进化的结果。

乔姆斯基也把语言能力看成一个认知系统：

> 如果我们还想理解语言的运用和获得，我们就必须抽取一个认知系统——一个知识和信念的系统——加以独立的研究。该系统形成于儿童早期，并与许多其他因素相互作用，从而确定我们所观察到的各种行为。如果引用一个专业术语，那就是，我们必须把隐藏在行为底层但却并不以任何直接的或简单的方式表现在行为中的"语言能力"系统分离出来，加以研究。语言能力系统从质上不同于任何可以用结构主义语言学的分类方法描述的东西。（乔姆斯基，1968：4）

语言能力是人类进化出来的一种能力，人类个体通过遗传得到这种能力。小孩刚出生时虽然还不会说话，但他已经具有这种能力了，只要他是一个健康的孩子，只要给他正常的语言环境，他就能自然习得他的母语，而且，母语的习得是在不知不觉中完成的。在语言能力的支配下，人的母语习得有其自然规律：

> 语言沿着一种典型的自然历史发展。文化学习意义上的学来的技能通常不能纳入已建好的生物圈。儿童语言的发展遵循了一个规程表，语言在一特定的时间产生，并按固定的阶段发展。语言发生或掌握的年龄，不受语言和文化差异的影响。语言也是不会轻易被压制的，聋孩同样能习得语言，生活在不利条件下的儿童一样能习得语言。
>
> 习得语言的能力和智力无关。儿童学习语言时，推理能力尚十分低下，智力低下并不意味着语言也低下，当然，那些智力迟钝者除外。（Kess，1992：261）

母语的习得之所以是一个自然过程，完全是因为人具有遗传来的语言能力。

（二）**语言知识**

乔姆斯基所说的“语言知识”，和我们通常理解的“知识”很不一样，语言知识不是一种有意识的知识，而是一种无意识的知识。乔姆斯基（1986：22-23）说：

> 假设张三懂得语言 L 是张三的一个特性，心理科学的任务之一就是确定张三脑子里有个什么东西决定了张三有这种特性。我们说，张三懂得语言 L，就是说张三的大脑处于某种状态，我们把这种状态称为 SL，于是，心理科学的任务之一，就是去发现使状态 SL 物化的机制。

以上引文中的 L 是“语言（language）”，S 是“状态（state）”，SL 就是大脑处于一种状态，这种状态表明他懂得一种语言。这段话之后，他接着说：

> 如果用相关概念来分析“张三懂得语言 L”这件事，就可以说在张三（H）和一抽象性质（L）之间存在一个相关关系 R，那么，心理科学的任务将是，解释究竟是什么样的 R（H,L）关系决定了张三懂得语言 L 这件事。因此，我们就要把 L 当成内化的语言，于是，张三懂得语言 L，就是张三具有某一内化的语言，那么，对语法的说明，也就是关于内化语言的心理理论的说明。语法，或对 R（H,L）关系的说明，和元素周期表对元素周期率的说明是相类似的。（乔姆斯基，1986：22-23）

乔姆斯基的语言知识指的是人脑的一种状态，即“知道点儿什么东西的状态”。理解这个意义上的“知识”，涉及“知识”这个词在英语里的意思。在汉语里，“知识”

是“人们在社会实践中所获得的认识和经验的总和”（《现代汉语词典》）。*The American Heritage Dictionary* 给 knowledge 列出的第一个义项是：The state or fact of knowing。这也就是说，汉语里的“知识”都是有意识的知识，用心理学的术语说，就是陈述性知识。英语里的 knowledge 并不都是有意识的，也就是并非都能陈述，它还有“无意识的知识”这个意思。这个意义上的知识有点儿像心理学所说的“程序性知识”。例如，我们说一个人知道怎么骑自行车，“骑自行车”的知识就是程序性知识，这种知识不是通过讲授或读书学会的，而是通过运动学会的。程序性知识无法通过讲授教给别人，语言知识在这一点上很像程序性知识。（至于它算不算程序性知识，我们这里不讨论。）

理解了英语里的“知识”并非都是有意识的，我们就可以理解，“语言知识”是一种无意识的知识。史密斯和威尔逊（1982：14–15）说：

> 显而易见，说话人具有的语法知识并不是一种自觉的知识。成人的情况就足以说明这一点。但更能说明问题的是儿童。令人遗憾的是，说话人的语言知识是一种无意识的知识。

史密斯和威尔逊（1982：31）还说：

> 实际上我们要采用的语言知识的概念是一个相当狭窄、相当专门的概念，就是并非所有关于语言的知识都是语言知识。……纯粹的语言知识只包括对造句和理解句子的原则的掌握，这些无法纳入对人类非语言行为的一般概括。
>
> 语言学家的知识，如日语动词在句尾、土耳其语有元音和谐的特征等，不是语言知识；母语者可以根据口音、语调、用词等判断说话人所属的阶层和地区，可以判断恭敬式或命令式语体等，这些也不是语言知识。

语言能力使人能够说出许许多多句子，也能够听懂许许多多句子，这表明人一定知道点儿什么东西，才会有这样的表现。这里所谓的“知道”并不是指明确地或有意识地知道，而是指下意识地知道。比如，我们会说，婴儿一出生就知道吃奶，这话不是说他一出生就有意识地知道不吃奶会死，而是说他本能地会这样做。人具有语言也是这样，是一种本能（instinct）。我们说人知道一种语言时所用的“知道”正是这种下意识的“知道”。我们看到人有语言表现，于是可以说人一定知道什么东西，才导致他有这样的表现，他所知道的东西，被称为“语言知识”。换句话说，人的语言表现说明他的大脑一定处于某种状态，即知道什么东西的状态，所谓的语言知识指的正是这种状态。

（三）语法、普遍语法和 I- 语言

乔姆斯基所说的“语法”和传统意义上的“语法”完全不是一回事。前面我们说过，乔姆斯基认为，外化的语言（E- 语言）是不客观的，不应把它作为语言研究的对象。乔姆斯基认为，E- 语言概念在两个方面是模糊不清的：

> 还应当注意到语言中作为“外部化客体”的专门概念在两方面是模糊不清的：首先，在这种意义上的语言不是真实世界的客体，如上所说，也许是人造的、无关紧要的产物。另外，日常使用的“语言”这个直觉概念和专门概念的“语法”十分接近，而和作为“外部化客体”的专门概念的“语法”则并不接近。我们平常说一个人了解一种语言，并不是说这个人知道一些句子，……这个人了解的是语法而不是句子之类的东西。（乔姆斯基，1982：7）

他还说：

> 我们一再强调：传统语法大大借助于读者的智力。传统语法并不真正把语法规则用公式列出来，而是只举几个例子，做一些暗示，让有一定智力的读者以某种根本未经交代明白的方式自己去确定语法。传统语法并不去分析人们借以掌握语法的语言本能。（乔姆斯基，1992：2）

的确，读懂一部传统语法的书，确实需要一定的智力，一个 6 岁的小孩一定读不懂朱德熙的《语法讲义》，而这个 6 岁的小孩，已经是“语言上的成人”（霍凯特，1958：66）了。传统语法也不能解释人是怎么学会语言的。汉语和中国人的情况似乎更能说明传统语法的这个性质。中国有文字记载的历史大约有 3500 年，中国人对语言的研究不会晚于西汉（中国第一部辞书《尔雅》的成书年代最晚是西汉），中国的传统语言学（小学）包括音韵、文字、训诂，但不包括语法。19 世纪末《马氏文通》出现，中国才有了系统性的语法著作。在几千年甚至是几万年的时间里，中国根本没有语法概念，但这并不影响中国人的语言习得和语言运用。世界上其他语言和该语言的传统意义上的语法的关系也是这样。

正因为传统语法和语言本能无关，乔姆斯基才主张把研究的焦点转向“内化的语言（I- 语言）”：

> 另一种观点是奥托·叶斯帕森主张的，即说话人心中有一个“结构概念”，“它足以使人构造出句子”。我们就用“内化的语言（Internalized Language）”来指这种“结构概念”，那么，所谓内化的语言，就是懂这种语言的人的某种心理因素，学习者习得这种因素，听话—说话人使用这种因素。

如果把语言看成内化的语言，那语法就应该是关于内化语言的理论……（Chomsky，1986：21-22）

那么，所谓的“内化的语言”是什么呢？

语言本能是心智/大脑的一个独特系统，对人这个群体来说，它的初始状态 S_0 都是一样的。假设有适宜的经验，这种本能就经历一个从 S_0 到一个相对稳定的状态 S_S 的过程，在这个过程中，只有一些小的修改（如学一个新词等）。这个已获得的状态就包含了内化的语言。UG 就是关于 S_0 的理论，而关于各种内化的语言的理论，就是各种特定的语法，具有固定的初始状态而又随经验变化的内化的语言，就是各种可获得的人类语言。（Chomsky，1986：25）

乔姆斯基认为，人出生时大脑的状态叫“初始状态”（S_0），当人获得了自己的母语时，大脑的状态叫“稳定状态”（S_S），人习得第一语言的过程就是大脑从初始状态变为稳定状态的过程。人脑的初始状态不是什么都没有，不是一张白纸，也不是一块白板。初始状态的人脑中具备了可以发展出一种语言的基本原则，也就是具备了“语法”。在语言环境和这种语法的作用下，人可以在短短几年时间内获得自己的母语。初始状态的人脑中存在的这种语法叫作“普遍语法（Universal Grammar，UG）”。普遍语法对所有的人来说都是一样的，普遍语法最终发展成各种特定语言的语法，有差别的只是各种具体语言的语法。

普遍语法（UG）就是人脑初始状态的语法，特定语言的语法就是稳定状态的语法，也就是“内化的语言（I- 语言）”，亦即“语言知识”的内容。

关于 I- 语言，有一点需要说明，乔姆斯基（1986）使用的术语是“内化的语言（Internalized Language）”及其简称“I-language”，到了20世纪90年代以后，I-language 的含义有所扩充。I-language 的 I 的意思是“内在的”“个人的”“内涵的”（乔姆斯基，1995：15）：

当我们说 Jones 具备语言 L 时，我们的意思是 Jones 的语言官能处在 L 的状态，我们把这个状态等同于嵌在表现系统中的一个生成程序。为了把语言的这个概念和其他概念区分开，我们把这个概念叫作 I- 语言，在这里，I 的意思是“内在的”“个人的”“内涵的”。这个语言概念是内在的，因为它涉及的是 Jones 心智/大脑的内部状态，这个内部状态独立于世界的其他因素。它是个人的，因为它涉及的是 Jones，它和语言社团中其他人仅有衍生关系，因为那些人也有相同的 I- 语言。从技术意义上说，它是内涵的，这是说 I- 语言是在内涵而非外延上确定的一个功能：它的外延是结构类型（SD，Structure Description）的集合。

关于 I-language 的意思，Smith（2004：140）做了进一步的解释。Internal 指语言学家的研究范围在说话人—听话人的心智 / 大脑内部，而不是在心智和外部世界的关系上。Individual 指语言活动是心理事件，发生在个体的人的大脑内，而不是发生在群体中。Intensional 则有两个不同的含义：第一，语言内部处理系统具有重要的形式特征，Smith 比喻说，人和计算器都能算出 6 乘以 17 等于 102，但人的算法在内涵上和计算器是不同的；第二，人的这个心智 / 大脑系统可以理解正常的句子，也可以理解不完整的句子和病句。

（四）语言获得装置（LAD）

乔姆斯基认为人具有语言是人的一种特殊的属性，这种属性是由进化和遗传先天地决定的。他的早期理论假设，人脑里有一个装置，一个物质实体，或者说是生理实体，叫作语言获得装置（LAD），这个装置掌管着人的语言，这和当初笛卡尔认为松果体管语言是一样的。LAD 虽然是一个假说，但我们一定要在非常实在的意义上去理解它。在门捷列夫画出元素周期表时，表中有许多空位，门捷列夫根据他发现的元素周期率预言，那些空位处应当存在着如此这般的未知元素，后来这些未知元素果然一一被发现。那些元素未被发现时，是假设的，但也是实体，发现了之后，它们就是已被证明的真实存在的实体了。乔姆斯基的 LAD 正是这个意义上的实体。

后来，脑电等研究发现，大脑的很多区域都和语言活动有关，所以 20 世纪 80 年代以后，乔姆斯基很少再提 LAD，但这并不意味着他放弃了语言是人的一种生物属性的观点。

三、UG 存在的经验证据

乔姆斯基的普遍语法虽然还只是一个假说，但也有一些经验证据支持这个假说。宁春岩（1982：51-54）说，有几个方面的证据可以证明 UG 是存在的。

第一，人有语言能力，这是人区别于其他动物的一个属性。我们知道或认为人有所谓的语言能力的根据是，任何一个正常的人都会说话，任何一个正常的婴儿都能在几年之内学会一种语言。和人在一起生活的动物有很多，如家猫、狗等。这些动物很多从一出生就生活在人类的家庭里，它们可能和主人的孩子一起长大。几年以后，主人家的孩子学会了说话，而家猫和狗仍然不会说人的语言。这个现象说明，家猫和狗不具备人的那种学会一种语言的能力。这个现象也反驳了经验主义的“白板说”。经验主义者（如洛克）、行为主义者（如斯金纳）都认为人脑生来是“白板”一块，里面什么知识都没有。只有在出生后生活在人类社会里，通过向其他人学习，才能学会包括语言在内的各种知识。我们可以根据经验主义的说法对它进行反驳：如果人脑生来是白板一块，那么猫、狗的大脑也是白板一块，都是白板，为什么人类的孩子能够学会人类语言，而猫、狗不会？这显然说明，人类大脑的构造和猫、狗大脑的构造不同，人脑先天地具有习得语言的能力。

第二，在语言活动中，人能够听到的句子总是有限的，但他能听懂或能说出的句子却是无限的，这也就是输入匮乏。人能说出他从来没听到过的句子，也能听懂他从来没听到过的句子，这说明，人不是根据从他人那里学来的语言材料去造句或理解句子的。这也和经验主义的解释不同。按照经验主义的理解，如果你没有听到过这个句子，你就应该听不懂，只有反复听一个句子，通过刺激—反应过程，你才能学会这个句子。我们还可以做另外一个类比：一个人，如果我以前没见过他，也没见过他的照片或影像，当我第一次看到他的时候，我不会认识他。而语言则不是这种情形。

第三，人的第一语言是自然习得的，人的语言知识是一种下意识的知识，这种知识不能通过传授和训练来获得。人类的语言习得有一个临界期，一般认为这个临界期在十二三岁，在这个年龄之前，人可以很轻松地学会一种语言，过了这个年龄，学习语言就会很困难。获救的狼孩基本上学不会语言，就是临界期的证据。动物的很多能力的发育都有临界期，如视觉（乔姆斯基多次用视觉和语言做类比）。有人对猫做过视觉剥夺实验。猫出生后的 4 ～ 5 天，是它视觉能力发育的关键期，尽管这时候它还没睁眼。但这时候如果把它的眼睛封上，让它完全不接触光，过几天后再打开，猫虽然能睁开眼睛，但这时它却是一只盲猫。

临界期的证据也反驳了经验主义。如果语言知识不是先天的知识，那么早学几年、晚学几年，又有什么区别呢？人的很多知识并不是在一个整齐划一的特定年龄去学习的，典型的例子是扫盲。很多成年人在幼年时没有受过教育，因此成为文盲。当他成年以后，他可以学习识字、阅读、写作，这些他都能学会，有的文盲日后甚至能够成为作家。然而，如果一个人成年时还不会说话，我们怎么教他也都无济于事。

第四，人和人之间在后天的教育、经验、技能等方面的差异很大，例如有的人懂语言学、哲学或数学，有的人不懂，有的人熟悉历史或文学，有的人不熟悉；有的人会给计算机编写程序，有的人不会。但是，这些不同的人的语言能力（母语）都差不多。我们可以想象这样一个情景（或者干脆做一个实地调查）来证明我们的上述说法：假定一个生活在大城市的大学教授，他去一个偏远、闭塞的山区，到那里后，他和当地一位完全不能读写的人去聊天儿。这两个人几乎没有共同的经验和经历，但我们可以断定，只要话题涉及的内容不超出两人共有的知识和经验范围，他们的谈话就没有任何障碍。

以上这些经验证据都是不可反驳的，这些证据表明，乔姆斯基假设的普遍语法、语言能力是存在的，只是我们还需要进一步的证据。

四、语言基因

乔姆斯基认为语言能力是人通过遗传得到的一种能力，“普遍语法研究的是生物属性的一个方面”（乔姆斯基，1982、1992：230）。既然语言能力被假设成一种遗传的能力或生物属性，这个假设能否得到生物学或基因学方面的支持呢？

1990 年，Hurst 等人报告了一个家族病例（Hurst *et al*，1990：352-355）。这个家族的第一代，父亲正常，母亲有语言障碍。这对夫妇生了五个孩子（第二代），其中四个（三女一男）跟他们的母亲一样，也有语言障碍。第三代共有二十三个子女，其中十一个（六男五女）有语言障碍（见图 2-8）。他们的智力都是正常的，其语言上的障碍表现为：语言的发展迟缓，难以控制口唇的运动，只能说两三个词的电报式语言，说话含混不清、难以理解，阅读能力低下。Hurst 等人（1990：354）认为，这个家族的语言障碍是遗传的，当时的基因研究多集中在读写困难和性染色体异常方面，但这个家族的症状不能归入这两类。Hurst 等人猜测，可能有一个特殊的基因与这个家族的症状有关。这个家族被称为 KE 家族。

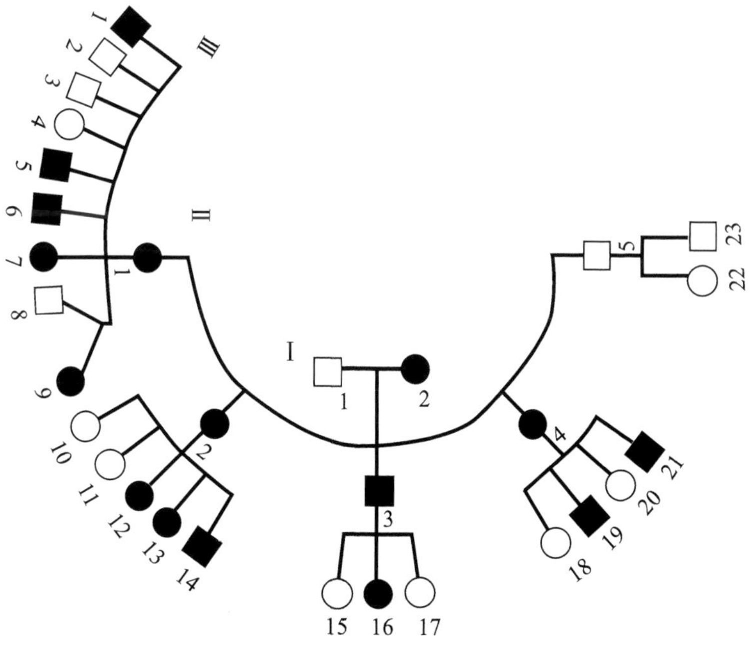

图 2-8　KE 家族图谱（Hurst *et al.*，1990：353）

图中方框代表男人，圆圈代表女人，黑色的方框和圆圈代表有语言障碍的人。

2001年10月，《科学》杂志发表了一个报告，该报告说，第一个语言基因被找到了。神经学家 Faraneh Vargha-Khadem 和基因学家 Anthony Monaco 领导的研究小组在20世纪90年代末把这个基因定位在7号染色体上。最初，这个基因被命名为 SPCH1，这时，首先报告 KE 家族的 Hurst 又发现了另一个5岁男孩，这个男孩跟 KE 家族没有关系，但其症状和 KE 家族患病的人一样。Vargha-Khadem 和 Anthony Monaco 的小组发现，KE家族的病人和该男孩的第7号染色体上均有一处断裂。这个基因发生了突变，这是导致语言障碍的原因。最后，这个基因被命名为 FOXP2（Forkhead box p 2，叉头框 P2 基因）。2002年8月，《科学》杂志再次发表关于 FOXP2 基因的报告，报告称人类的这个基因大约出现在20万年前。

2009年，《细胞》杂志发表了一项由 Wolfgang Enard 等50多人组成的一个研究团队的成果，他们把 FOXP2 基因植入了老鼠的体内。很多哺乳动物都有 FOXP2 基因，这个基因的关键片段上有715个氨基酸（分子），老鼠的这段基因上只有3个分子，和人类不同。人类的 FOXP2 植入老鼠体内后，老鼠发生了一些变化，它们发出的超声波的叫声和原来不同，减少了探索周围环境的行为，大脑内多巴胺的浓度下降，神经元的树突变长，突触的可塑性增强；如果给老鼠植入有缺陷的 FOXP2 等位基因，出现的现象则正好相反。根据这个实验，Enard 等人（2009）认为，FOXP2 基因在人类的语言进化过程中有重要作用。

2014年，《美国科学院院报》（*Proceedings of the National Academy of the Sciences of the United States of America*，缩写 PNAS）发表了 Christiane Schreiweis 等人的报告，他们把人类的 FOXP2 基因植入老鼠体内，带有人类 FOXP2 基因的老鼠能比正常老鼠更快地走出迷宫。

也许 FOXP2 基因不是与人类语言有关的唯一基因，但这个语言基因的发现，强有力地支持了乔姆斯基的假说。

近20年来，语言认知方面的研究似乎也支持了乔姆斯基的假说。Ullman 等人（1997）以及 Ullman（2001）发现，语言是由两部分组成的，一个是储存词汇的词库，一个是生成规则形式的语法。词库位于颞叶的“陈述性记忆系统”，而语法规则位于额叶的“程序性系统”。规则动词的词尾变化（如过去式词尾加 -ed）是由程序性系统处理的，不规则动词的变化则靠记忆。Ullman 等人得出这个结论的依据是，脑后部损伤引起的失语症和阿尔茨海默症患者不规则动词的错误比规则动词的错误多得多，脑前部损伤引起的失语症和帕金森症患者的情况正好相反。

第三节　乔姆斯基的 performance

上一节我们介绍了乔姆斯基的基本理论，他提出了 competence 和 performance 这对概念。这两个概念提出来后，理论语言学、社会语言学和应用语言学很快就接受了。当然，这两个概念也有人不理解，有人则有误解，还有人批评甚至试图“修正”。本节我们就来讨论这个问题。

一、乔姆斯基的 competence 与 performance

Competence 与 performance 是乔姆斯基的一对基本概念（乔姆斯基，1965：4）：

> 因此，我们要在 competence（说话人—听话人关于他的语言的知识）和 performance（在具体环境中语言的运用）之间做一个重要的区分。

这两个概念一提出来就引起了争论（Cook & Newson，1996：22），一些人认为，对语言学来说，这个理想化的概念是必要的，而另一些人认为，这样做就丢掉了最核心的语言材料。Larsen-Freeman 和 Long（1991：114）评论道：“在 50 年代末和 60 年代的语言学革命之际，转换生成派的语法学家不再把语言的使用 [use]（performance）作为语言研究的材料来源，他们就这样和许多社会科学家分道扬镳了。”

有人认为乔姆斯基的 competence 和 performance 之分与索绪尔的语言—言语之分有共同之处，也有人认为，competence 和 performance 之分就是语言—言语之分的现代形式。索绪尔（1916/1980：115）把整个语言现象叫作“言语活动”，言语活动所代表的整个现象可以分成两个因素，即语言和言语，而语言是“使一个人能够了解和被人了解的全部语言习惯”。语言是一个抽象的系统，言语是这个系统的口头或书面表现。索绪尔（1916/1980：36）还认为，“语言和言语不同，它是人们能够分出来加以研究的对象”，“语言科学不仅可以没有言语活动的其他要素，而且正要没有这些要素掺杂在里面，才能够建立起来”。当然，索绪尔和乔姆斯基在另外一些方面是有区别的，最根本的区别是，索绪尔把语言看成一套符号系统、一套社会习惯或一种社会心理，乔姆斯基把语言看成一种内在的、个人的知识系统，这个内在的知识系统是人的一个生物属性。

无论是索绪尔的语言—言语概念，还是乔姆斯基的 competence-performance 概念，都招致了一些批评。例如，海然热（1985：298-301）对这两个人都提出了批评。他认为，索绪尔的区分“由于在方法论方面有用处而被过分夸大，因而扮演了一个重要的负面角色”（pp. 298-299），这样一来，就“割裂了语言和言语”，而“把句子打入冷宫”（p. 299）。乔姆斯基虽然恢复了句法的地位，但却矫枉过正，“它［指生成语法］把所有被认为不属于语言能力的……现象都分派给了语言运用——使用语言的行为”（p. 300）。海然热认为，这两派的共同问题是把社会因素从语言中排除了：

> 尽管表面上予以摈弃，乔姆斯基的悖论实际上是改头换面地重提索绪尔的悖论。两者均将社会因素排斥在外。构拟一个单一的科学研究的对象，代价更为不菲。因为去掉发生在个人身上的语言变异后，剩下的便只有为同一语言群体的全体成员所共同享有的代码。可是，变异现象本身是一种实际存在，任何忽略这一点的简单化的理论都无疑会造成去掉社会内容的空头语言学。（海然热，1985：301）

对乔姆斯基提出激烈批评的是海姆斯（1972），他认为，乔姆斯基的理论没有考虑语言是如何使用的，为了弥补乔氏的缺陷，他提出了交际能力概念，今天，它已经成为应用语言学里的一个重要概念了。

二、海姆斯的修正和对海姆斯的批评

应用语言学家认为，competence 和 performance 的区分，经过海姆斯的扩展，已经涵盖了语言交际的各个方面（Ellis，1994：13），一些社会语言学家认为，乔姆斯基的这一对概念从反面促进了社会语言学的发展：

> 60 年代，在许多语言学家中，对乔姆斯基语言学主导地位的不满情绪明显增长。competence 和 performance 之分（和索绪尔当年的“语言”“言语”之分类似），乔姆斯基理论中的这对核心概念，对生成语言学家的正统性产生了巨大的反作用。……不少语言学家另立门户，致力于建立另一套语言理论，在这些理论中，社会功能被看作是最重要的因素。与此同时，这些语言学家也对乔姆斯基的语言能力概念提出质疑，并提出另一套理论构想，其中最有名的就是海姆斯的“交际能力”模型。（Bolton，1992：9）

下面我们来看看海姆斯是怎样扩展和修正这一对概念的。

（一）海姆斯对乔姆斯基的批评和修正

1972 年，海姆斯发表了他那篇著名文章（《论交际能力》），提出了交际能力概念。在这篇文章里，海姆斯把乔姆斯基恭维了一番，他说，和索绪尔的语言—言语概念相比，乔姆斯基的概念更好。“从结构主义语言学的传统观点来看，乔姆斯基的理论观点即刻为之注入了新的生命并使之发展到了顶点。他把实际上只想涉及语言内在问题的意图提高到完善的程度，而且可以从其内在性发现理论方面最广泛或最深刻的人的意义。任何现代理论都没有这样深刻地谈到内在结构和人的内涵价值”（海姆斯，1972：53）。但同时他又认为，乔姆斯基的理论是有缺陷的：

> 这种涉及语言能力的理论抽象地论述理想的事物，而未把社会文化因素作为其描述的内容。这种能力的获得也被认为和社会文化特点根本无关，只需要儿童在一定环境中成长，掌握恰当的言语。语言运用这部分理论或许包含特殊的社会文化内容，但若视其为使用语言的理论，它所涉及的主要是语法分析在心理学方面的副产品，而不是社会交往。至于社会文化因素是否应成为语言习得和语言运用的组成部分，上述理论则采取了否定的态度。如果有所讨论的话，其作用也会受到贬低。……由于“语言运用”已成为该理论的一个残余部分，其主要含义是指深层体系的不完善的表现。（海姆斯，1972：50-51）

鉴于乔姆斯基概念的不完善，虽然“这一生命之花正在盛开”[指乔姆斯基的理论]，但“围绕着她出现了另一概念的萌芽，可能会在本世纪末取而代之”（同上，p.53），这个萌芽就是海姆斯的交际能力理论。

海姆斯（1974：92）的目的是，把语言学规则从句子扩展到言语行动，因此，“在将语言学规则从句子扩展到言语行动时，在寻找语言和情境在意义上的关联时，尽管乔姆斯基的目标和我们的目标是兼容的，但我们还是要有批判地修正他的某些概念”：

> 乔姆斯基给语言学重新定义的目标显得有些不到家，“competence”这个术语实际上可以容纳更多的内容，而它只限制在知识，即语法知识的范围内，这就把说话人其他一些隐含的知识和能力一股脑地塞进“performance”这个未经检验的概念里去了。实际上，“performance”把两种不同的东西搅和在一块儿了。第一种强调能力是隐含在行为（“纯粹的 performance”“实际的 performance”）之下的某种东西，第二种则包含了语法以外的各种语言能力：记忆上的心理限制、可选规则的选择、风格的选择以及词序上的装置等等。第一个意义上的“performance”有意表现出的负面含义一般都和第二个意义上的 performance 相关；performance 中的各种因素——我们的理论必须把所有社会因素都考虑进去——一般认为是限制了语法可能性的实现，而不是这种实现的组成成分或使其实现的因素。实际上，这些可选规则能够在一个单一的基础结构上生成，而要在其中做出选择，同样是

依赖隐含的知识的，这和语法的情形一样；而且，它也可以作为潜在的规则来研究，这也和语法一样。作为知识的不同方面，它们都隐含在实际行为之下，在一般意义上，它们是能力的不同方面。就其自身而言，语言学理论也应该扩展能力概念，而不应该只包含语法。（海姆斯，1974：92-93）

海姆斯把 performance 理解为“运用”或“行为”，并通过对“语言运用”的分析，推论出语言运用有两个含义或分为两类，一个是运用或行为本身，另一个是语言运用中使用的材料和规则（海姆斯，1972：61），进而推论出，“语言能力”应该包含更多的东西，他把这个关系表述为：

（潜在的）能力相对于**（实际的）运用**

（潜在的）语法能力相对于**（潜在的）运用模式或规则**

上面第二式中右侧部分被海姆斯称为“使用［语言］的能力（ability for use）”。McNamara（1996：54）把海姆斯的交际能力模型表示为“图 2-9”。

交际能力（communicative competence）		运用（performance）
知识（knowledge）	使用的能力（ability for use）	

图 2-9　McNamara 图解海姆斯的交际能力

McNamara 很好地理解了海姆斯的意图。他和海姆斯一样，认为语言交际能力应该包括语言知识和使用这种知识的能力：

在海姆斯看来，ability for use 指的是个体所具备的实现一个可能的、合适的、得体的言语行动的潜在可能性，而非实现过程本身。海姆斯承认，这就是他当初的意思，因此，ability for use 是“潜在的状态”，而海姆斯保留了 performance，用来指实际的使用和实际的事件。（McNamara，1996：55）

（二）对海姆斯的批评

海姆斯的理论一出，便获得了极大的成功，交际理论至今仍是社会语言学和应用语言学的基础理论之一。但是，海姆斯的理论是有漏洞的。在批判和修正乔姆斯基的观点时，在定义交际能力概念的过程中，海姆斯自己陷入了混乱。许国璋指出了这个问题：

应该说，海姆斯的上述论点是有吸引力的，甚至可以说具有鼓动性。但是，也必须承认他的论点不是很精密。……［海姆斯提到的一些问题——引者按］都是社会语言学家分内的课题，但是和乔姆斯基所追求的“语言如何生成”的理论是两回事。更为突出的是海姆斯用的competence一词，这个词是乔姆斯基语言学的专用术语，它与performance相对，competence指“理”，performance指“用”，而海姆斯所说的communicative competence，是说competence in use，这在乔姆斯基术语中是不能并存的，因为use属performance的范畴。然而乔姆斯基的所谓performance与competence的区别，海姆斯又是承认的：他所说的competence，即是乔姆斯基的performance。这就导致了理论的混杂。（许国璋，1985：10）

G. Cook也意识到了这个问题，如果海姆斯拒斥乔姆斯基的competence和performance概念，他就不会陷入混乱了：

海姆斯的主要观点是，一定还存在其他的一些知识，即“使用的规则”，使得实际的说话人能有效地使用语言。他不仅反对乔姆斯基的语言学纲领，而且还要指出其内在的不一致，这就使海姆斯自己的观点出现了混乱，而这也导致了他的错误表述，如乔姆斯基没有说要研究实际使用者的performance，也没有否认实际的说话人要具备其他知识才能使他们的语言能力派上用场。另外，由于采用了乔氏的术语competence，看来海姆斯是部分地接受了这个术语。……而这个术语和乔姆斯基的定义是根本不同的，……既然乔氏的定义已被广泛地接受了，海姆斯用同一个词去反驳乔氏纲领就是不适宜的了。要是有人告诉他既要反驳乔氏过窄的语言学概念，也要拒斥他的术语，那就会更好一些。（G. Cook，1998：63）

到此我们可以做一个小结。海姆斯的基本思想可以这样来归纳：乔姆斯基的competence概念过于狭窄，还有很多东西本来属于competence，却被乔姆斯基塞到performance里去了；乔姆斯基的competence中只包含“语法知识”（按照海姆斯的理解），这是不够的，还应该加上语言的使用规则等（社会的）知识，这就是所谓的使用的能力（ability for use），这两部分合在一起构成“交际能力”。许国璋和G. Cook的批评是有道理的：要么你接受乔姆斯基的competence与performance概念并按乔姆斯基的界定去使用它，要么你拒斥这个概念，提出自己的概念；但像现在这样，海姆斯按自己的理解，从performance里拿出点儿东西放到competence里去，还认为是乔姆斯基原来的那对概念，那就既糟蹋了乔姆斯基，也没把自己树起来。

海姆斯的确陷入了混乱，许国璋和G. Cook的批评是对的，但还有更深刻的原因没有被揭示出来。

三、海姆斯混乱的深层原因

（一）乔姆斯基接受了海姆斯的意见

针对海姆斯的批评，Cook 和 Newson（1996：23）为乔姆斯基做了辩护：

> 乔姆斯基的能力概念不时地受到攻击，因为它没有解释语言是怎样应用的，而交际能力概念的提出，正是为了弥补这个缺憾。现行的模型并不反对用一个应用理论来补充知识理论，研究内化语言的语言学只是对关于人们知道什么的理论更感兴趣而已，它只是说知识本身的证明理应先于如何获得和应用这种知识的研究。

尽管海姆斯的立论是有漏洞的，乔姆斯基还是接受了海姆斯的部分意见，提出了“语用能力（pragmatic competence）”概念：

> 为了把问题彻底弄清楚，我们可以进一步区分“语法能力”和“语用能力”，前者是关于形式和意义的知识，后者是关于环境和如何根据各种目的恰当地使用语言的知识。语法决定了语言是一种工具，决定了每个句子固有的物理和语义特征。因此，语法表示的是语法能力。还有一个规则和原则系统构成了语用能力，它决定了这个工具如何能有效地付诸使用。语用能力可以包括 Paul Grice 所说的“交谈的逻辑”。我们可以说，语用能力把语言放进了所用的环境，把意图与目的和语言手段联系了起来。（乔姆斯基，1980：224-225）

乔姆斯基接受了海姆斯的意见，承认应该有一个语用能力对语言的应用起作用。从乔姆斯基这方面来说，海姆斯的问题已经不成问题了，但在海姆斯这边，依我们看，问题仍然存在——不是乔姆斯基的问题，而是海姆斯自己的问题。

（二）海姆斯的误解

许国璋和 G. Cook 指出了海姆斯在理论上的混乱，这种混乱是基本概念的混乱，这表明，海姆斯没有真正弄懂乔氏 competence 和 performance 的意思，也没有弄懂这两个概念所指的东西具有什么性质。

首先，海姆斯没有真正理解 competence。在乔姆斯基的体系里，语言能力、语言知识、语法，这三个概念基本上是同义的（乔姆斯基，1986），只是在侧重上有所不同。根据人有语言这样一个现象，乔姆斯基假设人具有一种内在的能力，这就是语言能力（competence）；人能说出并听懂无数的句子，说明人脑处于一种状态，亦即人脑中有某种东西，乔姆斯基把人脑的这种状态称为“知识”，“语法”（普遍语法和特定语言的语法）就是这种知识的具体内容，是一些原则和规则。乔姆斯基反复说，“这些规则和原则大体上是无意识的，而且超出潜意识的范围”（乔姆斯基，1980：179）。乔姆斯基的诠释者也曾强调过这一点：

> 重要的是强调，语法知识是隐含的［tacit］（下意识的）而不是明晰的（有意识的），因此，问一个英语的母语者“在英语里你怎样造一个否定句”没有什么意义，因为人类对听说所涉及的心理过程毫无知觉。用一个专门的术语，我们可以说，母语者具备他们的母语的语法能力，我们用这个术语的意思是说，关于他们的语言，他们具有隐含的语法知识，即如何在这种语言中构造、理解词、短语和句子。（Radford，1997：2）

用心理学的术语说，语言知识是下意识的知识，不是陈述性知识。海姆斯的误解在于把不可陈述的、下意识的语言知识当作了可陈述的、有意识的知识，这正是海姆斯“使用的能力（ability for use）”没有明说的前提。在海姆斯看来，既然有语法知识，又要在交际中使用这个知识，那么必须有一种能力来运用这种知识，即知道在什么情况下使用这个知识的哪个部分并能够使用，这就是使用的能力。

其次，在误解了语言能力（语言知识）的同时，海姆斯也误解了 performance。参照交际能力的四个参数（可能、可行、得体、实现）（海姆斯，1974：95），我们不难看出，海姆斯把 performance 误解为语言在社会环境中的实际运用或语言行为。

四、其他人的误解

海姆斯的观点是有代表性的，很多人都接受了他的观点。例如，R. Ellis（1994：13）说：

> Performance 由语法在语言理解和表达中的应用构成。能力和 performance 之分已被扩展，它涵盖了语言交际的各个方面。交际能力包含的知识是，说话人—听话人既知道什么是正确的语言行为，也知道什么行为得体，而且还知道为了实现特定的交际目的什么样的语言行为是有效的，也就是说，它包括了语言知识和语用知识。

Skehan（1995：91）说：

> Competence 和 performance 关系之原版（乔姆斯基，1965）提出一个潜在的语言知识基础蕴含在语言的实际表现中。这个潜在的（底层）知识被认为是抽象的、由规则制约的、有组织的，其作用无处不在，因为它支撑着创造性的、生成性的

语言使用。

Milanovic 和 Saville（1996：3）说：

关于语言的 performance 这个概念，语言学家们已经讨论了 30 多年了。在乔姆斯基的专题研究中，performance 是相对能力而言的，前者是人们实际表达出来的语言，后者是关于语言的潜在知识。应用语言学家接受了这个概念，把它糅进了交际能力的概念里。

G. Cook（1998：75）说：

在语言学理论中，能力是一套语音、句法、词汇的规则系统……这个系统被称为语言或语法能力。

Performance——在特定的情境中说出的句子——还依赖其他一些因素，在说出或理解特别长的句子时，就有个记忆极限的问题，用正式的还是非正式的表达方式，就涉及社会惯例……因此，能力就是语言运用的理想化形式，或是对语言运用的抽象。

以上几个人的观点都和海姆斯的理解如出一辙，他们都把 performance 理解为具体的语言应用。而 G. Cook“能力就是语言运用的理想化形式，或是对语言运用的抽象”之说，则离乔姆斯基的本义就更远了（详下）。

在应用语言学里，海姆斯的观点被广为接受也许不算奇怪，因为语言交际能力的观点正是语言教学和测试所需要的。然而在语言学的其他领域，也有人接受海姆斯的观点，甚至在生成理论的诠释者中，这种误解也存在。

罗宾斯（1997：249）认为：

乔姆斯基提出的“内部观察者”观点使他可以采用必定是自己的、私下的和个人的感觉和反应，而这些感觉和反应只有说话者和听话者可以直接意识到，其他人则只能通过言语等行为间接地意识到。……总的说来，这些基本上都是内省的证据，不论是自己的，还是别人的，都是可信的。

罗宾斯把语言能力理解为可以内省的知识，把 performance 理解为言语行为，这都是误解。从转换生成理论提出的那天起，乔姆斯基就反对内省：

所谓生成语言不过就是一套规则系统，这套规则系统以明晰的、定义良好的方式去描写句子结构。很明显，任一语言的每个说话人都掌握了这种语法，并使这套生成语法内在化，这套语法表明他有那种语言的知识。这并不是说他清楚这些语法规则或能够变得清楚，也不是说他对语言的直觉的知识的解释就一定是正确的。任何有意义的生成语法都将处理一些心理过程，这些心理过程远在意识层面之下，甚至也在潜意识层面之下，因此很显然，说话人对自身行为和能力的报告及观点就可能是错误的。于是，生成语法试图解释的是说话人实际上知道什么，而不是他自报的知识。（Chomsky，1965：8）

莱昂斯是乔姆斯基学术传记的作者，也是生成语法的诠释者之一。在《诺姆·乔姆斯基》（1977）这部书中，他对乔姆斯基的理解和解释大约都是对的，但恰恰在语言能力和语言表现这对概念上，他接受了海姆斯的意见，“他把许多应该是当作‘语言能力’来处理的因素（因而是与‘语言行为’无关的因素）说成是‘语言行为’，这一点值得争议”（莱昂斯，1977：341）。然后他说：

不妙的是，乔姆斯基使用“语言行为”这个术语，涵盖了并不属于专门理想化了、理论上又加了限制的语言能力概念范畴的一切。对此，许多人提出了异议，本人也有同感。我的看法是，最好把“行为”这个概念局限在特定的语言使用中话语的产生及理解的范围之内，并且引用其他区别性特征以说明什么叫理想化，什么是与上下文无关。（莱昂斯，1977：343）

作为乔姆斯基理论的诠释者，莱昂斯的用心比海姆斯更为善良。“虽然社会语言学的观点就其本身要达到的目的来说是正确的，却并不能就此宣称乔姆斯基提出的理想化是不正确的。在社会语言学的观点和乔姆斯基的观点这两者之间，谈不上谁更加现实。”（莱昂斯，1977：345）显然他是在为乔姆斯基辩护，但同样显然的是，他也和海姆斯一样，误解了乔姆斯基。大约20年后，莱昂斯仍然坚持“在我看来，最好还是把performance这个术语的所指清楚明白地界定为特定场合、特定语言使用中话语的产出和理解”（Lyons，1996：17）。

Neil Smith是乔姆斯基的另一位诠释者，他也没有正确理解performance。他认为，语言知识是能力，performance是对那个能力的使用（Smith，1999：28）。随后他说：

虽然这个知识本身是隐含的，但幸运的是，这个知识的结果既可以交由公众去审查，也可以由个人去内省：我们可以观察别人的performance，也可以给出我们自己的直觉。（Smith，1999：28）

Smith还试图区分E-language和performance的不同含义：

> 术语 E-language 既指集合论、命题演算这样的人工语言，也指被当作句子集合的自然语言。前一个意义上的 performance 与这里讨论的问题无关：没有人能说或会听集合论，而 performance 总是定义为自然语言知识的使用。即使说这个定义是不恰当的，我们也应该清楚，把 E-language 和 performance 等同起来是不对的，因为 E-language 有潜在的无限性，但没有谁的 performance 可以是无限的。（Smith，1999：37）

E-language 是人们说出的句子的集合，乔姆斯基认为这不是语言研究的真实对象，它也确实不是乔姆斯基所说的 performance，但这二者的区别并不在于一个无限一个有限。Performance 并不是我们能够听到的句子（详下）。

1975 年，乔姆斯基和皮亚杰在巴黎进行了一场辩论（见 Piattelli-Palmarini，1980），参加者有二十多人，核心问题是语言能力。其中有这样一个细节，Premack（1980：181）说，他在实验中发现，类人猿似乎有一定的类语言能力，它能够用一个东西去代表另一个东西，甚至也发现了符号化的迹象，但他感到最头疼的是，“我们找到了存在一种能力的证据，但使用这种能力的证据却很难找到”，因此他总是要假设“能力的使用是能力的一个组成部分”。这实际上是和海姆斯一样，一定要找出一个 ability for use 才算踏实。

从以上几个例子我们可以看出，对能力和表现有误解的，不只是海姆斯，这种误解是相当广泛的。

五、Performance 是生理和心理过程

乔姆斯基所说的 performance 和海姆斯所理解的 performance 完全是两回事。当然，performance 这个术语引起了广泛的误解，乔姆斯基自己是要负点儿责任的，因为当初他自己是这样说的：

> 因此我们在语言能力（说话人—听话人关于他的语言的知识）和语言表现（在具体情境中的语言的实际使用）之间做一个重要的区分。只有在前面一段所说的理想化的情况下，语言表现才是语言能力的直接反映。实际上，语言表现显然不能直接反映语言能力。自然言谈的记录会显示大量的错误的开头、对规则的偏离、中途改变计划等等。（Chomsky，1965：4）

乔姆斯基的“在具体情境中的语言的实际使用”“自然言谈的记录会显示大量的错误的开头、对规则的偏离、中途改变计划”等说法，显然很容易让人把 performance

理解为语言交际的行为。但很多人可能没注意到，在这一小节（Generative grammars as theories of linguistic competence）的靠后部分，乔姆斯基讨论了 performance 和 competence 的区别（Chomsky，1965：9）：

> 为了避免一直存在的误解，也许值得重申的是，生成语法不是为说话人或听话人建立的模型。生成语法试图以尽可能中性的术语去刻画语言知识的特点，这种语言知识为说话人—听话人实际的语言运用（use）提供了根据。当我们说一个语法生成了带有某个结构类型的句子时，我们只是说这个语法把这个结构类型赋值给这个句子。当我们说，一个句子与一个特定的生成语法有某种派生关系时，我们并不是说说话人或听话人可能以某种实际的或有效的方式去建立这种派生。这些问题属于语言使用（use）的理论，即语言表现（performance）的理论。毫无疑问，一个合理的语言使用模型将把生成语法作为一个基本成分具体化，这个生成语法表达的是说话人—听话人的语言知识；而这个生成语法本身并不规定一个感知模型或语言产出模型的特征或运作。关于说明这一点的各种尝试，可参见 Chomsky（1957），Miller 和 Chomsky（1963）以及其他许多出版物。

乔姆斯基这里是在澄清人们对他的误解。他仍然在强调，生成语法描写的是语言知识，这种知识是语言运用的根据（也可以说是原因），但"生成语法不是为说话人或听话人建立的模型"。这里所说的"模型"就是本段后面的"语言使用的理论"或"语言表现的理论"，这种"模型"是一种感知模型。而且，乔姆斯基还强调，"当我们说，一个句子与一个特定的生成语法有某种派生关系时，我们并不是说说话人或听话人可能以某种实际的或有效的方式去建立这种派生"。他的意思是说，一个生成语法派生出一个句子，但这个过程是一个下意识的过程，所以，说话人或听话人不能以实际的或有效的方式建立这种派生。

在下一小节（Toward a theory of performance），乔姆斯基指出，关于表现理论或表现模型的研究已经取得了一些具体的成果。那么，乔姆斯基的"语言使用的理论"或"语言表现的理论"或"感知模型"究竟是什么呢？在这一小节中，乔姆斯基（1965：15）引用了 Miller 和 Chomsky（1963）提出的"performance models"：

> Miller 和 Chomsky（1963）的文章，提出了某些句法和知觉方面的考虑，以支持这样一种意见（当然这在很大程度上是猜测），即关于一个知觉装置的更详细的结构（组织）的考虑。总的来说，关于使生成语法具体化的表现模型（performance models）的研究，看来可能是一项富于成果的研究；进一步说，我们

很难想象在任何其他基础上，表现理论能够得到什么发展。

首先我们应该注意到，如果 performance 是大多数人理解的语言交际行为，即谁说了什么，达到了什么交际目的，那有什么好猜测的呢？乔姆斯基说的不是这个，他说的是一个知觉装置（device），这个知觉装置使生成语法具体化，或者，这个知觉装置就是生成语法的表现。

Miller 和 Chomsky（1963：464–483）提出了一个“代数型模型”。他们首先提出问题：

> 如果关于实际语言行为的研究还遥不可及，很显然我们就必须对语言能力和关于表现器官的知识（knowledge of the performing organism）予以一点关注，我们已经提出建议，生成语法能够对说话人—听话人的语言知识给出有用的和富于信息的特征描述……问题是，在说出一个想要说出的句子，或感知和理解一个听到的句子的结构时，他是怎样将他的知识付诸使用的？我们怎样才能为语言使用者建立一个模型？该模型把生成语法作为一个重要成分具体化。这个题目没什么人研究，所以我们也只能做一些猜测。（Miller & Chomsky，1963：464–465）

我们很容易看出，“语言能力和表现器官”就是 1965 年的“语言能力和语言表现”的雏形。就语言感知而言，Miller 和 Chomsky（1963：465）设想有这样一个装置（device），当有句子输入时，该装置要生成一个信号去跟这个句子相匹配。该装置的核心是一个 M 成分，该成分包含了生成匹配信号的规则。与 M 相关联的是分析和储存那个输入信号的成分，该成分要对输入的信号和内部生成的信号做比较，然后做出第一个猜测。根据第一个猜测，这个装置按照储存在 M 里的规则生成一个内部信号，并将这个猜测和输入的信号做对照。如果二者匹配不上，这个装置则做另一个猜测。该装置按这种方式不断修正自己的内部信号，直到匹配达到满意程度为止，否则，那个输入就被当成不可理解的东西而被拒绝。

Miller 和 Chomsky（1963：466）认为，M 是一个有限的装置，那里面储存着生成语法 G 的规则，这个装置收到一个符号串 x 并试图理解它。M 试图把一个结构类型 $F(x)$ 赋值给 x。关于 M 装置的运作，Miller 和 Chomsky（1963：466–467）说：

> 除了 G 的规则之外，装置 M 还必须有一定的计算空间，该计算空间可以有各种用途，M 装备上它以实现各种逻辑操作。我们提出的特别要求是，只有当储存在 M 存储器中的生成语法 G 把 x 当作一个可能的结构类型而给它赋值 $F_i(x)$ 时，M 才把 $F_i(x)$ 赋值给 x。如果由 M 提供的一组结构类型 $\{F_1(x),\cdots, F_m(x)\}$ 连同输入 x 是

> 由生成语法 G 赋值给 x 的，我们就说装置 M 以 G 的方式理解了句子 x。M 不把不是由 G 生成的任何符号串作为一个句子来接受。……因此，M 是一个有限的转换器。这个转换器使用与所有符号串有关的信息以确定这些符号中哪些是它理解的语言中的句子并把它理解为属于这种语言的句子。我们假设，这些信息以储存在 M 存储器中的生成语法 G 的规则的形式表现出来。

到这里，我们可以清楚地看到，乔姆斯基所说的 performance 根本不是海姆斯等人所说的“语言运用”或“语言行为”。Miller 和 Chomsky 假设的装置 M 是一个表现器官，它所表现的东西就是语法，换句话说，这个器官的作用是使语法得以实现。这个器官的运作是一个心理过程，这个过程就是乔姆斯基所说的 performance，我们把它译成“表现”。

乔姆斯基所说的 performance 实际上仅仅是语言的生理和心理过程，这个 performance 应该是由心理学来研究的：

> 语言学……关心的是能力，是规则和原则系统，我们假设，说一种语言的人已经内在地具备了这个系统，它使说话人原则上能听懂任何句子并说出句子表达他的思想；……与此相应，心理学关注的是 performance，不是能力，它关注的是产出、转译之类的过程，这个过程利用的是所获得的知识，通过这个过程，初始状态转为最后状态，这就是语言习得。（乔姆斯基，1980：201）

Radford（1997：2）也说：

> 语法要告诉你，为了要具备母语者的能力，什么是你需要知道的，因此，语法显然是跟能力而不是跟 performance 有关。这并不是反对把 performance 当作一个研究领域，而仅仅是说，performance 应该在心理语言学的另一个领域中进行更全面的研究，研究语言产出和理解中的心理过程。我们有理由设想，在 performance 研究中，能力会起重要作用，因为，在你研究疲劳、醉酒对这个知识产生了什么影响之前，你必须先了解母语者关于他们的语言都知道些什么。

类似的说法也可见于 Cook 和 Newson（1996：25-26），他们区分了 performance 的两个意义，一个是指 E- 语言（外化的语言）句子的集合（乔姆斯基自己从来没说过 performance 指 E- 语言），另一个是指“和语言知识相对的心理过程，说话人通过这个过程理解或说出一种语言”，“在实际交谈和理解时，说话人必须使用一套心理和物理程序，这些程序并不是语法能力的组成部分，尽管与之有关”，例如，记忆力会影响到所能说出的句子的长度，但它和语言本身的知识无关。乔姆斯基也以算术为例说明过这个道理：我们学会了加法规则后，从理论上说，我们就可以无限制地做加法运算，但我们的记忆力是有限的，加着加着就乱了；于是找来纸笔延伸我们的记忆；纸笔仍然是有限的，于是我们发明了大内存、大硬盘的计算机……我们的记忆以及为延伸记忆所使用的纸、笔、计算机和加法规则是无关的。

现在我们可以看出，乔姆斯基所说的 performance 仅仅是语言实现过程中的心理和生理（或物理）过程，而不是海姆斯以及我们很多人理解的语言运用或语言行为。在晚近的论述中，乔姆斯基更为明确地把 performance 归结为一个系统，即表现系统（performance system），这个系统的组成成分有两个，一个是 PF（语音形式），一个是 LF（逻辑形式）。"语言是嵌在表现系统之中的，它使得语句能用来进行发音、解释、指称、询问、反映以及其他一些活动。"（乔姆斯基，1995：168）而表现系统由两个系统构成：

> 表现系统显然分为两大类：发音—感知系统和概念—意义系统。如果是这样，我们就有理由假定，所生成的词句包含两个接口（interface level），一个为发音—感知系统提供信息和指令，另一个为概念—意义系统提供信息和指令。其中一个接口是语音的表达式（语音形式，PF），另一个接口就有争议了，称为 LF（逻辑形式）。（乔姆斯基，2000：28）

所谓"接口"，是语言知识（语法），也就是 I- 语言和其他心理系统、生理系统的接口。那么表现系统是怎样使用 I- 语言生成的语句的？乔姆斯基这样描述道：

> 这些语句的某些属性只是给发音—感知系统发出指令，因此，语句的一个要素就是它的语音形式。一般的假设是，这些指令对发音和感知是共同的，不过这并不明确，如果真是这样，那倒很有意思。语句的其他属性仅仅给概念—意义系统提供信息，语句的这个要素被称为逻辑形式。（乔姆斯基，2000：124-125）

乔姆斯基（2000：28）认为，表现系统的存在是经验事实，用"逻辑形式""表达式"等术语并不足以说明这些系统的性质，早期的"深层结构""表层结构"（尽管这两个结构已不再是 UG 的成分）对理解表现系统也许有一点作用，"从 I- 语言的观点看，'表层'如果有什么东西的话，那就是 PF，即与发音—感知系统连接的接口，其余的东西都在'深层'"。

现在我们可以看出海姆斯理解的语言运用和乔姆斯基的表现系统有多大的差距了。

人类交际是许多系统相互作用的结果，这里有人的语言系统、其他心理系统，还有社会的文化、习俗等系统。海姆斯等社会语言学派考虑的是人在社会文化环境中的互动，而对乔姆斯基研究人类心智的意图不甚了了。而在乔姆斯基看来，人类的心智系统也不是单一的系统，语言是一个系统，语言的表现又涉及发音—感知系统和概念—意义系统，此外还有语用系统等。乔姆斯基引用 Yamada（1990）的研究，说明“这些相互作用的系统既可能有选择地受损，也可以在发展过程中分离，它们的性质是很不同的”。

> Jeni Yamada 研究了一位名叫“Laura”的妇女的案例，Laura 的语言能力并无明显受损，但她的认知和语用能力却很有限。她有很大的词汇量，虽然没有太多的迹象表明她理解了，却也能恰当地使用这些词。Yamada 将她的情况和儿童做了类比，儿童会在适当的场合使用颜色词作为“修饰”，但却不能把握其所指。Laura 知道在什么时候用悲伤或快乐来形容自己或别人，但她显然没有感到悲伤或快乐的能力，她是一个特殊意义上的行为主义者。（乔姆斯基，2000：146）

Laura 并不是孤证，在心理语言学和病理语言学的研究中，类似的案例还有不少。精神病人（如精神分裂症患者）的语言能力没有问题，他们说出的句子从语法上来说都是可理解的，但他们的思维、情感等系统出了问题。这些例子说明，语言系统、其他认知系统和海姆斯与乔姆斯基都认可的语用系统之间，是既有联系又有区别的关系，海姆斯研究的不限于语用系统，而乔姆斯基研究的却只是语言系统（他甚至不研究表现系统）。

既已弄明白了乔姆斯基的概念，从现在开始，我们把乔姆斯基的 performance 译为“语言表现”。

现在我们可以做一个总结，乔姆斯基所说的 performance 在汉语里应该译为“表现”，海姆斯的 performance 译为“运用”，我们用不同的译法区别两种理论中的两个完全不同的概念。无论是在乔姆斯基的意义上，还是在海姆斯的意义上，都不要把 performance 译成“行为”，为的是和斯金纳的“言语行为”以及奥斯汀、塞尔等人的“言语行为”区分开。

从海姆斯等人的误解中，我们得到一个教训。无论我们要赞同一种理论，还是修正或反驳一种理论，都要先弄清它的基本概念；如果我们对它的基本概念的理解是错的，后面所做的一切努力都是没有意义的。

第四节　语言测试应该测什么？

本章第一节分析了 Bachman 的语言能力模型，到目前为止，在语言测试领域，这是一个广受赞誉、影响最大的模型。虽然 Bachman 等人对这个模型做过多次检验，但我们的分析表明，他的检验是不成功的，因而他的这个模型并未通过检验。下一章我们还将讨论语言测试目前使用的工具和统计分析方法均有很大的局限，这些局限使语言能力问题和构想效度问题都得不到解决（详见第三章），所以说，语言测试领域现在正处在困境之中。既然是在困境之中，我们就应该寻找出路，这个出路就是根据乔姆斯基的语言理论找到新的工具和新的方法。

20 世纪 50 年代，语言学出现了一个新的分支：生物语言学。广义的生物语言学“从进化生物学、心理学、神经科学以及基因科学等角度”对语言进行研究，狭义的生物语言学“主要指的是以乔姆斯基为代表的生成语法学派关于语法属性的研究”（吴文，2012：53）。

生物语言学部分地是在乔姆斯基的影响下产生和发展起来的。生物语言学也得到了乔姆斯基（2010：114）的支持：

> 从生物语言学的视角来看，我们可以从本质上把语言看作一种“身体的器官”，它或多或少与视觉系统、消化系统或免疫系统相似。正如其他器官一样，语言是一个具有足够内部完整性的复杂有机体的组成部分。

几十年来，乔姆斯基一直坚持语言能力是人的一种生物禀赋，人类语言是“生物世界里的一种特定对象”（乔姆斯基，2010：13）。乔姆斯基多年努力的目的是把语言学研究引入自然科学，语言能力问题最终要用生物学的方法去解决。Botha（1989：205）用下图标示出乔姆斯基理论在科学中的位置：

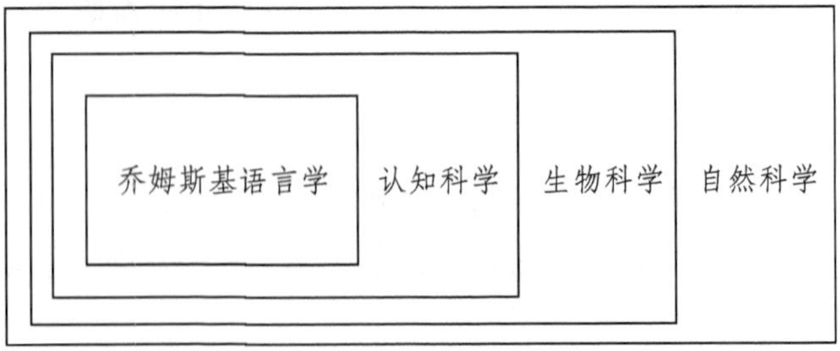

图 2-10　乔姆斯基语言学和生物科学及自然科学的关系

按照乔姆斯基的理论和 Botha 的图示，语言学属于认知科学，认知科学属于生物科学，而生物科学属于自然科学那自然更不必说了。

既然语言能力是生物世界的现象，语言测试想要测到的东西也就是一个生物现象。假如接受这个观点，我们就可以推出这样一个结论：现在所使用的多项选择题这样的测试方法是测不到这个生物现象的，使用目前的测试手段，最多只能测到这种生物现象派生出的最外在的产物（被试的答案），而这个产物是如何从这个生物现象中产生的，我们一无所知。

根据乔姆斯基的思路和当代的技术水平，我们可能有更好的选择。乔姆斯基自己也认为，研究语言能力应该重视现代技术的应用。在一个访谈中，乔姆斯基（2002：160）说：

> 事实上，影像方面的工作在这里可能是特别有意思的。在描述系统的架构以及这些系统是如何相互作用的研究中，影像研究应该有特殊的价值，由此可以探索语言本能和其他心智/大脑系统相互作用的方式。通过“自然的实验”（如脑损伤研究），我们已经看到了解决这些问题的一些希望。

乔姆斯基这里说的影像研究指的是功能性核磁共振成像（fMRI），这种仪器可以把人脑内的活动转换成图像。乔姆斯基认为，使用这种技术或许可以为他的语言能力理论提供证据。fMRI 技术除了用于脑损伤研究之外，现在也大量地用于认知研究和语言习得研究。

自 20 世纪 80 年代以来，事件相关电位（ERP）技术也被用于语言的研究。当人有语言活动时，人脑的某些区域会产生脑电的变化，把脑电的变化记录下来，可以反映人脑的语言活动。这种技术既可以用于脑损伤研究，也可以用于语言认知和语言习得研究。2009 年，牛津大学出版社出了一本书，*Of Minds and Language: A Dialogue with Noam Chomsky in the Basque Country*（《论心智与语言：在巴斯克自治区与乔姆斯基的对话》），其中有一章讨论的就是 ERP 技术。

我们现在的考虑是，既然 fMRI 和 ERP 可以用于语言认知和语言习得的研究，那它们为什么不能用于语言测试的研究呢？通过这两种仪器，我们可以观察到大脑内的语言活动，fMRI 可以观察到语言活动导致的大脑某区域血流的变化，ERP 可以观察到语言活动产生的脑电的变化，那么，把这两种技术用于语言测试，也许是可以尝试的。第六章我们将简单地介绍 ERP 技术。

第三章　构想效度问题

第一节　构想效度概念的出现

一、背景

构想效度概念出现在 20 世纪 50 年代。心理和教育测量发端于 19 世纪中后期，到了 19 世纪末，心理学家们开始注意效度问题。1898 年，美国心理协会（APA）开了一个关于测验的讨论会，Jastrow，Baldwin 和 Cattell 提交了一篇论文，文中对心理测验提出了一些一般要求，这些要求可归纳为 7 条（Rogers，1995：183）：

1. 测验应该只测一个单一的属性，而不是一次测很多属性。
2. 测量者必须知道测的是什么东西。
3. 所有的测定都必须和日常生活中的活动有关。
4. 测验的性能不能根据经验判定。
5. 测验应该简单、容易、易懂。
6. 测验应尽可能短。
7. 测量应使用简单、廉价而高效的仪器。

尽管当时“效度”这个概念还没有出现，但这个要求中的第 1、2、4 条都跟后来所说的效度概念有关。

20 世纪初，效标关联效度概念出现，到了 20 世纪 20 年代，效标关联效度被分成共时效度和预测效度。20 世纪 30 年代，内容效度概念出现。效度概念的这个框架一直延续到 20 世纪 50 年代。进入 50 年代以后，心理测量领域出现了一个重大事件，那就是构想效度概念的出现。

20世纪50年代早期，美国心理协会（APA）下有一个心理测试委员会，这个心理测试委员会下面还有一个分委员会。这个分委员会当时觉得有必要拓宽效度的定义，于是就委托它的两个成员Paul Meehl和Robert Challman，让他们确定一些新的效度证据的类型，以证明“作为咨询师和临床医生的存货的那些心理学解释”（Cronbach，1989：148）。于是，Paul Meehl和Robert Challman就提出了“构想效度”这个概念，而后，这个分委员会的成员（Bordin，Challman，Conrad，Humphreys，Super，Cronbach和Meehl）经过讨论对这个概念做了修改。经大家同意后，这个概念就被写进了APA推出的技术推荐标准（Cronbach & Meehl，1955：281）。第二年，Cronbach和Meehl（1955）合写了一篇文章，第一次对构想效度做了论述（Kane，2001：321）。

当时已有的效度概念只有两个，即内容效度和效标关联效度。内容效度只涉及测试的内容，效标关联效度只显示被检验的测验和一个声称有效的测验之间的相关，但不能显示这两个测验究竟测了什么，这两种效度都不能对所测的东西做出心理学解释。对于引进构想效度这件事，Cronbach（1957：676）评价道：

> 将构想效度检验引入测验理论是一个先例。你可以回想一下，这个事情的过程是这样的，APA的心理测验委员会发现，现有的测验理论不能确定对一测验所做的心理学解释是否合理。现有的唯一一个理论只涉及效标效度的检验，它不能评价一个测验测到了什么心理特质或状态。Meehl根据实验家在方法论和哲学上取得的进步，提出了构想效度这一想法以满足测试者的需要。他表明，一个推荐的测验解释，就是有关测验测量了一个构想的断言，也就是测验分数可被连接到一个理论网络的断言。只有当所预测的可观察现象出现时，测验解释才得到证明。

从上面这段话可以看出，构想效度概念是Meehl首先提出来的，他提出这个概念，就是要解决测验测了什么心理特质的问题。

构想效度理论是在逻辑实证主义影响下产生的。Messick（1989a）说，“构想效度概念在50年代初被系统化，当时，在心理学，特别是在方法论方面，逻辑实证主义是一种起主导作用的势力。因此，它提供了一个现成的框架，效度概念在这个框架中形成并得以合法化，就是必然趋势了”。对结构效度理论产生了直接影响的是亨普尔。

亨普尔（1952，1966/2006）为科学解释提出了两个模型，一个叫“演绎—定律说明模型”（deductive-nomological model，简称D-N模型），一个叫“归纳—统计说明模型”（inductive-statistical model，简称I-S模型）。对Meehl以及构想效度的出现产生影响的是演绎—定律说明模型。

构想效度概念是在逻辑实证主义的影响下出现的，这个理论出现之初，Cronbach（1957：676）对它是很有信心的：

> 这个新的效度理论会产生几个影响广泛的效果。它设定了一个起点，从这个起点出发，测验者可以达到哲学上的精致优雅，实验家已经发现这种方法是非常管用的。它建立了实验方法，对效度检验来说，这种工具是完备的和必要的。而且，它重新把测验研究当作扩展心理学理论的有价值的、不可或缺的方法。

下面我们就看看 Cronbach 和 Meehl 最初是怎样论述这个问题的。

二、Cronbach 和 Meehl 最初的论述

（一）为什么要研究构想效度

在文章的开头，Cronbach 和 Meehl（1955：281）说，心理测验效度检验一直没有形成一个恰当的概念，因此 APA 的心理测试委员会就承担了这个任务，由 Paul Meehl 和 Robert Challman 提出了构想效度这个概念，经过更大范围的讨论和修改，这个概念出现在 1954 年标准里。然后，文章列出了四种效度检验的类型，即预测效度、共时效度、内容效度和构想效度。关于构想效度，Cronbach & Meehl（1955：282）是这样表述的：

> 当一个测验要被解释为某种属性或性质的测量工具而这个属性或性质又没有经过“操作性定义”时，这就需要进行构想效度检验（construct validation）了。此时，研究者面对的问题是，“哪些构想能够解释测试表现中的变异”。

上面这段话看似一个定义，但却不是个定义。按说，一个新概念在文章中第一次出现时，作者首先应该给它下一个明确的定义。在这篇文章里，构想（construct）应该先有一个定义，但 Cronbach 和 Meehl 没有这样做，他们只是说什么时候需要做构想效度检验。至于什么时候需要做构想效度检验，该文的说法也有些怪异，那就是当一个属性没有经过操作性定义的时候。

在这里，我们顺便说一下操作性定义。操作性定义的方法是美国物理学家、操作主义的创始人布里奇曼提出的。操作主义认为，科学概念是用操作定义的，凡是不能操作的、不能用操作去定义的概念，都是无意义的概念。例如，长度是可以操作的，我们用一把米尺去量一根木头的长短，这就是我们对木头施加的操作，通过这个操作，我们得到了长度概念。通过这个操作，我们得到了长度的操作性定义。操作主义还认

为，如果我们对不同的对象施加不同的操作，我们得到的则是不同的概念。例如，用米尺操作房间的长度得到的是一个长度概念，而雷达测距对所测对象施加的是另一个操作，所得到的长度概念和用米尺操作得到的概念不是同一个概念。

操作主义很快被心理学中的行为主义者拿了过去，对行为主义者来说，操作性定义是一个很方便的方法。心理学处理的一般都是不可直接观察的心理属性，要想给这样的属性下定义，操作性定义不失为一种方法。例如，我们要给听、说、读、写四种能力下定义，我们就编制四个相应的测验，分别去测所谓的听、说、读、写能力，这个过程就是给听、说、读、写四种能力进行操作性定义的过程。

现在我们回到 Cronbach 和 Meehl 的文章。他们既没有给"构想"下一个定义，也没有给构想效度检验下定义，只是说当所测属性没有经过操作性定义时，你就需要做构想效度检验了。这话有很大的漏洞，你是没有办法下操作性定义，还是懒得做操作性定义？因此这话引起了很多人的误解，很多人就把构想误解为研究者的主观臆断了（详下）。其实 Cronbach 和 Meehl 根本不是这个意思。

Cronbach & Meehl（1955：282）接着说道：

> 构想效度主要不是由特定研究程序决定的，而是由研究者的倾向性决定的。以效标为参照（criterion-oriented）的效度，……"是把一组操作当作对所测属性的充分定义"。当研究者认为没有什么效标完全有效时，他必然对构想效度发生兴趣，因为这是避免在寻找终极标准时出现"无限倒退"的唯一办法。建立内容效度，就是检验内容总体是否是对所测变量的定义。当没有什么效标或内容总体可作为对所测属性的完备定义时，我们就必须研究构想效度。几乎任何测验都需要知道究竟有哪些心理构想能说明测验的表现。

这段话的意思是，当效标关联效度和内容效度检验都不能用时，研究者必然要使用构想效度。我们知道，如果做效标关联效度检验，研究者可能面临无限倒退或循环论证的困境。例如，你编制了一个测验 C，它可以用同类测验 B 做效标，但 B 的有效性由谁来保证呢？它就要找同类的 A 做效标。那么 A 的有效性谁来保证呢？于是 A 就要回去找它的效标，这就引起了无限倒退。如果 A 找不到出现在它之前的测验做效标，它也许用 C 做效标，这就产生了循环论证。

对于某些能力或属性来说，我们可以确定与这种能力有关的内容总体，例如一门课程所要求的词汇量。我们可以事先把一门课程的词汇量规定为 5000，这就是词汇量的内容总体。一个词汇测验从这个总体里抽取 100 个词作为测验内容，测验的内容效度可以用这 100 词对总体 5000 词的代表性来表示。但是，有一些心理属性是没有明确的内容总体的，甚至没有内容总体，例如“内向 / 外向”。

当没有合适的效标可用、没有明确的内容总体时，Cronbach 和 Meehl 认为这就需要构想效度检验了。他们进而认为，所有的测验都需要知道它所测的构想。

这段话一点儿错儿都没有。效标关联效度检验并不解决测到了什么的问题，效标关联效度只表明被检验的测验和作为效标的测验之间是否有高相关。即便被检验的测验和效标之间有高相关，作为效标的测验究竟测到了什么心理属性或特质，仍然是需要检验的。就算作为效标的测验已被证明测到了它想测的特质，我们也不能断定和它有高相关的测验也测到了同一特质。人的身高和体重有正相关，但身高和体重显然是两个不同的属性。

内容效度只表明测验内容对内容总体是否有代表性，并不能揭示与这些内容相关联的心理特质的状态，亦即不能揭示所测内容（如 100 个词汇题）诱发了被试的什么样的心理活动。

效标关联效度和内容效度都不能解决测到了什么心理属性的问题，所以 Cronbach 和 Meehl 才说“任何测验都需要知道究竟有哪些心理构想能说明测验的表现”。

Cronbach 和 Meehl（1955：284）的一段话里有一个闪光点：

> 一个可靠的效标可以在实际操作中得到，也可以作为操作性定义的结果而建立起来。但是，一般说来，心理学家都不情愿直接使用操作方法，因为他的兴趣在于为一个归纳出来的构想建立一个理论。

这段话显示他不是找不到效标，也不是懒得去做操作性定义，而是有更大的目标：要为某个构想建立一个理论。这句话本来是极其正确的，APA（1954：214）的标准差不多也是这么说的：

> 对构想效度的评价，要通过对测验所测心理属性的研究来进行，即，这种研究表明，某些解释性构想在某种程度上解释了测验表现。检验构想效度需要从逻辑和经验两方面入手。**构想效度研究**，**本质上是证明测验背后的理论有效**［重点引者加］。

Cronbach 和 Meehl 说了一句就跑了，没有就“为构想建立理论”做更多的论述，实在是可惜。关于构想效度研究就是建立理论和证明理论有效的问题，我们后面会详细讨论。

关于构想效度的研究方法，Cronbach 和 Meehl 提到了相关分析和因素分析等方法。虽然这些方法至今仍然用于构想效度研究，但我们认为这些方法在构想效度的研究中是没有用的（详下）。

（二）定律网络

如何检验构想效度，Cronbach 和 Meehl 提出了一套构想效度检验的逻辑，在这套逻辑里，一个首要的东西就是定律网络，也正是这个定律网络，很多人至今也弄不明白，Cronbach 自己是否清楚地知道什么是定律网络，也还很难说。

定律网络是 Cronbach 和 Meehl 发明的概念，这个词的英文是 nomological network，nomological 的词根 nomo 是希腊语，意思是“定律”。

Cronbach 和 Meehl 创造定律网络，这显然是受了逻辑实证主义哲学家亨普尔的影响。我们前面提到过，亨普尔（1952，1966/2006）提出了建立科学理论的“演绎—定律说明模型”，即 D-N 模型，这个模型里的“N”就是 nomological 的缩写。

Cronbach & Meehl（1955：290-291）提出，建立定律网络的原则有六条：

1. 用科学语言讲，“说清楚一个东西是什么”，意味着详尽地阐述它之所以出现的定律。我们将把构成一个理论的定律连锁系统称作定律网络。

2. 定律网络中的定律可以（a）与可观察的属性或量相互关联；（b）把理论构想与可观察的东西关联起来；（c）把不同的理论构想相互关联起来。这些“定律”可以是统计性的，也可以是决定论性质的。

3. 一个构想可被科学地接受的必要条件是，它要存在于一个定律网络里，其中至少部分定律关涉可观察的东西。可接受的构想可以远离观察，亦即一个很长的推演过程可以介于隐含地定义构想的定律和（导出的）a 型定律［也就是与可观察的属性相关联的定律——引者按］之间。后一类命题允许预测有关事件。构想并不“转换”为观察，它仅仅是和网络中的其他构想结合在一起去预测可观察的东西。

4. 所谓对一个理论构想“了解得更多”，就是详尽阐述该构想所在的定律网络，或者就是提高网络中各个成分的确定性。至少在一个构想出现的早期，该网络的大小还是很有限的，构想之间还不会有很多联系。

5. 如果生成的定律得到了观察的确证，或者，如果减少所需定律数量仍能预测同样的观察，那么该网络就通过增加一个构想或与一个理论建立关系而得到丰富。当观察与网络不再适应时，科学家有修改网络的自由。也就是说，这个时候科学家可以选择其他构想，或改变网络的组织形式，这同样是可辩护的。

6. 有这样一些“操作”，如果它们在定律网络里的地位使它们连接着同一个构想，即使它们在定量属性上非常不同，我们也可以说这些“操作”是“部分相同的”或“测量了同一个东西”。我们这样认定的信心，来自我们所拥有的这个网络给予我们的归纳性的支持。我们不必对两个操作做直接的可观察的比较，我们可以满足于网络内的证明，该证明表明，这两个操作给出了对网络所定义的量的估计。

上述关于定律网络的基本原则，也许需要解释一下。

所谓“定律网络”，就是由一些相互关联的科学定律构成的网络，因为这些定律相互关联，所以能够形成网络。

在“原则 2”里，Cronbach 和 Meehl 犯了一个错误。他们所说的 a 型定律，是关于可观察的对象或属性的定律，这没错。b 型定律也没错，某个定律可能可以把一个理论构想和一个可观察的现象联系起来，构想效度研究就是要得到这样的定律。但是，他们的 c 型定律是一个错误，这样的定律是不存在的。

刚才我们说 Cronbach 和 Meehl 没有给“构想”下一个定义，这似乎也有点儿冤枉他们。在“Kinds of constructs”一节，他们给构想下过一个定义（Cronbach & Meehl, 1955：283）：

> 构想，就是人所具有的某些假设的属性，我们假设它会在测验表现中反映出来。在检验测验效度的过程中，在解释一个测验时，我们关于某个属性做出一些陈述，这个属性就是构想。

他们给构想下的这个定义是很不到位的，我们后面会详细介绍“构想”一词的来源及意义，现在我们先简单地说一下构想是什么。“构想”是和“概念”相对的东西，构想和概念有相同的性质，那就是它们都指称某个东西，无论这个东西是不是实体。构想和概念也有不同的性质，它们的不同在于：概念所指的对象是已被证实存在的东西，如月球；构想所指的对象是尚未被证实存在的东西，如反物质，或者如语言能力，所以，构想就是假设的概念。概念和构想可能会互相转化，构想可能会变成概念，即假设存在的东西后来被证实真的存在，如原子，概念也会变成构想，即原本认为存在的东西，后来发现它并不存在，如以太。

现在我们回到 Cronbach 和 Meehl 的错误。因为构想所指的对象是否存在还成问题，所以网络里不可能有只和构想关联的定律，更不会有与不同构想相关联的定律，也就是 c 型定律不可能有。这是他们的一个错误。定律网络里的定律和构想的关系是：网络里的定律都是关于可观察的对象的定律，这些定律形成网络后，它们有可能预测出一个构想所指的对象的存在，一旦构想的对象被预测出来，这个构想就变成了概念，其所指就是可观察的存在，至少借助工具可观察。

在六条原则后面，Cronbach & Meehl（1955：291）有一段极其重要也极其负责的话：

请记住科学方法论的这些思想，现在回到我们的特定问题，即把构想效度用于心理测验。上述指导性的规则应该能打消“讲求实际的人”的疑虑，这些人担心，允许建立构想效度，就是打开了未经确证就声称测验有效的大门。我们的回答是，除非网络能和可观察的东西联系在一起，并展示其清晰性及共同认可的推论步骤，否则我们就不能声称构想效度建立起来了。一个可接受的心理构想必须是和行为有关联的。

这段话非常正确，只有当构想和定律及可观察的东西联系起来，也就是构想变成可观察的东西时，才能宣称构想效度建立起来了。而且，他们这样说是为了打消“讲求实际的人”的疑虑，“讲求实际的人”是暗指那些只相信内容效度和效标关联效度的人。尽管 Cronbach 和 Meehl 事先已经声明他们不会“打开未经确证就声称测验有效的大门”，但后来他们还是受到了这样的攻击（详下）。

接着，他们继续强调（p. 291）：

把一个测验作为一个构想的测量工具，需要有一个严密的（尽管可能是概率性的）推论链条。要论证某测验测量了一个构想这样一个说法，围绕着这个概念的定律网络必须存在。当一个全新的构想出现时，可能没有什么明确的东西和这个概念相联系。当研究向前推进时，构想则向不同的方向长出它的根，这些根把它自己和越来越多的事实或其他构想连接起来。……

构想效度的研究是一个逐步推进的过程，是一步一步建立推论链条的过程，而且，研究的推进方向也是不能事先确定的。Cronbach 和 Meehl 的这个论述也是很严谨的。接着，他们又谈到研究者和测验使用者的问题（p. 291）：

……除非某构想的不同使用者都接受同一个定律网络，否则对该构想所做的效度检验就没建立起来。……因此，提出某测验是某构想的测量工具的研究者，必须充分详细地说明他的定律网络或理论，以使其他人能够接受或拒斥他。测验的使用者，如果拒斥测验编制者的理论，那他就不能接受测验编制者的效度检验结论。如果他想表明测验表征了他所定义的构想，那他必须自己对测验做效度检验。

Cronbach 和 Meehl 不仅提醒研究者要充分说明他的定律网络和理论，而且告诫测验的使用者，如果你不接受测验编制者的理论，就不要接受他的效度检验结论，如果你认为测验测到的是另外一个构想，那你要自己重新做效度检验。对测验使用者说的这些话，至今仍有现实意义。今天，大学根据高考成绩录取学生，用人单位根据某个考试的成绩录用工作人员，大学和用人单位都是测验的使用者。我们不知道有多少使用者清楚并接受了测验编制者的理论，也不知道有多少使用者自己做过效度检验。我经常举这样一个例子：如果你的孩子不识数，也不会数钱，你敢让他拿着钱上街买东西吗？但为什么测验的使用者绝少问自己：我使用的这个测验有效吗？

Cronbach & Meehl（1955：294）还谈到了当时的局限：

> 由于理论构想的意义是由包含了它们的那些定律详细说明的，而我们关于自然定律的知识并不完备，这便造成了我们的构想的模糊性。当知道了所有相关定律之时，我们将能说出“焦虑是什么”，但现在，我们正处在发现这些定律的过程中，所以我们并不精确地知道焦虑是什么。

这也就是说，他们当时并不知道有关“焦虑”的定律，而是正在寻找有关的定律，因此他们并不知道焦虑是什么。我们在这里顺便说一句，在读 Cronbach & Meehl 这篇文章时，要在严格的意义上理解“定律”和“定律网络”，而不是在隐喻的意义上去理解。除了“韦伯律”“费希纳律”以外，心理学里的科学定律可能还寥寥无几，但这并不意味着将来我们不能发现有关心理现象的科学定律。

（三）理论有效还是测验有效？

1954 年 APA 标准说过，“构想效度研究，本质上是证明测验背后的理论有效”，Cronbach & Meehl（1955：294）也有进一步的说明：

> 我们不是先“证明”理论而后证明测验有效，也不是反过来先证明测验再证明理论。当我们根据一类观察做出归纳推断时，我们考察的是整个理论网络与观察之间的关系。这个系统涉及的关系有：测验和构想的关系，一构想和其他构想的关系，这些构想中的若干个和可观察变量之间的关系。随着研究的推进，这个推论的链条会变得非常复杂。……一个已经预测出的经验关系，允许我们去检验所有导致那个预测的预设。传统上，只有用于解释测验的命题被当作有待检验的假设，但实际上，所获证据对链条上的任何部分都有影响，如果预测没有被证实，链条上的任何一个环节都有可能有错。

原则上讲，他们说的没什么大错。他们的意思是，有理论和测验两个有待证明的东西，证明的过程不是先证明一个，再证明另一个，而是理论和测验同时得到证明，在这个证明过程中，任何地方都有可能出错。

虽然我们说上段没什么大错，但他们还是有小的疏忽。他们认为一个定律网络里可能有若干个构想，这是个错误。在一个定律网络里，能证明一个构想已经很不容易了。我们前面说过，与不同构想相关联的定律（c 型定律）是不可能出现在定律网络里的，因此，一个网络里只能有一个构想。

在构想效度的证明过程中，我们可能遇到三种情况（Cronbach & Meehl，1955：294-295）：

> 一个理论网络可以划分成用于做出特定预测的若干亚理论。通过亚理论成功预测的所有事件自然也都是支持那个理论的证据。这样的一个亚理论可能被大量的不同证据很好地证实，这样我们就可以有理由地把一个特定的实验看成是仅仅和测验效度相关的东西。如果一个理论连同它所欲做出的测验解释做出了错误的预测，必须放弃的则是后者。另一方面，为测验构想效度积累起来的证据可能是非常有力的，以至于一个错误预测的实例只会使我们去修正用到那个构想的亚理论，而不会拒斥测验测到了那个构想的有关断言。

他们在这里说的是三种情况：第一，每个亚理论都很好地支持了那个理论，因此理论连同亚理论都成立，或者说是亚理论都成立，整个理论自然就成立。第二，理论做出错误预测，则放弃理论。第三，积累的证据很充分，只有一个亚理论做出错误预测，则去修正那个亚理论，而不是放弃那个构想。如果整个论证失败，无非是三种情况（Cronbach & Meehl，1955：295）：

> 当预测和数据出现不一致时，研究者必须做出决定。他得到的这个结果，无非有三种解释：
>
> 1. 测验没有测到构想。
>
> 2. 生成假说的那个理论网络不正确。
>
> 3. 实验设计失败，完全没有检验出那个假说。（严格地说这和第二种情况一样，但在实践中还是可以和第二种情况区别开的。）

他们这里所说的实际上是两种情况。第一种简单地说就是测验无效，没有测到构想。第二种、第三种是理论无效，理论网络不正确，其中的定律就不成立，那么和构想相关联的那个理论也就无效。还有两种情况他们没有提到。第三种情况是，如果出现了上述的结果，所要测量的构想可能根本不存在；因此第四种情况是：测验、构想、理论三者可能都无效。不管出现上述哪种情况，我们都不知道问题出在哪里，这就是构想效度研究的困难之一。我们下面还会回到这个问题。

在文章结尾的地方，Cronbach & Meehl（1955：299-300）归纳了八条作为对全文的总结，其中我们看重的是第八条：

8. 测验的构想效度研究和建立并证明理论的一般科学程序在本质上没有区别。

这句话是正确的，证明构想效度就是证明一个理论。Cronbach 和 Meehl 虽然是这样说的，但他们以及其他更多的人是否真正认真对待这句话，那就很难说了。

他们归纳的第四条是有点儿问题的（Cronbach & Meehl，1955：300）：

4. 很多证据是和构想效度有关的，这包括内容效度、题目间的相关、测验之间的相关、测验“效标”之间的相关、测验跨时间的稳定性、实验条件下的稳定性等。对于所要做出的解释，高相关和高度稳定既可能构成有利的证据，也可能构成不利的证据，这要视有关构想的理论而定。

他们当时已经涉及效度证据来自多个方面这个问题，但我们认为，内容效度等和构想效度是无关的，相关分析等方法也可能根本不能解决构想效度检验的问题（详下）。

第二节　批评

构想效度概念虽然写进了 1954 年的标准，Cronbach & Meehl（1955）也做了比较详细的论述，但这个概念也招致了一些批评。

在心理测量领域，有人批评说构想效度概念导致主观臆断。Anastasi（1961：123）在 *Psychological Testing* 第二版中说：

［构想效度］强调这样一种理想，就是，使测验的编制建立在一种明晰可见的理论基础上……［于是］，在构想效度的应用中就可能有一种危险，它打开了通向主观臆断的大门，未经证明就断言测验有效。由于构想效度是一个定义宽泛且不严谨的概念，广泛的误解便产生了。一些教科书作者和测验编制者把它理解为内容效度，以为不过是使用了称呼心理特质的术语表述罢了。因此，他们所说的构想效度，仅仅是关于他们认为（或希望）测到的东西的主观意见而已。同样不幸的是，构想效度的主要倡导者断言，“只要一个测验被解释为对某种属性或性质的测量，而这种属性或性质又没有经过操作性定义，那就包含了这种类型的效度问题”。这样一个陈述使一扇大门敞开了，从中涌出了关于测验分数和所测特质关系的混乱想法。

在同一本书的第五版里，Anastasi（1982：154）对构想效度的态度有所转变：

从负面效应讲，肤浅地使用构想效度概念是有某种危险的。如果随意使用这个概念，它可能对主观的、未经证明就宣称测验有效的做法打开大门。因为构想效度是一个宽泛的、复杂的概念，它从来没被使用这个术语的人们清晰地理解过。有些人显然把它当成了内容效度，只是用心理特质的术语称呼罢了。因此，他们所说的构想效度仅仅是他们主观上认为（或希望）测验测到的东西而已。

而且，在 *Psychological Testing* 第五版里（1982：154），Anastasi 似乎理解了 Cronbach 和 Meehl 的本意：

一个可能产生混乱的原因是 Cronbach 和 Meehl 说的一句话，他们说，"只要一个测验被解释为对某种属性或性质的测量，而这种属性或性质又没有经过操作性定义，构想效度的问题就接踵而至"。这篇文章是第一次详细讨论构想效度概念的文献，可是这句话常常被误解为，即使缺乏应有的证据，也可以宣称具有构想效度。然而作者所坚持的观点表明，他们并非要使人做此误解，因为在同一篇文章中他们又说，"除非整个网络能和实际观察联系起来……否则就不能宣称具有构想效度"。与此相关，他们批评了那种"以脆弱的文饰作为构想效度证据"的做法。

应该说，Anastasi 的批评是有道理的，的确有很多人对构想效度产生了误解，而且这种误解至今仍存在。

Kline（1998：37）甚至认为构想效度检验就是用马赛克玩儿拼图：

Cronbach & Meehl（1955）引进了构想效度概念。他们承认建立测验效度时的所有问题和困难。在他们看来，测验变量应该看成是构想，这样，如果你表明测验的结果和构想是吻合的，那就表明了测验的效度。因此，就构想效度而言，把马赛克——测验的若干结果——拼成一幅图形即可。确定这些结果是否与构想吻合，公认是一件主观性很强的事。

也有人说构想效度检验太麻烦，如 Wiley（1991：76）说：

和信度方面的研究相对照，自 Cronbach & Meehl（1955）关于构想效度的首创性文章发表以来，关于教育和心理测量的效度研究，其规范的理性进步却来得十分缓慢。这篇文章认为，心理测量的效度，就是（假设地）支撑测量的整个理论基础的有效性。这样一来，对一个新的测量程序和工具进行效度检验，就变得极其复杂了。也就是说，一个精确的效度检验，需要对理论关系的网络做充分的说明，并要对这些关系进行经验性证明。

上述这些批评有一定的依据和道理，但批评者所说的那些负面的东西，并不是Cronbach 和 Meehl 有意造成的，而是出于广泛的误解。下面我们就看看人们对构想效度的形形色色的误解。

第三节　各种误解

一、对构想的误解

我们上一节说过，Cronbach 和 Meehl 没有给构想下一个清晰的定义，也许是这个原因，此后人们对构想的表述大多有不准确甚至错误的地方。常见的一种情形是，没有说明什么是“构想”，只是列举构想所指的对象。例如：

> 测验的构想效度就是测验在多大程度上可以说是测出了理论构想或理论特质。这类构想的例子有智力、机械理解力、语言的流利程度、行走速度、神经过敏、焦虑等。（Anastasi，1982：144）
>
> “构想”一词指的是心理构想，是对人类行为的某个方面的概念化，而该行为的这个方面既不可测量，也不可直接观察。例如，智力、成熟动机、焦虑、成绩、态度、主导性以及阅读理解都是构想。（Eble & Frisbie，1991：108）

上面两段都只是列举了构想所指的具体的对象，但没有说清楚究竟什么是构想。这就好比有人说“张三是人，李四也是人”，但他没说“人”的本质是什么。而且，上面有些例子从性质上讲也不是构想，如“行走速度”“成绩”，这两个东西都不是构想。我们上一节说过，构想是假设的概念，其所指尚未被证实。“行走速度”“成绩”都是可以直接观察到的，不存在证实它是否存在的问题，所以它不是构想。

有的人把构想解释得很玄妙、很抽象：

> 在描写和理解人类行为时，人们越来越重视构想的价值。构想是很宽泛的范畴，它们是从可直接观察的行为变量所共有的普遍特征中推导出来的。它们是理论实体，不可直接观察。（Anastasi & Urbina，1997：114）
>
> 没有构想，科学家就寸步难行。它们的理论随构想一起提出，他们发现，不

用构想，他们几乎就不能讨论工作，甚至非正式的交谈也是如此。（Nunnally & Berstein，1994：85）

被称为“构想”的东西，是一变量的抽象程度和潜在性，而不是其具象和可见性。从字面上看，这样一个变量就是科学家所谓的“构想”（由他自己的想象构成），并且它并不作为行为的一个可观察的维度而存在。（Nunnally & Berstein，1994：85）

看了上面这三段话，我们还是不知道什么是构想。

心理学传统上被定义为行为和属性的研究，这些属性决定了人在家庭、工作、学校和社会环境中的行为，这些属性一般称为心理特征（也有人称为心理特质）。和长度、重量等物理属性不同，人的心理特征是不能直接测量的。心理特征都是构想，它们都是假设的概念——是有远见的科学想象的产物，社会科学家们据此建立解释人类行为的理论。这些构想是否存在，永远也不能绝对地证实。因此，这些心理构想在何种程度上对人产生影响，只能根据对他或她的行为的观察进行推断。（Krocker & Algina，1986：4）

除了没有告诉我们构想是什么以外，上段话甚至让我们生疑：既然构想永远不能被证实是否存在，这个概念有什么用？关于构想，甚至有人用了搞笑的说法：

心理构想就是心理学理论中定义的属性、熟练程度、能力或技能。比如说“爱”。爱是一个名称，指人类具有的一种非常复杂的情感，人人都知道它，也都承认它存在。然而，爱主要发生在人的内心深处，因而极不容易观察（由于爱得发疯而拿脑袋撞墙这类可观察的事件除外）。（Brown，1996：239）

即便你看见有人拿脑袋撞墙，那也是“爱”表现出来的行为，而不是“爱”这个构想本身。

在 1955 年以后，Cronbach 本人也曾多次解释构想是什么，我们觉得奇怪的是，他自己的解释也是混乱的，远不如 1955 年文章中我们认为尚不到位的那个定义。例如：

只要你给情景、人或反应等归类，你就是在使用“构想”。我们可以使用概念这个术语而不使用构想，但后一术语强调的那些范畴是一些精心创造的产物，可用来把经验纳入具有定律性质的普遍陈述。（Cronbach，1971：462）

他似乎是说使用“构想”显得更精致、高雅，难道科学概念就不是精心创造的产物？科学定律描述的客观对象都是用概念来表述的，难道就不精致？

> 像“焦虑”“能力”这样的概念都是构想。它们描述的不是一个行动，而是思想、行动特有的组织或效率。（Cronbach，1990：52）

上面这段话也奇怪，构想不过是一个假设的概念，它所指的对象是否存在还没得到证实，这跟思想或行动的组织和效率无关。

> 在对早产儿的研究中，一个关键的构想就是“出生时的妊娠期”。这个概念里没有任何“假设的”东西——这个概念不过就是用来推算一个日期，它既可以根据母亲的报告推算，也可以从对胎儿或婴儿的测量中得出。母亲的报告众所周知是充满错误的。（Cronbach，1989：149）

Cronbach 这段话意在说明构想的不确定性，但他这个例子是完全错误的。妊娠期是已经存在的一段时间，Cronbach 也知道这里没有假设的东西，既然没有假设的东西，它就不是构想。后面我们会证明，Cronbach 自己表述混乱，在于他根本不知道“构想”这个词的意思。

上面所引的这些说法，都是接受“构想”这个概念的，但也有人似乎不想接受这个概念：

> 把构想看成是用测验测出的“东西”，这种看法是有一定问题的。第一个问题前面说过，那就是一个能力可能包含若干子能力。第二个问题是，这种子能力可能是随时间推移而发展的。如果这种子能力是多维的，如果构成这种能力的子能力随着时间发展了，那么测验所测的那个“东西”也可能发生变化。实际上，“构想”是可以随能力的发展而改变的。……那么，对于技能发展水平不同的个体，我们能说这个作业是以同样的方式测的相同的技能吗？显然不能这样说。（Green，1998：23）

对构想概念的这个拒斥是不能成立的。

第一，构想所指称的对象（如果它最后被证实存在）不一定不可再分，它完全可以由若干成分（也就是上文说的“子能力”）构成。例如，人们最初构想，原子是构成物质的最小微粒，但后来发现，原子是由原子核和电子构成的，再后来又发现，原子核又是由更小的微粒组成的，这丝毫不妨碍“原子”是一个成功的构想。

至于能力随时间而改变，也不是构想概念不成立的理由。我们不说构想，就说一个非常实在的客观存在：人。众所周知，人从出生到死亡，一直在随着时间的推移而发生变化，但这个变化并不使“人”这个概念变得不可接受。

上面我们引述了人们对“构想”这个概念的误解，下面我们来看人们对构想效度的误解。

二、对构想效度的误解

（一）缺乏效标时的不得已

有人认为，在测验找不到效标或内容范围的时候，测验开发者就要使用构想效度：

> 当“没有什么效标或内容范围可作为对所测性质的完全充分的定义而接受时（Cronbach & Meehl，1955）”，而测验使用者又想从测验分数以至被试表现中得出一个推论，那么被试的表现就可以贴上一个特定的心理构想标签以示归类，在这种情况下，我们就要建立构想效度。（Crocker & Algina，1986：218）

再如：

> 构想效度关注的是测验分数的“心理学意义”，亦即某种理论或解释性的构想在什么程度上能够解释对题目的反应和测验表现。在没有什么标准可以用来定义所测变量或特质时，一般就要考虑构想效度了。（Payne，1997：347）

上引两段基本上是同一个意思。第一段，因为作者引用了 Cronbach 和 Meehl 的原话，这种误解显然是由 1955 年那篇文章里的话造成的。然而 Crocker 和 Algina 似乎又增加了新的意思，我们总得说出测验什么地方有效。我们找不到效标，不能说它有效标关联效度，也找不到内容范围，不能说它内容有效，于是我们就找一个标签：它有构想效度。

（二）为了一些虚妄的目的

关于构想效度的一些说法实在有些莫名其妙。例如：

> 构想效度是根据心理概念或“构想”分析测验分数的意义。为了以心理学或科学术语来解释测验测量了什么，有必要理解决定测验分数的概念。（杰克逊，1996：91）

这话似乎是说，使用了“构想”，测验就能用心理学或科学术语解释了。

> 在所有的效度中，最具有概括性的就是构想效度……像智力、成就或焦虑这样的构想显然不是具体的东西，而是可能有助于理解事物并做出预言的一种抽象，这些事物正是某一科学学科所关心的。每一个科学学科都有自己的构想，这些构想是无形的，但有希望以某种可观察的方式与实在联系起来。（Aiken，1996：45）

使用构想就是为了抽象，而且把它抽象成无形的东西？既然已经抽象成无形的东西了，怎么还“有希望以某种可观察的方式与实在联系起来”呢？

> 为什么心理学家搞测量要使用构想？因为通过构想所做的概括可以超越特定的时间和情境。（Meier，1994：117）

不使用构想的概括就不能超越时间和情境吗？“人皆有死”这个概括受限于什么时间和情境呢？

> 一个指标［指构想——引者按］付诸应用之后，一个相互关联的网络［指定律网络——引者按］就逐渐浮现出来了，其作用在于在某种程度上增强我们对那个指标的有效性的信心。（Stephens，1968：129）

关于构想效度的以上这些说法都非常怪异，但有一点是共同的，那就是说上面那些话的人都既不知道什么是构想，也不知道什么是构想效度。

（三）测验与理论相符合

还有一种误解，就是把构想效度理解为“测验在什么程度上符合理论要求”。例如：

> 某些测验理论家认为，构想效度是测验建立效度的一种方式，它基本上就是评价测验在何种程度上成功地建立在它所依据的理论上。注意，在这种方式下，理论本身不受质疑：它被认为是当然正确的。问题只是在于测验是否成功地使理论实现了操作化，实际上，这种建立构想效度的做法跟内容效度差不多：推选一些专家，对支撑理论下一些定义，然后对测验进行审查，最后做出判断，以此作为构想效度。（Alderson，Clapham & Wall，1995：183）

再如：

> 如果你是在一个理论背景（context）中编制测验，而这个理论做出了关于行为与测验关系的预言，那你就涉及了构想效度的问题。和根据标准或预测效度所做的预测相比，这种预言会复杂得多。（Loewenthal，2001：17）

这种误解在中国很流行，在刘英林（1990），刘润清（1991），周大军、高兰生（1998）等人的文章中都能看到，如高兰生、陈辉岳（1996：75）说：

构卷效度［即我们说的“构想效度”——引者按］反映的，是测验在多大程度上符合理论方面的要求。它帮助我们从教育学、教育心理学、教育测量学、语言学、英语教学理论的角度来解释测试结果的有效性问题。

刘润清（1991：18）是这样说的：

其次还有编制效度（construct validity），是说一套测试要以一定的语言行为理论和语言学习理论为依据。例如，如果以结构语法为基础，那么，强调词汇和语言环境的测试就失去编制效度。

有这种误解的人根本不知道什么是构想效度。

（四）和内容效度混为一谈

很多人把构想效度和内容效度混为一谈。Davies（1990：23）是这样误解构想效度的：

内容效度是教师或测验者做出的专业判断。他们靠自己的语言知识，来判断测验从大纲中抽取的样本的满意程度如何，不论这个大纲是实在的（就成绩测验而言）、是想象的（就水平测验而言），还是理论上或模型上的（就能力倾向而言）。在这一点上，内容效度就转化为构想效度，因为它是理论构想的一个样本，而测验是作为能力倾向来建构的。唯其如此，内容和构想很难截然分开……

事实上，Davies（1983：145）是以不屑的态度看待构想效度的：

对于构想效度，我要得出一种不同的结论。我的结论现在是，我们应该更重视共时效度，不要那么热衷于构想效度。换句话说，以数据为基础来建立外部效度，永远胜过安乐椅上的冥想。

除了 Davies 的不屑，还有更荒唐的说法：

如果一个测验看着像（looks like）一个有效的测量，那它就有内容效度；如果一个测验显得像（acts like）一个有效的测量，那它就有构想效度。（Murphy & Daivdshofer，1988；转引自 Meier，1994：115）

（五）构想效度是什么东西的有效性？

当然，在讨论构想效度时，大多数人还是很严肃的，但是，对于构想效度究竟是什么东西的有效性，大家的看法并不一致。有人认为，构想效度就是所提出的理论构想的有效性，如 Henning（1987：98）说：

> 建立构想效度的目的是，证明被测量的潜在的理论构想本身是有效的。

所谓"构想有效"是指假设的构想得到了证实，其所指是客观存在的。Henning 的这个理解是正确的，但是还不全面。

在测量界，很多人认为构想效度是测量（测验）的有效性。Anastasi（1982：144）以及 Anastasi & Urbina（1997：126）说：

> 测验的构想效度就是测验在多大程度上可以说是测出了理论构想或理论特质。

罗德和诺维克（1968：318）也说：

> 所谓构想效度，是指一个测验测定到它所打算测定的构想的程度。

20 世纪 80 年代以后，针对效度是测验的特性的说法，更多的人认为构想效度（或笼统地称"效度"）不是测验的特性，而是分数解释或根据分数所做推断的有效性。Messick（1989a：13）说，"效度不是测验……的特性，而是测验分数的意义的特性"。Fraenkel & Wallen（1993：193）说，"需要证明有效的，不是工具本身，而是工具在特定的应用中产生的推论"。Cronbach（1989：151）自己后来也说，构想效度"证明的是特定的分数解释"。持这种观点的还有 Ebel & Frisbie（1991：108），Bachman（1990：290），Bachman & Palmer（1996：21），Chapelle（1998：50）等。关于这种观点，我们后面要做更详细的讨论。

第四节　构想效度是理论的有效性

一、"构想"一词的来源

Cronbach & Meehl（1955）没有给"构想（construct）"下一个满意的定义，第三节我们也罗列了对"构想"一词的种种误解，我们甚至发现，Cronbach 自己也没有弄懂这个词：

> 解释测验分数非常像科学推理——在好奇、思索、搜集证据以及对其他可能的解释的批判性反思之间来回徘徊。理论是建立在构想之外的，它所建立的每

一个范畴都要描写一类显然是近似的事件、对象、情境或者人。Construct 来自 construe（解释），一个构想就是以一种方式对观察到的东西进行解释。（Cronbach，1990：159）

从上面这段话看，Cronbach 完全是搞错了“构想”一词的语源，所以他无法给“构想”下一个正确的定义，也很难正确地理解构想效度。“构想”的英文是 construct，而 construct 根本不是 Cronbach 说的那个意思。

我们先看英汉词典的释义。《英华大词典》（商务印书馆，1984）construct 下的第二个义项是“名词，思维产物；构想；[心] 构成概念”。《新英汉词典》（上海译文出版社，1978）的释义是“名词：构成物；思维的产物”。这两部英汉词典的解释都是正确的。我们再看 *The American Heritage Dictionary*（《美国传统词典》）的解释：

construct：

（动词义略）

n. something, especially. a concept, that is synthesized or constructed from simple elements. [Lat. construere, construct-: com, together + struere, to pile up]

再看 *The American Heritage Dictionary* 对 construe 的解释：

construe：

v. to place a certain meaning on; interpret.

n. an interpretation or translation. [ME construen < LLat. construere < Lat. , to built]

从上面两条解释我们可以看出，construe 确实有 Cronbach 所说的那个意思，但它和 construct 无关。这两个词词根不同，来源也不同。Construct 直接来自拉丁语，construe 是拉丁语经过了晚期拉丁语和中古英语演变而来的。Construct 的意思是“一个概念”，construe 的意思是“一个解释、翻译”。

在近现代科学和哲学里，construct 不是一个普通名词，而是一个科学术语。作为一个科学术语，construct 也有它的来源。

英国的统计学家、科学哲学家卡尔 · 皮尔逊（Karl Pearson，就是发明积差相关的那位皮尔逊）1892 年出版了一本书，叫作《科学的规范》（*The Grammar of Science*）。皮尔逊在这本书里说：

> 对大多数外部客体来说，其存在大都归因于我们的创造，Lloyd Morgan 教授在他的 *Animal Life and Intelligence* (p. 312）一书中创造性地提出用构想（construct）这个术语指称外部客体。就我们现在的目的而言，非常需要记住的是，一个外部客体一般来说就是一个构想——亦即过去或储存的感觉印象的一个直觉上的组合。一个东西的实在性依赖于其整个地或部分地在一组感觉印象中出现。（Pearson，1892/1900：50）

在这段话下面，皮尔逊又加了一个脚注：

> 实在的和非实在的东西，以及实在的和假设的东西之间的划分，并不像人们想象的那样截然分明。例如，海王星从假设的东西变成了实在的东西，而原子仍然是假设的东西。当知觉的对应物被发现时，假设的东西就变成了实在的东西，但非实在的东西永远变不成实在的。

皮尔逊对构想的解释“亦即过去或储存的感觉印象的一个直觉上的组合”和 *The American Heritage Dictionary* 的解释“that is synthesized or constructed from simple elements”几乎一模一样。

按皮尔逊的说法，构想是我们根据感觉印象创造的，它所指的事物可能是实在的，也可能不是实在的。皮尔逊认为，实在的和非实在的东西，或实在的和假设的东西之间的区分并不总是很清楚的。他举的例子是，海王星从假设的东西变成了实在的，而原子，在皮尔逊那个时代还是假设的东西，现在是实在的了。我们还可以举一个更好理解的例子：根据每个人的直接经验，我们会认为太阳是绕着地球转的，因为我们每天都看到太阳从东方升起、从西方落下，正因为如此，人类才长期坚持地心说。这说明我们的感觉有的是和外部世界相符合的，有的不是。所以，正是在这个意义上，皮尔逊接受了 Lloyd Morgan 的观点，把一切外部客体都称作“构想”。

Lloyd Morgan（1852—1936）是英国心理学家、生物学家。那么关于构想，Lloyd Morgan（1891：312）是这样说的：

> 一个更贴切的类比是：某个东西在外面，在感觉的门口敲门，根据敲门的声音，我们知道这在某种程度上跟什么东西有关联。换句话说，根据外面传来的某种刺激，我们构想出了那个心理的产物，我们把这个产物叫作感觉的对象。我现在所说的（我现在不得不说的）就是这些心理的构成物，即“构想”，我这样称呼它是为了方便。

Lloyd Morgan 在脚注里说，他没有用 percept（知觉的对象）是因为这个词在不同的学者那里有不同的用法。Lloyd Morgan 所说的这种感觉我们每个人都有过。例如，一个你多次听说过的人，比如说某个名人吧，你多次听说过这个人以后，你脑子里会对他产生印象——我知道这个人，你甚至会想象他的样子。这时，你脑子里产生的印象或对他的样子的想象，就是构想。

Morgan 用构想指称外部客体，目的是要说明外部客体不一定是人们看到的那个样子。Morgan（1891：314）说：

> 他们说，所有的人，不，所有的生命都会消失，但对象（客体）将会保持原来的样子并具有同样的实在性。是的，同样的实在性，这就是说，如果有一个走运的家伙能够逃脱死亡，他就会看到客体一直是原来的样子。没有人怀疑这一点。然而，至少对我来说，不依赖我们而存在的事物恰恰是它们呈现给我们的那个样子，这是不可思议的。

Morgan 说，就算有一个人逃脱了死亡，他看到了客体一直是原来的样子，但因为客体是独立于我们而存在的，它不必非得是我们看到的样子不可。这样一来，构想就有了确定性的问题（Morgan，1891：321）：

> 对客体越不熟悉，构想就越模糊、越不确定。对构想越熟悉，对它做的进一步检验越多，构想就越清晰、越确定。所以，我要把建立构想的过程分为两个阶段：第一，根据直接的联系形成构想，这时，构想或多或少是模糊的，不确定的，定义不良的；第二，根据检验去定义构想，通过检验，构想变得越来越确定，越来越清晰，越来越有所指，并且通过理智的推论得到补充。

Morgan（1891：324）进而又将建立构想的过程分为三个阶段：1. 根据直接的联系形成不确定的构想；2. 通过检验使构想确定下来；3. 通过综合使构想更完善。

看到这里，也许我们会感到惊奇，100 多年前的 Morgan 已经提出了构想概念，而且 Morgan 也是一位心理学家。换句话说，“构想”这个著名的概念居然是心理学家提出的！

如果再往前推 100 多年，回到 1781 年，我们会发现，那一年康德出版了《纯粹理性批判》，在这部影响深远的著作里，康德提出了“构想”概念。现在我们引用邓晓芒的译本（康德，1781/2009：175）：

> 虽然表面看起来，一个三角形的可能性似乎可以从它的概念本身中认识到

（这概念肯定是不依赖于经验的）；因为事实上我们完全可以先天地给出这概念一个对象，也就是先天地把这对象构造出来。但由于这三角形只是关于一个对象的形式，所以它毕竟依然还只是想象力的一个产物，其对象的可能性仍然还是可疑的，为了这种可能性，还要求某种更多的东西，就是说，一个这样的图形还要在一切经验对象所依据的那些纯粹条件下得到思考。

我们再根据 Norman Kemp Smith 的英译把这段译成中文：

的确，一个三角形的可能性看起来能够从其自身的概念中得到（这个概念当然是不依赖于经验的），因为事实上我们完全能够先验地给它一个对象，也就是说，我们可以把它构想出来。但是，由于这只是一个对象的形式，它就仍然是一个想象的产物，这个对象的可能性仍然是可以怀疑的。为了确定它的可能性，那就还需要更多的东西，那就是，把这样一个图形放到最严格的条件下去思考，所有经验对象的可能性都依赖这样的条件。

康德的意思是，三角形是想象出来的，也就是构想出来的。的确，自然界里似乎不存在严格意义上的三角形。由于三角形是构想出来的，是否存在这样的东西，就是值得怀疑的。要想确定世界上是否真有形式是三角形的东西，那就要把这个概念放到最严格的条件下让它去经受经验的检验。

作为一个哲学和科学概念，“构想”这个概念就是这样来的。前面说过，我们在和“概念”有区别的意义上使用构想这个词：概念所指的对象是已经被证明确实存在的对象，而构想所指称的对象，是否存在还是值得怀疑的。就在语言测试这个学科里，construct 也有这样的用例。Barnwell 在介绍美国语言测试的历史的书里（1996：165-166）说：

However, the native speaker who may or may not be an ideal speaker (in Chomskyan sense), is not *ipso facto* the ideal listener and is in any case a construct rather than a reality.

然而，母语者，不论是不是一个理想的说话人（在乔姆斯基的意义上），他事实上都不是理想的听话人，在任何情况下，理想的听话人都只是一个构想而不是事实。

在这句话里，construct 与 reality 对举，正好表现了 construct 一词的含义。

应该说，“构想”并不是 Cronbach 和 Meehl 的发明，他们只是把这个概念重新引入心理学的研究，即便是重新引入，那也是很了不起的。只可惜，他们自己似乎不太清楚这个词以及它作为一个术语的含义和来历。

在心理测量领域引入构想概念是完全必要的，因为心理学或心理测量学研究的对象都是心理属性，这些属性不可直接观察，也不可直接测量。因此，首要的问题就是，我们想测量的某种心理属性，如语言能力，是否真的是一种客观存在？在我们无法确定语言能力这样的东西是否真的存在于人的大脑中的时候，我们就用“构想”去指称它，即到目前为止，所谓的“语言能力”还只是一个构想，而不是已被证实的概念。

二、定律网络

现在我们来说定律网络。定律网络这个东西是 Cronbach 和 Meehl 的发明，他们发明这个东西是受了亨普尔的影响。我们说过，亨普尔（1952，1966/2006）提出一个科学说明的模型，叫作“演绎—定律说明模型”（deductive-nomological model，简称 D-N 模型），这个模型是这样的（亨普尔，1966：79）：

$$
\text{（D-N）解释语句}\quad \left.\begin{matrix} L_1,\ L_2,\ \cdots,\ L_r \\ \\ C_1,\ C_2,\ \cdots,\ C_k \end{matrix}\right\}
$$

E 被解释语句

图 3-1　亨普尔的 D-N 模型

上图是一个演绎论证模型，其中的 L_1，L_2，…，L_r 是科学定律，C_1，C_2，…，C_k 是与相应定律对应的断言特定事实的陈述句，这二者构成了科学说明的解释语句，也就是前提。E 是被解释语句，也就是结论。只有当解释语句，亦即已知的科学定律和已被确认的事实覆盖或者说蕴含了被解释语句，被解释语句才得到解释，也就是得到证明。上面这个模型也就是“定律网络”。

在给出这个模型后，亨普尔（1966：80-81）用海王星的发现说明了D-N模型的作用。

1781 年，太阳系的第七颗行星天王星被发现。1821 年，布瓦尔发表了天王星的轨道表，但随后的观测发现，观测到的天王星的轨道和轨道表不一致，而且实际观测的偏差越来越大。这就使布瓦尔假设有另外一颗星影响了天王星的轨道。1843 年剑桥大学的学生亚当斯计算出可能会影响天王星运动的第八颗行星的轨道。1846 年，法国的天文学教师勒维耶也独立完成了海王星位置的推算。因此，海王星是一颗计算出来的行星。

发现海王星的原理是这样的，天王星的实际轨道与计算出来的轨道有很大的偏差，根据牛顿运动定律，如果假设在天王星外侧还有一颗行星并计算出它的轨道，然后把那颗假设的行星对天王星的摄动考虑进去，重新计算天王星的轨道，观测到的天王星的轨道就和计算出的轨道吻合了。这样，天文学家就推算出了海王星的存在。

在科学史上的这个实例里，在被推算出之后、实际观测到之前，海王星就是一个构想。把这个例子放进亨普尔的 D-N 模型是最合适不过的了。L_1，L_2，…，L_r 就是牛顿的运动定律，C_1，C_2，…，C_k 就是对已知的七颗行星的陈述语句，也就是它们的轨道，“海王星在什么位置并沿什么轨道运行”，就是被解释语句，也就是根据牛顿定律和已知事实推测出来的新事实。

按照亨普尔的观点，上述系统形成了一个网络（亨普尔，1952；转引自 Messick，1989a：23）：

> 整个系统［指理论系统——引者按］浮在观察层面之上，而又靠转译规则与其相连。这可以看作是一些纽带，它们虽然不是网络的一部分，但却使网络上的某些点与观察层面的特定部位相连接。由于可通过这些联系进行转译，则这个网络可起到一种科学理论的作用：从某些观察数据，通过一条转译纽带，我们可以上升到理论网络的某一点，通过另外一条转译纽带，我们可以再回到观察层面。

“这样一个理论网络，或具有定律关系的连锁系统，被称作定律网络（nomological network）”（Messick，1989a：23）。“定律网络”这个术语是 Cronbach 和 Meehl 在 1955 年的文章中根据亨普尔的思想发明的。然而定律网络概念一出现，“很多人就被这个哲学原理给弄懵了”（Cronbach，1989：158）。Cronbach & Meehl（1955：290-291）用定律网络把人们弄懵了，他们自己是有责任的。在 1955 年的文章里，他们对定律网络的解释太抽象，而且没有给出一个具体的例子。

其实，可以用定律网络去解释的例子在科学史上是有很多的，除了亨普尔举出的海王星的发现以外，我们还可以说门捷列夫的元素周期表也是一个很好的例子。19 世纪 60 年代，已发现的元素只有 60 多种，门捷列夫发现了元素周期律，并根据周期律制作了元素周期表。当时的元素周期表上有很多空位，那是门捷列夫给尚未发现的元素留出的位置。此后，空位上的那些元素一一被发现。实际测量的结果显示，这些新发现的元素的原子量和元素周期表所预言的原子量有着惊人的一致。这是今天中学生都知道的事情，如果 Cronbach 和 Meehl 当时用这个例子说明定律网络的作用，也许那些人就不会懵了。

根据科学定律或定律网络，我们有可能推测出新的事实，也有可能得到更精确的知识，而这个精确性可能是直接观察达不到的。我们举一个简单的例子。边长为 1 的正方形的对角线是多长？如果我们画一个边长是 1 的正方形及其对角线，然后去测量这个对角线的长度，得到的结果是不太精确的。如果我们根据勾股定理去计算边长为 1 的正方形的对角线，可以精确地得出它的长度是 2 的平方根（尽管它是个无理数）。这就是科学定律的作用。

Cronbach 和 Meehl 当时追求的目标就是，在心理测量中引入科学方法，使心理测量达到科学所要求的程度。但是，由于对构想和定律网络的理解不到家，他们对构想效度以及如何建立构想效度的论证就不能算成功，因而也引起了很多人的误解。

其实如果我们按自然科学，如物理学所遵循的原则和方法去做，心理测量学或心理学的某些分支，是有可能达到 Cronbach 和 Meehl 所追求的目标的，至少可能在某种程度上接近这个目标。要想使心理测量接近科学目标，我们就先了解一下科学理论以及构成科学理论的要素。

三、科学理论的要素

什么是科学理论？孙小礼（1987：409）说：

> 科学理论是具有某种逻辑结构的并经过一定实验检验的概念系统。标志着人的认识在实践过程中从现象到本质的深化，由经验水平提高到了离经验较远、抽象程度较高的水平，对事物获得了比较全面的了解。科学理论往往是通过科学假说、经过反复的实践检验确立起来的。……成熟的科学理论通常具有由概念、原理、定律等按照逻辑关系组成的演绎结构，其核心是科学定律。这种结构通过建立理论概念和可观察量之间的对应关系而与经验事实相联系。随着科学的发展，科学家在表述科学理论时总是力求达到符号化和形式化，使之成为严密的公理化体系。科学理论的功能在于揭示各种有关的现象，预言事物的未来。

科学理论的结构，简单地说就是概念和概念之间的关系，如果概念之间的关系能够形成一个定律，这个理论就是科学理论，而理论的核心是科学定律。什么是科学定律呢？皮尔逊（1892/1999：75）说：

> 谈到科学方法，……它在于事实的仔细的而且往往是吃力的分类，在于它们的关系和序列的比较，最后在于借助训练有素的想象发现简明的陈述或公式，从

而用几个词句概述事实的整个范围。我们已经看到，这样的公式被命名为科学定律。

科学理论里的概念指称的是可观察的经验事实，科学研究就是发现这些经验事实之间究竟有什么关系。如果我们发现了若干经验事实之间有某种定量的关系，而且这个定量关系能够归结为一个数学公式，那我们就得到了一条科学定律，得到了科学定律，就是建立了一个科学理论，所以说，科学理论的核心是科学定律。例如，著名的万有引力定律（公式 3-1）就是牛顿力学理论的核心。

$$F=\frac{GMm}{r^2} \quad \text{（公式 3-1）}$$

上式的意思是：任意两个物体之间都存在相互吸引的力，引力的大小和两物体的质量成正比，和它们的距离的平方成反比。上式中的 F 代表引力，M 和 m 代表物体的质量，r 代表两物体的距离，G 是引力常数。或者我们可以说，“公式 3-1”表示的是 M，m，r 三个概念和它们之间的关系。

科学定律分为两种，一种是经验定律（或实验定律），一种是理论定律（内格尔，1979/2002：94-95）：

> 在科学中，许多定律表达那些被公认是可观察的事物之间的关系，或者事物的特点之间的关系，不管这种关系是通过独立的感官得到的，还是借助于专门的观察仪器得到的。一个敞开的容器中的水“当被加热时便蒸发”，铅在 327℃熔化，一个单摆的周期与其长度的平方根成正比，这些定律都是这种类型的定律。
>
> 但不是一切科学定律都属于这种类型。相反，在物理科学的一些给人印象最深的综合性的说明体系中，所采用的许多定律，显然不是有关那些通常被刻画为“可观察的”东西的定律……这样，在按照水的分子构成的有关假定来说明被加热的水的蒸发时，关于水的分子构成的假定就出现在说明的前提中了……
>
> 我们将第一种定律称为“实验定律”，而称第二种定律为理论定律。

科学家根据经验事实、通过实验得出的定律就是经验定律，如欧姆定律；根据经验事实并且通过演绎得出的定律，就是理论定律，如万有引力定律。在严格意义上讲，心理学和心理测量领域还几乎没有出现经验定律（韦伯律、费希纳律除外），更没有出现理论定律。但是，科学发展到今天，我们可以尝试着去发现心理学里的科学定律。下面我们看看某些科学定律是怎样被发现的。

四、测量的作用和理论的形成

在发现科学定律（主要指经验定律）的过程中，数学和测量起着非常重要的作用，在科学研究中引入数学和测量，是伽利略的贡献，而这个思想自近代以来已成为科学的主导思想（波塞尔，2002：61）：

> 伽利略曾为经验科学提出过一个纲领：测量能够被测量的东西，不能被测量的想办法让其变得能够被测量。近代科学的这一主导思想来自于伽利略先生，因为近代科学从某种意义上讲是注重数量科学的。为了构成理论，特别是为了通过理论将事物的功能联系以数学的方式加以表达，应该避免单纯的关于质量的陈述，而应尽量使用数量陈述。这一思想产生的作用是很大的。

所谓使用“数量陈述”，实际上就是测量，测量在科学中有五种功能（特拉斯特德，1979/2003：76-77）：

> 测量在科学中具有五种非常重要的功能。第一，可以使科学家比他设计出一种测量方法之前对有关被测性质的概念更加清楚。第二，可以使各种性质得以客观评价并且可以准备出一种方法描述各种方法之间客观关系的经验概括。第三，通过测量可以获得维护各种理论实体间的数值关系的各种理论，从而使我们能够抽象并简化所需要的而且是所要理解的经验。第四，更精确的实验可以支持改正各种由相对粗糙的测量所支持的定律的各种理论。第五，测量可以帮助科学家理解某特殊过程的机制，尤其在化学领域更是如此。

也许是翻译的问题，上面这段话说得比较晦涩。简单地说，测量的五种功能是：第一，通过测量我们可以得到更清楚的概念；第二，测量可以使我们客观地描写各种性质，并能使我们对各种不同的方法做出客观的比较；第三，通过测量我们可以建立量化的理论，并使我们能对经验现象做出抽象和简化；第四，可以修正根据不精确的测量得到的理论；第五，可以使科学家理解不用测量就理解不了的东西。

特拉斯特德（1979/2002：73）还说：

> 测量，此处指真正的测量，对科学是极为重要的，因为通过测量就能获得有关各种性质的客观评价，就可以对同一物体或材料的不同性质进行比较，就可以将不同性质的值联系起来……在常温下对各种气体压力和体积的测量，使波义耳得出压力值与体积成反比的法则，因此导致他发现常温下压力与体积相互关系的定律。

在这里，我们最感兴趣的是通过测量来建立科学理论。Nagel（1931：314）也说：

> 如果寻找数学方程是物理学的目标，那么诸如实验、分类或测量等活动就都有助于实现这个目标。因此，如果问我们为什么要在物理学中进行测量，答案将会是这样：如果我们测了，而且是以确定的方式测的，那么，我们就有可能建立一些方程和一些理论，而后者，就是研究的目标。

那么，如何能够通过测量得到一个定律和一个理论呢，下面我们以欧姆定律为例来说明这个问题。

德国物理学家乔治·西蒙·欧姆通过测量，观察导线长度和由电流产生的电磁力强度的关系。他测量得到的结果如下（丹皮尔，1958/1997）：

表 3-1　导线长度和磁针扭转角度

导线长度（英寸）	2	4	6	10	18	34	66	130
磁针扭转角度	326.75	300.75	277.75	238.25	190.75	134.25	83.25	48.5

导线有电流通过的时候，导线的周围会产生磁场，磁场可以使磁针扭转一个角度。上表是导线长度（单位是英寸）和磁针扭转角度的测量值。当导线的长度从 2 英寸增加到 130 英寸时，磁针扭转的角度从 326.75 度减小到 48.5 度。上表的这些测量数据，可以满足下列公式：

$$X=\frac{a}{b+x} \qquad \text{（公式 3-2）}$$

上式中，X 是磁效应强度，x 是导线长度，b 是一个常数，对铜线来说是 20.25，a 是电动势，欧姆的试验中是 7285。如果 x=6，实际测量值是 277.75，而根据上式计算出的 X 值是 277.53，二者相差很小。上式原本的意思是：磁效应强度和电动势成正比，和导线长度成反比，亦即导线越长，电动势越弱，这也就意味着导线里有阻碍电流通过的东西，即电阻。欧姆把上式中的概念转换了一下，X 表示电流强度，a 表示电压，b 是导电率（不同的材料导电率不同），$b+x$ 是总电阻，再把上式改写了一下，就得到：

$$I=\frac{U}{R} \qquad \text{（公式 3-3）}$$

它的意思是：导体中的电流和电压成正比，和导体的电阻成反比。这就是欧姆定律。欧姆定律的发现过程可以用下面的图来表示。

欧姆定律和欧姆计

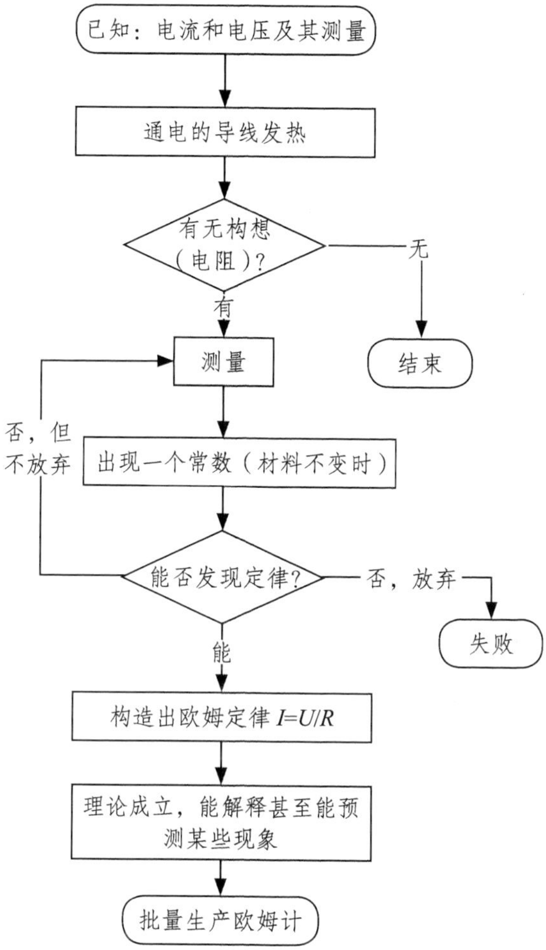

图 3-2　欧姆定律的发现

在欧姆定律建立起来之前，“电阻”只是一个猜测，也就是一个“构想”。提出这个构想的根据是一些经验现象，如通电的导体发热。有了构想以后，我们要发明一个测量工具，根据已知的东西（在这里，电压和电流是已知的和可测量的）去测量，在反复测量的结果中去观察：我们假设存在的电阻和电压、电流之间是否有一种稳定的关系。如果发现了三者间的一种稳定关系，并且这种关系可以写成一个数学公式，我们就发现了一个定律，也就是建立了一个理论。最后，我们以及别人要通过反复的实验去检验这个定律是否成立。如果反复的检验都不能推翻这个定律，这个理论就最终建立起来了。定律建立起来以后，电阻这个构想就变成了确定的、已被证实的概念。

上面介绍的，就是一个经验定律的发现过程，在定律被发现之前，测量活动一直是这个过程的核心。

通过测量，我们不仅有可能发现一条科学定律，从而证实构想所指的实体的存在，有时候测量也可以证明某个构想所指的实体不存在，从而否证这个构想。物理学史上著名的“失败的实验”，即迈克尔逊—莫雷实验就否证了“以太”的存在。

五、构想效度是理论的有效性

在上述测量过程及测量结果中，我们可以很清楚地看到这样几个要素：一个作为构想的电阻，一个测量工具和测量活动，一个科学定律（欧姆定律）。在这个过程里，到底是什么东西的有效性需要证明？前面我们说过，在构想效度是什么东西的效度的问题上，人们有不同的理解，有人认为是构想有效，有人认为是测验有效，还有人认为是测验的分数及分数解释有效。其实，这些解释都是不全面的。

构想效度是理论的有效性，然而正如 Cronbach & Meehl（1955：197）所说，“我们不是先‘证明’理论而后证明测验有效，也不是反过来先证明测验再证明理论”。在建立理论的过程中，我们有一些已知的、确定的概念（如上例中的电压、电流），我们也有一个构想（电阻）。为了测到这个构想的东西，我们要发明一个测量工具去进行测量。测量的目的是发现电压、电流、电阻之间是否有某种数量关系。如果这三者之间有稳定的数量关系，这个数量关系就能用一个数学公式来表示，这就是科学定律，也就是理论。如果我们发现了这样的数量关系，并且经过他人的重复性检验，这种数量关系是成立的，我们就提出了科学定律，亦即理论就得到了证明。因此，在这个过程里，科学定律成立，构想和测量工具就同时获得有效性。

如果我们没有发现稳定的数量关系，没有得出一条科学定律，或者得到了一条经他人检验不成立的“定律”，构想和测量工具哪个无效，我们就无从知道。这时候，也许是测量工具无效，如它的测量精度不够，也许是我们提出的构想无效，如该构想所指的实体（如“以太”）根本不存在，也许是测量工具和构想都无效。因此可以说，核心的东西是科学定律，也就是理论。只有当理论成立时，也就是当理论有效时，构想和测量工具才获得有效性。所以说，证明构想效度，就是证明一个理论的有效性。

心理测量和语言测试目前尚未发现某构想和某些已知概念（实体）之间的数量关系，因此也就没有建立起理论或科学定律，这个状态可以用下图来表示：

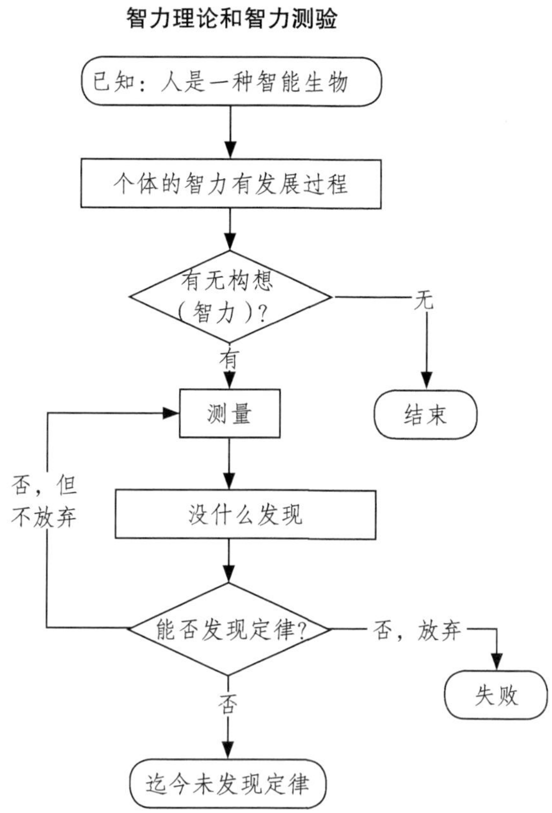

图 3-3　心理测量目前的状态

在心理测量和语言测验领域，虽然我们也有“智力”“语言能力”这样的构想，我们也开发了一些测验并试图测到这些构想，但是，到目前为止，我们还没有发现智力、语言能力这样的构想和什么东西有稳定的数量关系，我们也就没有得到关于智力或语言能力的科学定律，因此，关于智力或语言能力的理论就还没有得到证明，这些构想和所有测量工具的有效性也就都有待证明。

六、测量是理论的组成部分

我们上面介绍了欧姆定律的发现过程，也简略地解释了心理和语言测验的不成功。从上面的例子，我们可以看出测量在科学理论的建立过程中的重要性，至少，测量在建立经验定律的过程中是如此。既然是这样，我们就可以说：测量是科学理论的组成部分。Cliff（1993：88）曾经说：

测量是一种不可和科学事业分开的活动。如果把测量和支撑它的理论基质

（matrix）割裂开，无论是速率测量还是愉悦度测量，都不能存在。……一个测量过程，无论它看上去多优雅，但只要它企图独立于一个大的理论背景，其价值就值得怀疑。没有一个大的框架，它自身便无法维持。

测量在发现定律、建立理论的过程中有重要作用，至少对经验定律来说是如此。理论建立起来以后，测量的有效性又得到了理论的支持。这也就是说，测量是发现定律、建立理论的工具，而测量本身的有效性又来自理论的有效性。发现定律、建立理论就是发现未知的东西和已知的东西之间的数量关系，因此石里克（1949/1984：21）说：

由公式所包含的内容总是比实际上观察到的多，也由于公式必须对所有同类的过程都有效，因此，任何定律的构写总包括一个概括的过程，即所谓归纳。不存在逻辑上有效的从特殊到一般的演绎。对于一般，只能加以猜测而决不能从逻辑上进行推论。这样，定律的普遍有效性或真实性，必然永远是假设性的。所有自然率都有假设的性质，它们的真实性永远不能绝对地肯定。因此，自然科学是由光辉的猜测和精确的测量相结合而组成的。

构想效度的证明过程，实际上就是通过测量建立一个理论从而证明一个猜测的过程，因此我们说，测量是理论的组成部分。

七、探索性测量和应用性测量

效度研究领域，一直存在循环论证或无限倒退的问题。

按照一般人的理解，构想效度的证明中是存在一个循环论证的。通常的做法是：我们提出一个关于语言能力的构想，如 Bachman 的语言交际能力，并且说语言交际能力由哪些子能力构成，如 Bachman 交际能力模型中的那些成分。这样一个理论框架制定好了以后，我们就根据这个框架编制相应的测验，即用一些测验操作性地定义模型中的那些子能力，如用听力测验定义听的能力，用阅读测验定义阅读能力，等等。这些能力的定义都是操作性的，测验编好了，也就等于完成了对这些能力的定义。但因为这些定义是操作性的，所以我们并不知道被定义的这些能力的实质或机制是什么。在不知道所定义的能力的实质是什么的情况下，我们就用这些测验去测量被试的这些所谓的能力，然后对测量结果做统计分析和统计检验。常用的方法有相关分析、因素分析、多特质多方法分析（MTMM），我们前面介绍过，Bachman 检验他的交际能力模型，主要用的就是后两种方法。如果统计分析的结果表明，若干个听力测验之间有高相关，若干个阅读测验之间有高相关，而这些听力测验和阅读测验之间有低相关或零相关，我们就认为：这些测验是有效的，它们测出了想要测的东西。用 MTMM 的术语说就是，听力测验之间的高相关、阅读测验之间的高相关，表明这两类测验各自都有很高的“聚敛效度”，听力测验和阅读测验之间的低相关，表明这两类测验有判别效度。如果得到了这样的结果，我们就宣称：测验是有效的，构想也是有效的。由于构想的有效性和测验的有效性都需要证明，于是我们就用构想证明测验有效，测验又反过来证明构想有效，这不是循环论证吗？

效标关联效度的证明也存在类似的问题。在证明效标关联效度时，我们要寻找一个已被证明有效的测验做效标，而那个被当作效标的测验也要为它自己找一个效标……这样找下去，我们面临的就是一个无限倒退，最后，最初出现的那个测验将找不到效标。当最初出现的测验找不到比它更早出现的测验做效标时，它可能回过头来把在它之后出现的测验当作自己的效标，这样一来，循环论证就出现了。在心理测量领域，很多人意识到了这个问题，如 Kane（2001：320）就提到过这个问题：

> 基于效标的模型的问题是需要一个定义良好的明显有效的标准测量工具。在许多情况下（如中学毕业测验），合适的标准测量工具是找不到的。如果标准测量工具存在，这个标准测量工具的有效性也是成问题的。效标模型并没有为检验效标提供一个好的基础。即便第二个效标可以用来作为检验第一个效标的基础，很显然，在比较测验和效标 A、然后再比较效标 A 和效标 B 等等这个过程中，我们面临的不是无限倒退，就是循环论证。

构想效度和效标关联效度证明中的两个循环论证困扰了我们很多年，一直不能消除。循环论证不能消除的原因很简单，那就是我们一直没有把两种性质截然不同的测量区分开。我们把这两种测量叫作“探索性测量”和“应用性测量”。

所谓探索性测量，就是建立理论（尽管不是所有理论）、证明假说所必需的测量，它是理论的一部分。在建立理论的过程中，我们通过测量获得各种必要的数据，如果这些数据之间的关系最终服从一个数学公式，我们就得到了一条或几条定律。建立一个新的理论本质上是探索未知领域，这里有很多未知因素，这些因素会以各种各样的方式影响测量的效果，而我们往往会被这些因素蒙蔽，这就是探索性测量的困难处境。仍以电阻为例，如果导线粗细不匀、杂质太多、温度不稳定、电流表极不准，那么欧姆定律的发现就会受到影响。因此，建立理论是一个反复探索的过程，其中的测量活动，也是一个反复试验、排除无关因素、尽可能控制有关因素的过程。尤其困难的是，这时我们往往很难明确地知道问题出在哪儿，是构想根本不对，测量仪器不准，还是我们没有找到正确的数学表达式？

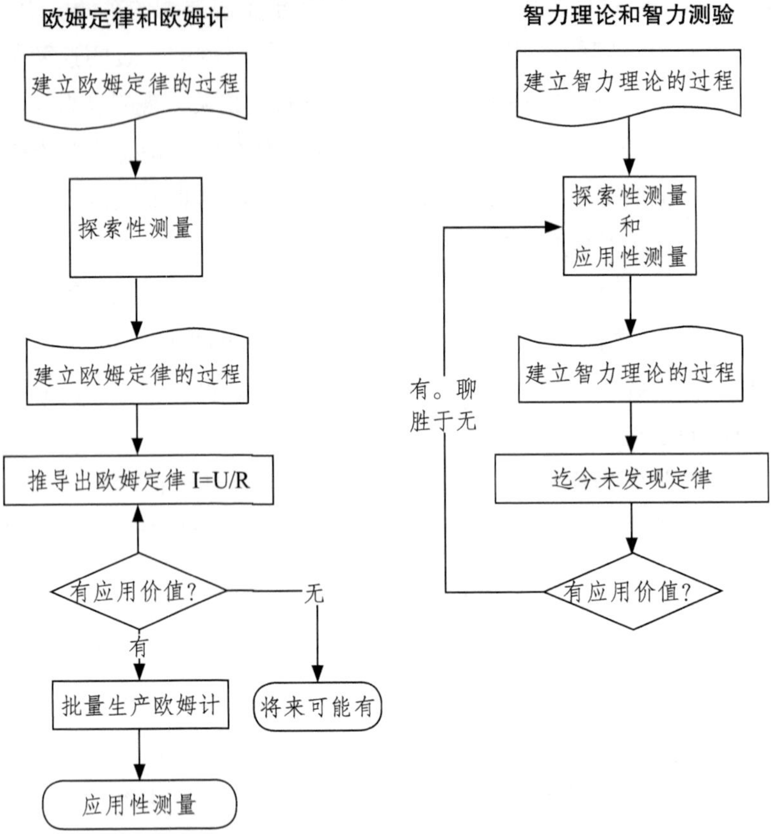

图 3-4　电阻测量和心理测量所处的不同发展阶段

一旦定律得到证明、理论建立起来之后，另一种测量就可能出现了。如果理论发现了一条重要的客观规律，而这个规律在生产和生活中又很有用处，相关的测量就会被反复应用，这就是应用性测量。所谓应用性测量，就是测量的实际应用。例如，生产家用电器经常要测量电阻，于是人们根据欧姆定律，大批量地生产欧姆计，每天都有很多人——生产和修理电器的技术人员——在测量电阻。应用性测量虽然也会受到许多无关因素的影响，但这些影响大多是已知的，只要严格地按正确的程序操作，无关因素的效应就会被控制在可接受的范围之内，测量的效度和精度就不受影响，这些问题在理论建立过程中或理论成立之初已经（或基本上）解决了。“图 3-4”左侧末端的“批量生产欧姆计”是应用性测量的开端。在这个图里，理论—应用全过程中的两种测量是有比较清楚的区别的。

探索性测量和应用性测量在一些方面是很不同的。

第一，在探索阶段，只要理论没有得到证明，构想效度总是成问题的，而在应用阶段，构想效度总是不成问题的，除非遇到科学革命，推翻旧的理论。

第二，探索性测量几乎总是处在变动之中，而应用性测量总会在一个相当长的时间内保持稳定。

第三，两种测量的目的不同。探索性测量的根本目的在于建立新理论、认识新事物或新属性。应用性测量的根本目的不在于此，它的目的是获得实际的效用，如测量人或物的某种属性以进一步利用。

第四，以上三点，尤其是第三点，决定了从事两种测量的人很不相同。搞探索性测量的人本质上是理论家，新的事物或新的属性是他发现的，新的理论是他建立的。搞应用测量的人对理论及理论的探索过程可以一无所知，使用欧姆计的工人可能不懂（甚至不知道）欧姆定律，但这并不妨碍他的工作。

从图 3-4 的左侧和我们刚才的分析可以得出一个结论，测量是可以分成探索性测量和应用性测量两类的。我们说测量是理论的一部分，这个测量说的是探索性测量而不是应用性测量。探索性测量是理论的组成部分，应用性测量是理论的产物。我们说构想效度是理论的有效性，如果一定要说构想效度也是测量的有效性的话，那也是说构想效度是探索性测量的有效性。因此，构想效度仅仅是理论探索阶段的问题，不是应用阶段的问题。

心理测量和某些科学测量（如电阻的测量）相比，有很大不同。很多科学测量已从探索阶段发展到应用阶段，而心理测量目前仍处在探索阶段，心理测量和语言测验的工具还没有进入应用阶段，因为这两个领域里还没有出现以一个科学定律为标志的科学理论。这从图 3-3 和图 3-4 的右侧可以看出来。但麻烦的是，对心理测量的迫切需求（以商业测验为标志），往往使人误以为应用阶段已经到来。或者我们可以说，在心理测量领域，探索和应用迄今为止是混在一起的，这就使效度问题变得极其复杂，也使很多从事测量的人（不论是专业还是非专业）陷入混乱。在探索阶段，研究者所要做的是证明理论有效；在应用阶段，使用者可以不管理论。可是在心理测量里，研究者不但要管理论（有不少人忘了这一点），而且往往还要关心应用，而负责任的使用者也不能光管应用不管理论，不负责任的使用者（也包括部分研究者）会误以为理论是当然正确的。

证明构想有效，是探索性测量阶段的工作。如果我们走运，在探索性测量阶段，科学定律、测量工具和构想的有效性是同时获得的，其标志就是一个科学定律的建立。如果不走运，我们没有得到一条科学定律，构想是否有效、测量工具是否有效，我们不得而知。因此，如果我们按照物理学等学科的要求去做，在构想效度证明的过程中，用测验证明构想又用构想证明测验这样的循环论证根本不会出现。我们现在之所以面对循环论证的困局，是因为我们没有把探索性测量和应用性测量分开，或者说，我们现在还没有走出探索性测量阶段，于是就把两个不同的阶段压缩在一起，把两种不同测量合二为一了。我们现在还没有得到关于语言能力的定律，我们关于语言能力的构想还没有得到证实，相应的工具的有效性也没有得到证实。但我们却急切地把这个效度没有得到证实的工具付诸应用，这样一来，循环论证就出现了。

如果我们不急于把尚未证明有效的测验推向应用，也就是严格地把探索性测量和应用性测量分开，在第一个阶段，对理论和对测量工具的探索无论是否成功，我们都可以摆脱循环论证，因为如果探索成功，构想、理论、测量工具三者是同时获得有效性的。

如果我们成功地走出探索性测量阶段，如果我们发明的工具有进一步的应用价值，我们就进入了应用性测量阶段。在应用性测量阶段，构想效度问题已经解决，理论已经不受质疑。剩下的问题只是测量工具的精度问题。我们仍以欧姆定律和欧姆计为例来说明这个关系。在欧姆定律成立、对于电阻的应用性测量开始以后，至少存在一只标准的欧姆计。在实际工作中，如果我手头这只欧姆计不准，那一定是它自己的问题，这时所要做的，或者找一只标准的欧姆计校准有问题的欧姆计，或者买（制造）一只新的欧姆计。在这个过程里，那只标准的欧姆计不必为自己寻找“效标”，更不会有人怀疑欧姆定律的有效性。因此，效标关联效度中的循环论证可以消除。

第五节　1955 年以后效度理论的变化

按照 Cronbach & Meehl（1955）的初衷，根据科学的研究方法，心理测量和语言测试本来应该走这样一条路：根据观察也好，根据想象也好，我们认为有提出一个科学构想的必要。如果有这样一个构想，我们也许可以发现一些新的东西，解释一些以往解释不了的现象。于是我们就提出“智力”“语言能力”之类的构想，假定它们存在，但它们是不可直接观察的。然后，我们设计一些测量工具，用这些工具去测量若干已知的现象，如果这些现象的测量值出现有规律的变化（如导线的长度和磁针偏转角度的规律性变化），我们可以进一步猜测，这个规律性变化和一个未知因素（如电阻）有关。如果我们能把这三者纳入一个数学公式以确定三者之间的关系，我们就发现了一条科学定律，同时也就确证了我们的构想。这时，由于科学定律成立，当初提出的假设性的构想就变成了确定的概念，这个概念所指的是一个客观存在的实体或属性，与此同时，我们也就制造出了一种可能有实用价值且有效的测量工具。

然而，近几十年以来，心理测量和语言测试没有朝这个方向发展，而是走了一条相反的路，那就是，在效度问题上，越来越多的与构想无关的因素、越来越多的社会因素被牵扯进来，这使得心理测量和语言测试离科学越来越远。我们下面就来讨论这个问题。

一、整体效度概念

就在 Cronbach & Meehl（1955）发表两年以后，Loevinger 发表了一篇文章。文章开篇便说，作者的目的之一就是论证这样一个问题："由于预测、共时及内容效度基本上都是特设性的，从科学观点看，构想效度就是整体上的效度。"（Loevinger，1957：636）Loevinger 认为，构想效度有三个方面（p. 636）：

> 一个心理测验的构想效度……在本文中被设想为包括三个方面：实质性成分、结构性成分和外部成分。这三个方面是相互独立的，各自均需要尽可能充分的证据以支撑构想效度，而且是强制性的。实质性成分和过去说的内容效度有一些区别。结构性成分包括，但不限于这样一些概念，如同质性、功能上的统一等。外部成分包括与非测验行为的关系、因素结构或与其他测验的相关，还有畸变的排除。过去文章中所说的预测和共时效度是外部成分备选的细部。

关于实质性成分，Loevinger 说和过去的内容效度有些区别，实际上，它就是原来的内容效度加上一个所谓的"根据经验去选题和调节题目内容"的"原则"，接下来她就谈怎样按照这个原则去建题库（Loevinger，1957：654-657）。

关于结构性成分，Loevinger（1957：661）说：

> 效度的结构成分，指的是测验题目之间的结构关系在多大程度上和被测特质的其他表现之间的结构关系相同。……结构（structure）效度概念既包括结构模型对特质的非测验表现的结构特征的逼真度，也包括题目之间结构的等级。

这个表述很费解，其实她无非是说，测验的结构特征应该和非测验的表现的结构特征一致，两种结构特征的一致程度越高，效度就越高。而所谓的一致程度，不过是用相关系数来表示的，她给的例子是，数字能力的两个表现之间的相关应该明显高于进攻性的两个表现。

Loevinger（1957：664-671）列举了三类结构。第一类是数量结构，如数学计算题所测的特质。第二个是分类结构，Loevinger举例说，发烧和咳嗽可能指向多种疾病，发烧和皮疹也可能指向多种疾病，而发烧、咳嗽和皮疹则几乎就是麻疹的症状。最后是动态结构，即该结构可能随时间推移而改变。数量结构对个体在程度上做出区分，而分类结构对个体在类别上做出区分，至于动态结构干什么用，Loevinger没有交代。

所谓效度的外部成分并不确定，有时指的就是共时效度和预测效度，有时则用测验分数与非测验行为或数据之间的相关来表示（Loevinger，1957：673-674）。

Loevinger虽然认为构想效度是测验的整体效度，这个整体效度包括上述三个方面，但她对这三个方面的解释并不是很清楚，最后，她把这个想法归结为：

> 只有将几类证据综合起来，构想效度才能建立起来。构想效度的证据可以分成测验系统地测到某种东西的证据和测到了什么的特定解释的证据。题目的内部结构和外部相关的程度是第一种证据，或者说是心理测量学证据；结构的性质、题目的内容、外部关系的性质是第二种证据，或者叫心理学证据。（Loevinger，1957：685）

Loevinger这个观点提出来后，很多人也都赞同这个观点。实际上，Cronbach & Meehl（1955：300）也说，“多种类型的证据和构想效度有关，这包括内容效度、题目间的相关、测验间的相关、测验与‘效标’间的相关”。Cronbach和Meehl这样说，表明他们1955年的文章有一点儿自相矛盾之处，因为他们文章的开头（Cronbach & Meehl，1955：282-283）把效度分成四种类型（预测效度、共时效度、内容效度和构想效度），既然分成四种类型，构想效度为什么又需要内容效度等方面的证据呢？Loevinger实际上是更清楚地用构想效度这个名目涵盖了所有的效度证据。

Cronbach（1971：445）的说法就更接近“效度整体概念”了：

> 一个工具的效度检验需要整合多种证据。这些方面的研究不是可有可无的，其中任何一个研究都是必要的，这些研究互相补充。

从这以后，越来越多的人认同效度整体概念，例如Anastasi（1986：12）说：

> 事实上，所有效度检验程序都对构想效度检验有贡献，也都应该归入其名下。更恰当的看法是，应该把所谓的内容效度检验和效标关联效度检验当作所有测验构想效度检验的不同阶段。一个不断取得共识的认识是，效度检验应扩展到测验编制的全过程中，它包含了在各个阶段依次使用的多重程序。

20世纪80年代以后，Messick对整体效度概念做了一个归纳和整合，他认为构想效度是一个整体概念（unified concept），他把效度是整体概念的想法放进了一个框架，这个框架有两个相互联系的侧面：一个侧面是测验正当性的来源，它建立在对证据或效果的评价之上；另一个侧面是作为解释或用处的测验的功能或输出。这两个侧面交叉起来后，就形成了“表 3-2”那样的四格表（Messick，1989a：20）。

表 3-2　效度的各个侧面

	测验的解释	测验的使用
证据的根据	构想效度	构想效度 +相关性/用处
效果的根据	价值蕴含	社会效果

Messick（1989a：20）对上表的解释是：

测验解释的证据根据是构想效度。测验的使用的证据根据也是构想效度，不过这时构想效度是用测验与特定的使用目的和测验在使用条件下的功用的相关性证据来支撑的。测验解释的效果根据就是对构想标签，也就是测验解释背后的理论，抑或包含了那个理论的意识形态所具有的价值蕴含的评价。核心的问题是测验解释的理论蕴含和价值蕴含是否相称，因为价值蕴含不是附属物，而是和分数的意义构成一个整体。最后，测验的使用的效果根据是对测验使用产生的潜在的和实际的社会效果的评价。

针对 Messick 这个框架，Shepard（1993：423）的评价是：

Messick 的专论达到了两个目的：（a）强化了构想效度是一个整体概念这一共识，（b）把效度的边界从分数的意义扩展到相关性和效用、价值蕴含以及社会效果。

Shepard（1993：426-427）对这个框架似乎不太满意：

我关注这样几个问题：（a）分层的表述给人这样的感觉，即价值和测验分数意义的科学评价有区别。（b）把构想效度放在第一层，然后又把它放进后面的格子里，这让人弄不清楚它究竟是一个整体的名称还是那个部分的名称。（c）Messick 所做的分析太复杂，这无助于找到哪个效度问题对支持测验使用是最基本的问题。

Shepard（1993：426-427）又说：

Messick 模型以及那一章的复杂性，和此前几乎所有的构想效度专论一样，它们造成了同样的困难。他们每一个人都强调构想效度检验是一个没有尽头的过程，因为在不同的条件和不同的样本下有太多的假设需要检验，因为可推广性随着时间的推移会减弱。当构想效度检验永远得不出结论的性质成为不言自明的事实时，这个任务的不可完成允许参与者去想，只要有那么一点儿证据，无论是什么类型的，就足够了。当前的这些标准对优先解决效度问题没什么帮助。所以，它们无助于回答“要多少证据就够了”这样的问题，也说不清楚证据性需求的强度应该怎样随潜在效果的功能而改变。

Moss（1995：7）也对 Messick 的框架提出批评：

当把各类效度证据放进一个整体效度概念后，传统的分类就变得成问题了。它们既非在逻辑上独立，也非同等重要。当内容和效标关联的证据指特定的证据类型时，构想所关联的证据指其他类型的相关证据再加上内容和效标关联证据。另外，构想效度被看成是所有效度的基础，这时再用这个术语指一类证据就没什么意义了。

……

Messick（1989a、1989b）针对传统框架而提出的那个框架无助于构想效度概念的分析，相反，他把构想效度放进了一个更大的效度概念，这个概念明确地包括了价值蕴含和测验解释及使用的效果。

Messick 的框架以及他的解释的确有点儿乱，其主要问题是：

第一，在他这个框架里，“证据”和构想效度似乎是互相支撑的。按照一般的理解，无论是测验解释的证据也好，测验的使用的证据也好，都应该是证明构想有效的证据，而他却说“测验解释的证据根据是构想效度”。“使用的证据也是构想效度”，但他又说“构想效度是用测验与目的的相关性证据和测验与特定使用条件下的功用的相关性来支撑的”。那么，“使用的证据”究竟是构想效度本身呢，还是支撑效度的证据呢？

第二，Messick 把构想的标签（也就是构想的名称）、测验解释的理论以及包含了那个理论的意识形态看成一个东西，而对这个东西所具有的价值蕴含的评价，就构成了测验解释的效果根据。这实在是把很不同的东西，甚至是无关的东西混为一谈了。我们前面讨论过，构想无非就是一个尚未被证实的概念，它有什么价值蕴含？另外，构想也不等于理论，电阻只是欧姆定律这个理论中的一个概念，因为它和电流及电压的关系构成了一个定律，于是它成了这个理论（定律）的一部分。

第三，分数的意义中没有所谓的价值蕴含，这一点我们后面再说。

虽然这个框架受到了一些批评，但 Messick（1996：248-249）仍然坚持认为构想效度包含六个不同的方面，分别是内容、实质性、结构、推广性、外部标准和效果：

1. 构想效度的内容方面包括内容相关性和代表性证据，以及技术质量的证据（如合适的阅读水平、语言无歧义、标准答案正确等）。

2. 实质性方面指在被观察到的表现和题目之间建立联系的理论，这包括处理作业行为的模型，以及支持理论过程的经验性证据。

3. 结构方面要评价分数量表对构想范围的结构的逼真度，这既涉及数量（如合适的维度数），也涉及构造（如连接与分离、特质与类别）。

4. 可推广性（generalizability）方面要检验分数的特性和分数解释在多大程度上可以推广到不同群体、不同条件和不同的作业上去，也包括测验—效标关系在多大程度上可以推广到不同条件下和不同时间段，这就叫作“效度的可推广性”。

5. 外部方面包括根据多特质—多方法矩阵得到的聚敛效度和判别效度的证据，也包括效标关联和实用性方面的证据。

6. 效果方面要评价作为决策根据的分数解释的价值蕴含，还要评价测验使用的实际的和潜在的后果，特别是要评价有关偏向、公平性、分配的公正以及后效（washback）等无效性的来源。

我们可以看到，和 Loevinger（1957）的分类相比，Messick 把“内容相关性和代表性”分了出来，并修正了 Loevinger 的实质性部分，另外，Messick 增加了“可推广性”和“效果”两个方面。至此，构想效度是一个整体概念的理论完全成型。

二、整体效度说批判

整体效度概念是不成立的，下面我们从两个方面来讨论这个问题。

（一）整体效度概念包含了太多的东西

持整体效度概念的人认为，构想效度概念是一个整体概念，构想效度概念包含的内容就是 Messick（1996）所说的那六个方面，而他所说的六个方面要么和构想及构想效度无关，要么不能证明构想是否有效。

第一，内容或内容效度和构想或构想效度无关。我们都知道，测验的内容效度指的是测验内容（题目的内容）的有效性。要想使测验内容有效，我们事先要确定测验的内容范围，如“100 以内的加法”就可以是小学数学测验的内容范围。在“100 以内的加法”这个内容范围里，共有10000个题目，但这10000个题目不可能都放进一份试卷。一个测验只能从这内容范围里抽取一个样本（如100题）作为具体的测验内容。抽取的这100题的样本是否都在那个10000题的内容范围里，这是内容的相关性问题；抽取的这100题对那个10000题的内容范围是否有代表性，这是题目内容的代表性问题。如果抽取的题目都在那个范围里，而且有代表性（如不是只抽一位数加法的题目，而是一位、两位数的加法题目均匀分布），这份试卷就有内容效度。关于内容效度，Messick（1989a：17）有如下评价：

> 内容效度基于专业的判断，它关心的是测验内容和特定的行为域的内容的关联程度，以及测验题目或作业内容的代表性问题。因此，内容效度与反应过程无关，也与测验的内外部结构、行为的差异及刺激的反应或社会效果等无关。由此看来，内容效度提供的判据，只支持内容范围的相关性和测验内容的代表性，却不支持根据测验分数做出的推断。在对内容效度的典型的说明中，甚至没有提到测验反应和测验分数。因此，就其本原的意义来说，所谓的内容效度根本算不上是效度，尽管对内容关联和代表性的这类思考明显地影响了并应该影响由其他证据支持的分数推断。

在另一篇文章里，Messick（1975：961）把内容效度比喻成马戏场外边招揽观众的人，他嘴里喊，快进来看吧，里边有高空杂技、小丑，还有骑独角兽飞跑的女人，他把这些当作你将看到的东西的一个样本。这个样本并非不能代表表演内容，只是这时你还根本没看到任何表演，而表演得怎么样，又是另一回事。

既然“内容效度根本算不上是效度”，而Messick又把这个算不上是效度的东西作为构想效度的一个成分，这不是自相矛盾吗？

Messick用马戏场外的广告比喻内容效度是对的，而他把内容效度放进构想效度是错的。他这段话的正确之处在于，他指出内容效度和反应过程无关。包含某种内容的题目，在测验里只是呈现给被试的刺激，至于这些刺激是否能诱导出被试的特定反应，这是题目内容无法决定的。面对一个题目，有的学生可能根据自己的知识去回答，有的学生可能根据猜测去回答。既然题目内容不能保证被试做出特定的反应，那么内容或内容效度也就和测验所要测的构想无关，因此也和构想效度无关。

第二，“实质性方面指在被观察到的表现和题目之间建立联系的理论”，这话我们可以积极、正面地理解：如果有一些特定的题目，用这些题目去刺激被试，我们就可以观察到如此这般的表现，题目和表现之间的联系可以用一个理论来解释。这似乎有点儿像欧姆定律所揭示的关系：有什么样的导线、多大的电流和电压，就会有多大的电阻。但是因为 Messick 说过，内容效度和反应过程无关，因此题目和表现之间究竟有什么联系，我们是无法确切地知道的，因此也无法用一个理论来揭示这种联系。所以，“实质性方面”在 Messick 这个构想效度框架里是得不到保证的。

第三，“结构方面要评价分数量表对构想范围的结构的逼真度”，这实际上是说测验的卷面结构和所构想的能力结构是否相对应。这个所谓的“逼真度”至少可以从两个方面来考虑。一方面，测验的卷面结构（如听、说、读、写四个部分）实际上是测验内容的表现形式，这其实就是内容效度。上面我们已经证明，内容效度跟构想效度无关，同理，结构方面的逼真度也和构想效度无关。另一方面，前面我们说过，测量是理论的组成部分，只有当一个构想可以纳入一个能够成立的科学定律时，构想、测量工具、科学定律三者才同时有效。如果我们不能建立一条科学定律，构想和测量工具是否有效则不得而知。在这里出现的困境就是，如果构想不能被证明有效，那么卷面结构对构想是否“逼真”，我们则无从知道。如果构想已被证明，卷面结构对构想是否“逼真”就不重要了，因为这时构想、测量工具及相应的理论已经是有效的了。所以，结构上的“逼真度”也和构想效度无关。

第四，关于可推广性，如果测验的构想效度没有得到证明，测验一定是不可推广的，因为在效度检验所设定的特定条件下，测验的构想效度都没有得到证明，分数解释的有效性当然不可能推广到其他条件下。如果测验的构想效度已经得到证明，无论分数解释的有效性是否能够推广，这也和构想效度无关了，因为测验的构想效度已经得到证明了。

第五，所谓的“外部证据”指的就是根据多特质—多方法矩阵（MTMM）得到的聚敛效度和判别效度的证据，MTMM 是以相关系数为基础的检验方法，这种方法不能解决测验测了什么的问题，当然也不能解决构想效度的检验问题。这个问题我们将在第六节讨论。

第六，效果方面的评价及价值蕴含也和构想或构想效度无关（见下一小节）。

（二）效果效度的问题

Messick 框架最大的问题是把测验的效果和价值蕴含当作构想效度的证据。Messick（1989b：5）在文章开头提出了 7 个问题：

> （1）根据什么样的证据，我们可以把测验分数解释成语言推理或成就动机的指标？（2）如果不同的反应风格或反应策略，或不同的经验或专业水平导致了不同的反应过程，我们怎么知道一个成绩测验的分数具有什么意义？（3）根据什么证据我们能证明用一个学科知识测验去选拔教师是正确的？（4）或用办公技能测

> 验去选拔办公室工作人员［是正确的］？（5）根据什么理由我们能够认定分数解释的内在价值，如对有能力和无能力、灵活和死板的解释？（6）在根据能力进行选拔或在灵活性方面进行培训时，我们怎么证明所做决策的价值蕴含？（7）最后一个例子，在没有仔细权衡预期的和非预期的效果之前，能明确预测学习失败的测验，应该用于把孩子安排在特殊教育课程里吗？（文中问题的编号为引者所加）

上面7个问题中，只有第一个是关于效度的。第二个问题没有意义，假定测验有效，也就是第一个问题解决了，我们自然就知道分数具有什么意义了。假定测验有效，不同反应风格或策略、不同经验或专业水平当然导致不同的反应过程，如果它导致了相同的反应过程，那反倒奇怪了。第三、第四是同一个问题，这是测验使用者的问题，也就是测验使用者根据什么理由去选择一个测验，这里隐含的问题是测验是否会被误用。第五和第六个问题是关于价值的。最后一个问题是关于效果的。

Messick（1989b：5）对上述问题的回答是：

> 上述问题的核心，就是测验效度的全部问题。虽然还有其他许多类似的问题可以提出来，但它们全都可以看成是效度基本问题的相互关联的四个典型的方面，效度的基本问题可以表述为：根据什么证据和原理，测验分数在什么程度上可以得到解释并按它推荐的方法去使用？这个问题的四个相互关联的方面问的是：证据怎样协调才能支持分数的解释和意义；什么样的证据不仅支持分数的意义，而且也支持将分数用于特定目的时的关联性以及在特定条件下分数的效用；什么基本原理使分数解释的价值蕴含以及任何相关行为的蕴意变得可以接受；就其预期的和非预期的效果而言，什么证据和论据预示了测试的功能性价值。

Messick把他认为相互关联的方面关联在一起，但在这里说得似乎不太清楚。比如，什么是“将分数用于特定目的时的关联性”？什么是“特定条件下分数的效用”？“分数解释的价值蕴含”“相关行为的蕴意”“预期的和非预期的效果”也都没有具体的说明。在另一篇文章里（Messick，1998a：3，ETS报告），他仍然说“测验有效性的关键问题就是可解释性、相关性、分数的功效、作为决策依据的分数的重要性或价值蕴含，以及从社会效果方面看的分数的功能性价值”。不过，在这篇文章里，Messick还是说出了一点儿具体的东西，这让我们多少了解了他所说的效果效度大概指什么。

Messick关注的主要是测试的结果、根据测试结果所做的决策以及决策的公平性。他举例说，中学毕业考试如果考试内容的侧重不同，考试造成的效果就不同。例如，考试内容是侧重阅读和写作，还是侧重科学和数学，都会造成男生和女生在毕业率上的差异。如果一个测验总是低估一个特定群体的能力水平，这个测验就被认为对那个群体不公平。学校或用人机构在选拔人才时，其结果是否公平也是测验的效度问题。被试是否熟悉题型、施测环境是否相同，以及主观评分的方法等等，都会产生决策的公平性问题。

对于 Messick 的观点，有人提出了批评。如 Wiley（1991：89）说：

> 一组有效的测量可能被误用……对这些误用的了解在观念上和社会意义上都是重要的，然而引进社会的和道德的分析就超出了效度检验的范围，这会无端地使测验效度的概念和定义复杂化。

Popham（1997：12）也认为，把效果因素引入效度检验过程，其“动机之一就是要把我们的注意力引向测验结果的误用”，因此，他说效果效度是正确的关注、错误的概念。

面对上述批评，Messick（1998b：40）做出回应：

> 我算是他说的那些人里的一个，但我没有那样的动机。相反，我想把注意力放在测验合理使用所造成的意料之外的负面效应上，特别是意料之外的反效应可归因于测验的无效，如构想未充分表达和构想无关等问题。……合理的分数解释的意外效果和使用，不仅与用法的正当性有关，也与分数意义的完备有关，因此也就与效度检验的整个过程有关。

Messick 声明，他没有把注意力引向测验误用的动机，而是关注测验的合理使用所造成的负面效应。他所谓的“合理使用的负面效应”指的是“构想未充分表达和构想无关”。“构想未充分表达”是指测验原本要测三个构想，但实际上只测到一个，或者“如果一个测验被解释为对所有群体都只测量了一个单一的构想，但实际上它在不同群体间测到的是不同构想”（Messick，1998a：13）。“构想无关”指测验没有测到要测的构想，而是测到了无关的东西。

Messick 的这个解释是很奇怪的。他的思路是这样的：如果测验是构想未充分表达或构想无关的，那么根据这样的测验做出的决策（效果）就是不公平的，效果是负面的，因而测验无效。他这个思路有三个问题：

第一，如果测验是构想未充分表达或构想无关的，这恰恰是测验的效度有问题。如果出现这样的问题，测验的编制者应该去修改测验，做进一步的检验，直到测验充分表达了构想、去掉了构想无关因素后再拿出来使用。

第二，构想未充分表达或构想无关，用通俗的话说就是测验编制者不知道测的是什么构想，因而这样的测验就是构想无效的测验，使用这样的测验怎么能算是合理使用呢？使用一个不知道测什么的工具去测量，这和误用有什么区别呢？

第三，如果测验的构想未充分表达或构想无关，为什么要用决策的负面效果去证明测验无效呢？决策的负面效果可能和测验的效度有关，但也有可能无关（详下）。

Messick 这个观点实际上是由他的"效度是一个整体概念"的观念决定的，他把测验编制、测验使用以及测验使用的效果（决策）统统看成效度问题（Messick，1998b：37-38）：

> 让我们来考虑，对测验的解释或使用来说，整体的（unified）效度理论是否暗示了一个单一的效度。统一理论中所谓单一的东西，就是效度的种类：所有的效度都只是一类，即构想效度。其他那些所谓分开的效度类型——不管贴上什么标签，如内容效度、效标关联效度、结果效度等等，不管叫什么——在效度论据里都不能是孤立的。相反，这些所谓的效度类型意在把各种互补的证据整合成对构想效度的整体评价。需要证明有效的是对分数意义做出的推论，即分数的解释以及测验使用的相关行为。因为价值蕴含既来自分数的意义，又对分数的意义有贡献，不同的价值观就可能使分数产生不同的含义，因此对同一个分数的解释和使用就可能有不同的效度。这就是说，效度会和价值挂钩，而且要视测验使用（或解释）的不同条件而定。

然而，Messick 的整体效度理论以及效果效度的观点是不能成立的，因为这个理论在逻辑上是不合理的，在操作上也做不到。

所谓逻辑上不合理，是说 Messick 把他能想到的和测量有关的东西统统压缩到"效度"这一个单一的层面上了，而这些东西本来是不在同一层面上的。如果考虑到 Messick 所涉及的所有东西，我们就要问下面这些问题：

1. 测量工具本身是否有效？
2. 测量结果是否有效？
3. 测量工具是否被误用？
4. 根据测量结果做出的推论是否恰当？
5. 所做决策是否合理？
6. 工具造成的效果是否没有负面效应？
7. 决策所造成的效果是否没有负面效应？

以上七个问题，只有第一个问题是测量或测量工具的有效性问题，其余六个问题虽然可能和测量工具有关，但都不是效度问题。

效度是测量工具或测量过程自身的性质，即它是否测到了它要测的属性。只要对这个问题的回答是肯定的，测量工具或测量过程就是有效的，效度问题就解决了。其他问题所涉及的因素超出了效度问题的范围。下面我们从第二个问题开始进行讨论。

第二个问题：测量结果是否有效？如果测量工具是无效的，测量结果肯定也是无效的。但是，如果测量工具有效，测量结果就有效吗？那也不一定。举个例子，用普通的米尺测量人的身高是有效的，但用米尺测量微米级或纳米级的东西，结果就是无效的，因为米尺达不到那样的测量精度。测量微米级物体时的无效，对米尺测量身高的有效性没有任何影响。我们不能说因为米尺测不出微米级的长度，它测量身高时就是无效的。我们要把测量工具的有效性和测量结果的有效性区分开，当测量结果无效时，测量工具不一定无效。Messick 没有做这个区分，所以他一味地认为只要测量出现了负面效果，那就是测量工具无效的证据。

下一个问题：测量工具是否被误用？回答是：不能排除测量工具或其他工具被误用的可能，或者说，工具都有被误用的可能。误用又分两种，一种是有意识的误用，一种是无意识的误用，即使用者不知道是误用。

假定某检察官把测谎仪的鉴定结论作为证据提交法庭，这就是有意识的误用，因为 1999 年《最高人民检察院关于 CPS 多道心理测试鉴定结论能否作为诉讼证据使用问题的批复》中明确地说不能将测谎仪的结论当作证据使用。也就是说，如果把测谎仪的结论当作证据，法庭是不会采信的，因为它是无效证据。测谎结论作为判案证据是无效的，但这种无效丝毫不影响测谎仪的有效性。

还有一种误用是无意识的误用，例如不小心用万用表的电压档测电流或用电流档测电压，这种误用的结果最多是烧毁一只万用表，这对正常使用的万用表的有效性没有影响，也对电压、电流测量原理的有效性没有影响。

第四个问题：根据测量结果做出的推论是否恰当？这有两种可能：恰当和不恰当。回答这个问题，最显而易见的例子就是医生的诊断。根据某种医学检查（如验血、透视、B 超等，这些也都是测量）的结果，有的医生做出了正确的诊断，有的则做出了错误的诊断，也就是误诊。医生的诊断，就是他根据检查（测量）结果做出的推论，如根据水银柱的高低推论出你患有高血压。医生有时也会误诊，做出错误的推论。医生误诊的原因可能是他水平不高、经验不够，这和测量工具（如血压计）的有效性无关。你不能因为医生误诊了，就说血压计不准。

第五个问题：决策者根据测量结果做出的决策是否合理？这个问题和上一个问题有连带关系，如果决策者根据测量结果做出了正确的推论，他根据这个推论所做的决策有可能是合理的，但也有可能是不合理的。如果他根据测量结果做出的推论是错误的，那么他随后做出的决策一定是不合理的。我们仍然用医生做例子，如果医生诊断正确，他开出的药可能合理，也可能不合理，因为病人可能对他开的那种药过敏。如果医生是误诊，他开出的药一定不合理。如果测量工具是有效的，无论所做决策是否合理，决策都不影响测量工具的有效性。

上面我们讨论了误用、错误解释和不合理的决策都对有效的测量工具的效度没有威胁。最后还剩两个问题，这两个问题可能更为重要，至少 Messick 认为很重要。

第六个问题：工具造成的效果是否没有负面效应？应该说，完全没有负面效应的测量工具可能是很少的。这些负面效应有的来自测量工具或测量方法，有的则来自被试。

量体重的秤或非接触式红外体温计（额温枪）可能是最没有负面效应的测量工具了，称一下体重或用额温枪测一下体温，被试一般不会有什么难受的感觉。但同样是量体重或体温，有时也会给被试造成不良反应。如果一个人量完体重后医生告诉他，你超重了，再去化验一下血脂。听到还要验血，这个人就可能产生心理紧张。有些人害怕考试，尤其是面对高风险考试，一进考场脑子就变得一片空白。这都是来自被试自身的负面效应。

有些测量工具或测量方法会对人造成一些伤害。如验血、拍 X 光片、穿刺等会对人体造成程度不同的伤害，这是测量工具产生的负面效应。有些测量对人有伤害，做还是不做，这是一个利益的权衡，是一个价值判断。如果施测者和被试都认为做这个测量好处大于所受伤害，那么被试就会承受测量带来的痛苦而接受测量。如果施测者和被试都认为测量的好处小于付出的代价，被试就会拒绝测量。总之这是一个利益权衡的问题，它和测量的效度无关。

最后一个问题：决策所造成的效果是否没有负面效应？答案是：无论有没有正面效应，所有的决策都有负面效应，尤其是 Messick 看中的人才选拔之类的决策。

前面我们引用过 Messick 的一个说法，“因为价值蕴含既来自分数的意义，又对分数的意义有贡献，不同的价值观就可能使分数产生不同的含义”（Messick，1998b：38）。Messick 有这样的看法，是因为他没有区分分数的两个意义。

一个测验分数不是只有 Messick 所说的那个意义，即由不同价值观产生的不同的分数意义。他忽略了，在价值观赋予分数意义之前，分数本身还有一个意义，我们暂且称作“分数的实质意义”，Messick 所说的那个意义我们称作“分数的价值意义”。

任何有效的测量都会得到一个测量值，如一个物体的长度是多少米，一块金属的重量是多少克，某人在一个测验上得到了多少分，这些测量值（分数）是测量得到的直接结果，一个测量值反映被测对象某个属性的一个状态，这就是这个测量值（分数）

的意义。由于这个测量值（分数）的意义表示的是对象本身的状态，因此我们称它为“分数的实质意义”。如果我们不想再做其他的事，事情到此结束。在这个时候，测量值（分数）的实质意义已经有了，但它还没有价值意义。

如果在得到一个分数后，我们还要根据这个分数做出某个决策，当决策做出之后，分数获得了价值意义。

我们先举一个身高的例子。假定某男生去体检，测量了身高后医生告诉他：你身高 1.70 米。然后他就回家了。这时，这个身高只有实质意义，没有价值意义。假定这个男生酷爱篮球，于是去报考体育学院的篮球专业。但是，据说篮球专业对男生身高的最低要求是 1.75 米。因此，无论这个人其他方面有多优秀，仅身高一项，就使他失去了报考篮球专业的资格。某些职业对身高是有要求的，不同职业对身高的要求不同。篮球运动员一般要求身材高大，而宇航员则要求身高不能超过 1.75 米，因为航天器里空间狭小。如果你身高在 1.75 米以上，你能够实现你做篮球运动员的价值，但不能实现做宇航员的价值；如果你身高在 1.75 米以下，你可以做宇航员但不能做篮球专业的学生。这种价值就是决策带来的价值。

语言测验和心理测量也是一样，如果测完了什么都不做，测验分数就只有实质意义，没有价值意义，它只表示你的语言能力或智力的状态。如果有人根据这个分数做出一个决策，这个分数就有价值意义了。例如高考分数，2015 年北京大学在北京的理科录取分数线是 693 分（http://gaokao.zgjhjy.com/html/kh/201507/78958.shtml），693 及以上分数的价值意义就是能上北大，低于 693 分的价值意义就是上不了北大。

分数的价值意义是分数的价值蕴含，693 分蕴含着上北大的价值意义，而在北大没有把 693 分作为北大的录取分数线时，也就是北大没有制定出决策（录取）标准时，693 分就没有这个意义。说到底，这个意义实际上不是分数的价值意义，而是决策的价值意义。或者说，分数的价值蕴含不是分数固有的，分数的价值蕴含来自决策的价值蕴含。

分数的价值蕴含来自决策的价值蕴含，不同的决策有不同的价值蕴含，同一个分数（测量值）在不同的决策情境下则被赋予不同的价值蕴含。例如，身高 1.90 米在选拔篮球运动员的决策中具有正面的价值，而在选拔宇航员时则有负面价值。如果像 Messick 那样不区分分数的实质意义和价值意义，并认为分数价值不中立且对效度有影响，即“效度会和价值挂钩，而且要视测验使用（或解释）的不同条件而定”（Messick，1998b：38），那就会导出一对矛盾的陈述：

身高 1.90 米在选拔篮球运动员时，是有价值的，所以米尺有效。

身高 1.90 米在选拔宇航员时，是无价值的，所以米尺无效。

不难看出，上面两个陈述都是荒谬的，因此决策的价值蕴含和测量的效度无关。这个身高 1.90 米的人，他去参加运动员的选拔也好，参加宇航员的选拔也好，或者他什么选拔都不参加，他的身高都是 1.90 米，他身高 1.90 米自身的实质意义是价值中立的。

由于区分了分数的实质意义和价值意义，我们就很容易看出，Messick 所说的分数的价值蕴含实际上是决策的价值蕴含。现在我们回到决策所造成的效果是否没有负面效应这个问题。前面我们说过，无论有没有正面效应，所有的决策都有负面效应，甚至有些决策只有负面效应，没有正面效应。例如，近年来一些地方盖了一些住宅楼，但楼盖好之后却没人住，因此这些地方就出现了“鬼城”。在出现鬼城的地方，当初所做的盖楼决策就完全没有产生正面效应。当然，完全没有正面效应的决策应该还是少数。

凡是针对人或社会做出的决策都有正反两个方面的效应，决策再合理，它也不可能只产生正面效应，不产生负面效应。这是因为决策是一个价值判断，只要是价值判断，它就有正面和负面两个方面的效应。

我们还是先举没有社会意义的例子。你到医院体检，如果你很健康，医生就什么决策都不做。如果检查结果表明你有某种疾病，医生就要做出决策：用某种方法给你治疗。医生所用的治疗方法也许可以治好你的病，但无论什么治疗方法，都会产生副作用，吃药有副作用，手术会造成创伤。这时候，医生和你都要权衡，治疗产生的正面作用大还是负面作用大，如果正面作用大，就治，如果负面作用大，医生和你可能考虑放弃治疗。

我们再举有社会意义的决策的例子。选拔人才是常见的社会决策，高校录取学生、公司招聘工作人员、政府选拔官员，这些都是社会决策。社会决策的实质是资源、利益或权力的分配。高校录取学生是把高等教育资源分配给一部分人而拒绝另一部分人，公司招聘工作人员是把挣钱的机会分配给一部分人，政府选拔官员是把权力分配给一部分人。由于资源、利益或权力永远不可能平均地分配给所有人，配置资源的决策就永远会产生两种效应：对得到了这些资源的人来说，该决策产生的是正面效应；对没有得到这些资源的人来说，该决策产生的就是负面效应。得到了这些资源配置的人就不必说了，那些没有得到资源配置的人至少会有怨言：凭什么我就不能进北大，不能当高管，不能做高官？这就是决策的负面效应。决策如何做，永远是一个正面效应和负面效应间的权衡问题，决策者所能做的是尽可能使正面效应最大化，负面效应最小化。负面效应无论多小，也不可能完全等于 0。

人才选拔的决策永远会有负面效应，这是因为在选拔人才时，决策者永远会犯两类错误：错误接受和错误拒绝。

北大的录取分数线是693分，但是，凭693分以上分数进入北大学习的人不一定都有能力完成学业顺利毕业，其中有一些会因为用功不够而不能毕业，当初北大接受了这样的人，就是错误接受。很多人的分数不到693分，但这些人中的一部分，如果给他机会进北大读书，他也许会学得很好而顺利毕业，当初北大拒绝了这样的人，就是错误拒绝。在人才选拔的决策中，这两类错误总是同时存在的。

也许有人说，非选拔的决策是不是就没有这个问题了。针对人所做的社会决策，除了选拔以外，那就只有评价了。学生考试是否及格以及是否能毕业、员工或官员考核是否合格、一个人是否应该得到奖励或处罚，这些都是对人的评价。在做出有关人员评价的决策时，决策者仍然会犯那两类错误：没有人能保证他做出的正面评价和负面评价百分之百都是正确的。

总之，决策产生的负面效应不能归结为测量无效。如果像Messick那样认为这也是效度问题，我们又会得到一对矛盾的陈述：

因为这个决策有正面效应，所以做出该决策所依据的测量有效。

因为这个决策有负面效应，所以做出该决策所依据的测量无效。

根据Messick的观点推出的上述一对陈述显然是不合逻辑的。因为任何决策都是价值判断，都有负面效应，我们甚至可以推出下列陈述：

因为所有决策都有负面效应，所以决策所依据的任何测量都无效。

这个陈述就更不合逻辑了，所以我们说，Messick把测量产生的效果和相应的决策看成效度的组成成分，在逻辑上是不成立的。

也许有人说，你上面的那对陈述是不合理的。我承认决策既有正面效应也有负面效应，但你不能说决策有正面效应测量就完全有效，尤其不能说决策有负面效应测量就完全无效。你应该说，因为决策有正面效应，测量则部分地有效，又因为决策有负面效应，测量则部分地无效。这样说才合理。

如果我们认为上述说法合理，接受这个反驳，新的问题就出现了：任何测量，只要它被当作决策的依据，它就总是既部分有效也部分无效，这样一来，测量的效度问题就永远不可解决了，无论怎么做，我们也得不到完全有效的测量。因此，效度问题的解决在操作上是做不到的。

测量的效度问题和决策问题在性质上是完全不同的。测量的效度是科学层面的事，效度要解决的问题是测量结果是否客观地揭示了对象的某个属性，也就是是否测到了要测的东西，如果测量是有效的，那么，在合理的误差范围内，这个测量不论重复多少次，其结果总是一样的。决策是价值判断层面的事，做出什么决策，不仅仅取决于测量结果，还取决于决策者的价值取向。有时候，决策者甚至不考虑测量是否有效。高考就是这样，今年北大的录取分数线是693分，但北大的录取分数线并不永远是693分，它的录取分数线是每年变化的。大家都知道，所有高校的录取分数线都是每年变化的。分数线变化的根据只有一个，即录取人数和考生人数之比，分数线制定的标准里完全没有效度因素。

决策者可以根据不同的理由做出同一个决策，也可以根据同一个理由做出不同的决策。"文革"期间，高校录取学生（当时叫"工农兵学员"）的依据不是考试成绩，而是家庭出身和政治表现，这是前者的例子。根据铀235能发生裂变这个理由，决策者有时决定用它发电造福人类，有时决定做炸弹去杀人，这是后者的例子。所以，试图在决策层面解决效度问题是根本不可能的。

总而言之，Messick把效果和决策问题当成效度问题的观点是完全不能成立的，因为效果和决策是价值问题，而效度是科学问题。赫林、德雷斯哥、帕森斯（1983/1990：3）说：

> 当立法者和政策制定者考虑到"测试中的真实性法规"时，他们不能明确地把政治和社会问题与技术和经验问题区别开来，设立在民族和种族方面保持平衡的劳动力和高校入学人数的目标，这是一个政治性决定。它超出了心理计量理论的范畴。

Thorndike（1997：194）也认为：

> 决策涉及价值……一般说来，解决这些问题是没有什么客观方法的；这是个价值问题。价值，包括个人价值和社会价值，都是很难量化的。尽管我们有可能测量一个人在何种程度上持有某种价值观，但却没有一套现成的程序能告诉我们，一个个体、一个学校或一个机构应该具有什么价值观，也没有一个程序能告诉我们在做出一个特定决策时，最重要的因素是哪些。……至于哪些价值应该优先考虑，个人之间、机构之间往往会有十分不同的看法。

把效果问题和决策产生的价值问题牵扯进来，根本无助于解决测量的效度问题，反倒会使效度问题永远得不到解决，所以我们说，近几十年来心理测量和语言测试的研究离科学越来越远。

第六节　现有技术的局限

构想效度到今天一直没有得到解决，这固然和人们的误解、效度理论上的混乱有关，也和现有技术的局限有关。技术局限表现在两个方面，一是我们使用的测量工具，二是测量结果出来后我们使用的分析手段。

我们先讨论测量工具。我们知道，按照 Torgerson（1958/1996：96-97）的划分，测量有三种类型。第一种是以主体为中心的测量，第二种是以刺激为中心的测量，第三种是以反应为中心的测量。这里所谓的“中心”，就是直接被测量的属性。最简单也最好理解的是以主体为中心的测量，例如长度测量。在日常生活范围里，测量一个物体长度的工具就是一把尺子。尺子能够测量长度，是因为尺子本身也有长度，这属于用一种属性（长度）去测量同一种属性（还是长度）。测量结果是，一个物体的长度是一个长度单位（如米）的多少倍。因为这个测量是用一种属性测量同一种属性，测到的属性就是要测的属性，因此称它为以主体为中心的测量。以主体为中心的测量是直接测量，即直接测量所要测的属性。但是，即便是在物理测量中，以主体为中心的直接测量也是很少的，只有长度和时间是这种测量。

第二种测量是以刺激为中心的测量，例如电阻的测量。用欧姆计测量电阻时，测到的实际上不是电阻而是电流。电阻是导体内的一个属性，在没有电流刺激时，电阻的大小是表现不出来的。当导体内有电流通过时，电阻才能表现出来。我们给导体输入一个电流，如果导体有电阻，它会阻碍电流通过，由于电阻阻碍了一部分电流的通过，输出的电流和输入的电流就会有一个差值。得到这个差值后，我们可以根据欧姆定律计算出电阻的大小。由于电流是对导体施加的刺激，所以电阻测量是以刺激为中心的测量。

用秤测量物体的重量是以反应为中心的测量。物体受到地心引力的作用产生了重量，我们用弹簧秤，测到的不是重量，而是重量使弹簧拉伸的长度。弹簧被拉长，是弹簧在地心引力作用于重物时产生的反应，所以，这个测量是以反应为中心的测量。

在心理、教育和语言测验里，最常用的工具就是试卷。试卷由若干题目构成，它要求被试对这些题目做出回答。这些题目对被试形成刺激，被试给出的答案是对这些题目的反应。所以，我们用心理或语言测验所做的测量，是以反应为中心的测量。

虽然重量的测量和心理或语言测验都是以反应为中心的测量，但这两种测量还是有本质区别的。在重量测量里，我们明确地知道弹簧被拉伸的程度和重量之间的关系。第一，我们知道，弹簧被拉长的原因是物体的重量，而非其他因素。第二，我们精确地知道重量和弹簧被拉长之间的数量关系。因此，用质量合格的弹簧秤测量重量，其效度是不成问题的。

在心理和语言测量里，情况有些不同。我们编写一些题目，要求被试回答这些题目。被试的回答可能对，也可能错。无论被试答对还是答错，我们都不能确切地知道他答对或答错的原因。他答对了，就一定是因为他语言能力强吗？不一定，他可能是猜对的。他答错了，就一定是语言能力差吗？也不一定，他可能是马虎。

为了降低猜测因素，我们加大题量，比如把题量增加到100个或200个。这时我们的假设是，被试猜对大部分题目的可能性极小，因此，如果被试答对了大部分题目，我们就根据他的答题情况说他有什么程度的语言能力。

但是，上述结论是建立在猜对答案的先验概率上的，并没有解释题目刺激和被试反应之间的实质关系。被试接受题目刺激时应该产生一个心理反应，被试给出答案时，又产生了一个心理反应。对这两个心理反应我们一无所知，也就是说，我们看到的只是被试反应的结果，但不知道被试反应的原因。所以说，我们使用的工具对我们产生了一种限制，这种限制使我们无法确切地知道被试反应的原因。

由于使用的工具有上述局限，于是我们就试图通过统计分析方法去突破这个局限。

最初的效度检验使用的是相关的方法，上世纪第一次世界大战前后，心理学家就开始使用这种方法。他们编制一套测验去测一批被试，再找到另一个测验作为标准（后来称效标）去测同一批被试，然后计算测验分数与效标分数之间的相关系数。当作效标的测验被认为是有效的测验，如果测验和效标之间的相关系数足够高，这个测验就被认为也是有效的。这就是后来的效标关联效度检验。

构想效度概念出现后，检验构想效度的统计分析方法也相应出现。1959年，Campbell和Fiske提出了多特质—多方法矩阵（MTMM），用来检验测验的构想效度。Campbell和Fiske（1959）提出了聚敛（convergent）效度和判别（discriminant）效度概念。MTMM的基本思想是，每一个特质都由一个特定的方法去测，不同的特质用不同的方法去测。当要测量多个特质时，我们可以设计一个实验。在这个实验里，实验者为每个特质设计一个适合这个特质的测量方法，这样就有了适合不同特质的多种不同方法。有了这些方法后，除了用特定的方法去测相应的特质外，还用不同的方法去测同一个特质，也用不同的方法去测不同的特质。这些方法用过以后，实验者计算出每个测验的内部一致性信度和这些方法之间的多重相关。如果每个测验自身都有较高的信度，这表明它测到了相应的特质，这是测验有聚敛效度的表现；如果用不同方法测同一个特质时不同方法之间有较高相关，这也是聚敛效度的表现，因为这表明这些方法都测到了同一特质。如果用同一方法去测不同特质，或者用不同方法测不同特质，测验之间有低相关或无相关，这表明这组测验具有判别效度。MTMM的具体方法就是把每个测验自身的信度和测验之间的多重相关系数按照一个特定的方式排列成一个矩阵，然后看这个排列是否表现出聚敛效度和判别效度（详见第二章）。

对于 MTMM 这种方法，Smith（2005：402）提出了如下批评：

> MTMM 设计虽然简洁优美，但分析其结果的方法却是非正式的，它只是用肉眼去看相关系数的大小。

这也就是说，MTMM 的提出者并没有给出一个标准，聚敛效度系数（测验的信度和不同方法测同一特质时方法之间的相关系数）达到多高算是测验有聚敛效度，判别效度系数（不同方法测同一特质和不同方法测不同特质时的相关系数）达到多低算是测验有判别效度。这是 MTMM 的一个问题。

因素分析也常常用来检验测验的构想效度。假定我们认为语言能力是由听、说、读、写四种子能力构成的，我们就编制与这种能力构成相对应的四组测验（每组中有若干个测验），分别去测听、说、读、写四种能力，然后对测验结果做因素分析。

因素分析的基本原理是，先计算出多个原始变量之间的多重相关，得到一个相关矩阵。这个相关矩阵是因素分析的输入数据。假定上面所说的听、说、读、写四组测验每组各有四个测验，我们就有 16 个测验。这 16 个测验之间的多重相关形成了一个 16×16 的相关矩阵。直接观察这些相关系数，我们可能看不出哪些原始变量之间的相关明显地高，哪些明显地低。于是我们使用因素分析。因素分析的目的是从相关矩阵中抽取因素，即把相关较高的若干原始变量归并为一个因素，把另外一些相关较高的变量归并为另一个因素，然后我们观察哪些变量在某个因素上有高负荷，哪些在另一个因素上有高负荷。以我们假设的那四组测验为例，如果测量听力的四个测验在第一个因素上均有高负荷，我们就把第一个因素命名为听的能力。如果四组测验在四个因素上分别有高负荷，我们就得到了听、说、读、写四个因素。

20 世纪 80 年代以来，结构方程模型被广泛使用，用来检验测验的构想效度。结构方程模型的主要方法是验证性因素分析和路径分析。验证性因素分析是对探索性因素分析的结果进行验证，但它也是建立在相关分析之上的。路径分析是建立在回归分析的基础之上的，因而也是建立在相关分析之上的。

无论是 MTMM 还是因素分析或结构方程模型，这些方法都是建立在相关分析之上的。相关分析有一个缺陷，即相关分析的结果（相关系数或相关矩阵）只能表现变量之间的共变关系，但却不一定能表现变量之间的因果关系。

两个变量有较高相关可能是因为以下几种关系：

第一，是两个密切相关的事件且二者之间有因果关系，如生病的次数和用药的数量。生病次数多，用药数量就大，生病次数是用药量的原因。

第二，同一关系，即两个变量表示的是同一种属性。例如，我们用英尺和米尺测量一群人的身高，得到两组身高数据，如果计算这两组数据的相关，其相关系数应该是1。

第三，同一个事物的两种不同属性，如人的身高和体重有一定程度的正相关，但这二者之间既不是同一关系，也不是因果关系。

第四，两个事件本身无相关，但都和第三个事件有相关。Stephen Gould（1981：242）观察发现，他的年龄和煤气费的涨幅之间有接近于1的相关。这是意味着煤气涨价让他变老了呢，还是他的年龄使煤气变贵了呢？（Barnwell，1996：30）他的年龄和物价有一定程度的正相关，即从表面上看，随着他年龄的增长，物价也在增长。然而这并不表明年龄增长引起了物价的增长，或者物价增长导致了年龄的增长。年龄和物价之间并不是真有相关，而是这两个东西都跟时间有相关，即年龄是一年一年累加起来的，物价的涨幅也是按年统计的。

两个东西之间有较高相关，但如果在没有或不能做进一步的分析时，我们无法知道这个相关系数表示的是上述哪种关系。

就构想效度的检验而言，我们需要的是第一种和第二种相关关系。

首先我们需要一个表示因果关系的相关关系。我们假定听力是一种能力，我们还假设，这种能力的强弱应该表现为被试在某个听力测验上分数的高低。也就是说，我们假设听力这个能力是因，某个听力测验分数的高低是果。如果我们真能确认某个听力测验的分数和所谓的听力这个能力有这样的因果关系，我们就可以说这个听力测验测到了听力这个能力。

其次，我们需要若干表示同一关系的相关关系。假设上述四个听力测验中的一个能被证明确实测到了所谓的听力，而其他三个听力测验和这个测验有高相关，我们似乎可以认为其他三个听力测验和那个被证明测到了听力的测验一样，也测到了所谓的听力。这四个测验之间有高相关，因而在一个被命名为“听力”的因素上有高负荷，于是我们宣称：这四个测验测到了听力，这组测验具有构想效度。

然而，就目前的技术而言，上述两个步骤的有效性都是没有保证的。首先是我们无法证明听力测验上的高分数一定是由听力能力决定的，因为所谓的听力是人的一种心理能力，这种能力即使是存在的，它和被试在听力测验上的反应之间究竟有什么关系我们也是不清楚的。这时我们能做的，前面说过，只是增加题量，如果被试答对了大部分题目，我们就假定他不是猜对的，因为猜对的概率不可能那么大。但是，就算我们能把猜测的因素排除掉，我们也很难解释另外一些现象。Spolsky（1995：135、

161-162）介绍说，语言测验和心理测验或智力测验有时候有 0.6 以上的相关，有人对此现象感到不解：两种完全不同的测验怎么会有这么高的相关？当语言测验和智力测验有高相关时，我们就要怀疑语言测验测到的是否是语言能力。

就上面举的例子而言，如果四个听力测验之间有高相关，是否能够确认这四个测验测到的是同一个能力？它们之间的高相关可能是因为它们都测到了同一种能力，也可能不是。就算其中一个测验测到了所谓的听力，和它有高相关的测验也未必测到了听力，因为它们之间的相关可能是题型因素导致的。Campbell 和 Fiske（1959：104）发现，测量方法和测量工具对心理测量的影响很大，在 MTMM 的结果中，有时能够看到题型或方法因素的影响。

由于存在以上两个方面的不确定性，仅仅根据 MTMM 或因素分析的结果就断定测验有构想效度，这个结论就太不可靠了。结论不可靠，是因为以相关分析为基础的 MTMM 和因素分析等方法自身存在局限。

Cronbach 和 Meehl 当初提出构想效度的目的是要消除操作主义。此前，对效标关联效度的检验是操作主义的（内容效度检验是靠专家的直觉，不是操作主义），但是，构想效度提出后，检验构想效度的方法至今仍是操作主义的：先操作性地定义所测构想（编制试卷），然后用因素分析、MTMM、结构方程模型等看相关关系和因素结构。所以说，由于使用的工具和分析技术这两方面都有局限，Cronbach 和 Meehl 的目的根本没有达到。要想突破这两种局限，我们得寻找新的办法。我们现在能够尝试的新方法有计量语言学方法和事件相关电位（ERP）等，关于这些方法的介绍见第六章。

第四章　项目反应理论（IRT）

第一节　项目反应理论（IRT）简介

1952年，Frederic Lord完成了他的博士论文*A Theory of Test Scores*，在这篇论文里，Lord 提出了一个模型，叫作“双参数正态穹形模型”，这是第一个项目反应模型。这个模型的出现，标志着项目反应理论（Item Response Theory，缩写 IRT）的正式诞生。项目反应理论，与后来出现的概化理论并称为现代测量理论。在后来的著作里，Lord 对项目反应理论又做了更详细的论述，如 1968 年，Lord 和 Melvin Novick 合作，出版了 *Statistical Theories of Mental Test Scores*（《心理测验分数的统计理论》，此书有中译本），书中有五章介绍项目反应理论（其中有四章是 Birnbaum 写的，由于此人当时在军方从事保密工作，所以不能署名）。1980 年，Lord 又出版了 *Applications of Item Response Theory to Practical Testing Problems*，书中介绍了参数估计以及 IRT 模型的应用问题。这两部书都是 IRT 的重要文献。

项目反应理论出现后，逐渐成了心理和教育测量领域的重要角色。今天，如果我们在百度上搜索一下“项目反应理论”，可以搜出 30 多万个结果；在 google 上搜一下“item response theory”，则能搜出 390 万条结果！由此可见，IRT 已经成了当今测量领域的一个重要的话题，它同时也是测量领域中的一个非常常用的方法。本章先对 IRT 的基本方法做一些介绍，然后，我们就 IRT 中的几个理论问题做一些讨论。

一、IRT 的基本原理和常用模型

（一）IRT 出现的原因

IRT 出现之前，在心理和教育测量领域一统天下的是真分数理论，真分数理论又称为经典测验理论（Classical Test Theory，缩写 CTT）。随着研究的深入，人们发现根据经典测验理论编制的测验有以下一些弱点：

第一，样本依赖，这是经典测验理论的最大弱点。其表现是，假定有一个题目，让一组能力水平高的被试去做这个题，题目的难度就小（因为题目难度是一组被试在这个题目上的答对率），而让一组能力水平低的被试去做，这个题目的难度就高。从另外一面看，如果给一个被试做一份难度低的试题，他的得分就高，而给他做一份难度高的试题，他的得分就低。这也就是说，在经典测量理论的框架下，被试特性和测验特性相互依赖：测验或题目的难度依赖于被试，而被试的分数又依赖于测验或题目的难度。

第二，信度和误差问题。Hambleton, Swaminathan, Rogers（1991：4）说：

> 经典测验理论的另一个问题在于它对信度和标准误差的定义，而后者可以看成是前者的另一面。在经典测验理论的框架内，信度被定义为“平行测验分数之间的相关”。在实践中，就算有可能，我们也很难满足平行测验的定义。现在可用的各种信度系数，不是下限估计，就是包含了不明偏差的估计。测量的标准误差是分数的信度和方差的函数，其问题在于，我们假设它对所有被试都一样，但正如上面指出的那样，对能力不同的被试来说，任何测验分数都不是同样精确的。因此，对所有被试都做标准误相等的假设是令人难以置信的。

Hambleton 等人对 CTT 的批评有一定的道理。在 CTT 的框架下，标准误差是根据测验信度计算出来的，一个测验只有一个标准误差。在推断被试真分数所在区间时，这个标准误差被用于所有的被试。用一个标准误差去推断所有被试的真分数区间确实有不合理之处。我们知道，如果被试群体足够大的话，这个群体的分数分布会接近正态分布。在正态分布里，不同区间有不同的分布密度，分布密度不同，误差也是不同的。具体说来就是，在靠近平均数的区间，误差会小一点，在远离平均数的地方，误差就会大一些，因此，所有被试都使用一个标准误差是不合理的。这样做，靠近平均数的被试的分数误差会被高估，而远离平均数的被试的分数误差会被低估。

第三，无法知道被试在单个题目上的表现。Hambleton，Swaminathan，Rogers（1991：4）接着说：

> 经典测验的真分数模型并没有考虑被试对一个特定的题目如何反应。因此，我们无法估计一个特定的被试之于一个特定的题目能有多好的表现。说得更清楚一些就是，经典测验理论不允许我们预测一个或一组被试在一个特定题目上的表现。

这个说法也成立。的确，如果让一个被试或一组被试只做一个题目（这里指客观题），我们确实无法推断他或他们的能力。只有在他们对数量足够的刺激做出数量足够的反应之后，我们才能推断他们的能力水平。

第四，不能“因人施测”。漆书青、戴海崎（1992：8）说：

> 既然施测项目在被试水平跟其难度匹配时具有最强的鉴别力，为什么高、中、低水平的被试都实施同一测验，而不“因人施测”，对不同水平的被试实施难度各相匹配的“自适应测验”呢？

在 CTT 框架下，在同一个测验里，所有被试回答的问题都是一样的。从某种角度看，这也是不合理的，因为对高水平被试来说，难度低的题目是没有意义的，而对低水平的被试来说，难度大的题目也是没有意义的。从 IRT 的角度看，我们应该让所有被试去做那些难度和他们的能力水平相当的题目，亦即让低水平被试做难度低的题，中等水平的被试做难度中等的题，高水平被试做难度大的题。这就是所谓的“因人施测”。

从理论上说，针对 CTT 的这些批评固然都有道理，IRT 的出现，就是为了克服 CTT 的这些弱点。然而在我们看来，IRT 是否真的能克服这些弱点，还是值得怀疑的（详见第四节）。

（二）IRT 模型是怎样建立起来的

前面说过，根据 CTT，我们不知道被试在一个题目上的反应意味着什么，项目反应理论追求的目标之一，就是观察或描写被试对项目（也就是通常所说的题目）的反应，所以它叫作“项目反应理论”。那么，建立项目反应理论时，Lord 等人最初的想法是怎么来的呢？说来简单。

Lord（1952；以及 Lord & Novick，1968）观察到这样一个现象：如果有一组被试做了一个测验（比如说 160 题），不同能力水平的被试答对的题目数量是不同的，低水平的答对的少，高水平的答对的多。不同的答对题数可以转换成不同的答对率。把答对题数和相应的答对率放在一个直角坐标系里描成散点，就形成了下面的图形（下图是我根据 Lord 的意思重画的，不是 Lord 的原图）：

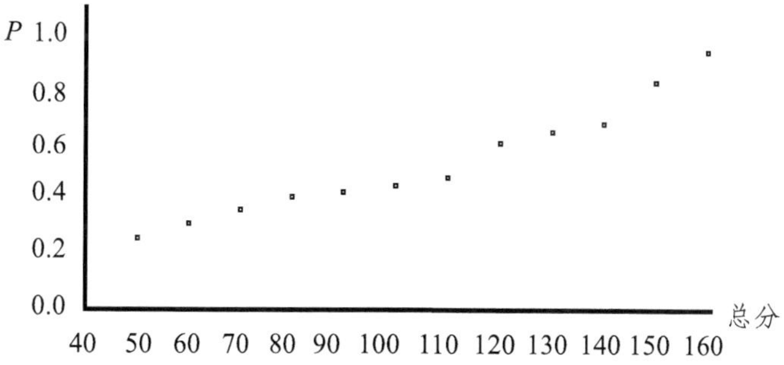

图 4-1　总分和答对率的关系

上图的横轴表示答对题数，纵轴表示答对率，图中的散点表示答对题数和答对率的关系：被试答对题数越多，答对率就越高，他的能力也就越强。这个关系，Lord & Novick（1968/1992：410-412）称之为“题目—测验间的回归”。把这个关系看成题目—测验间（实际上是答对题数和答对率间）的回归也未尝不可，但奇怪的是 Lord 为什么把它画成曲线。如果是答对题数和答对率之间的回归，那就应该是完全的线性回归，图形应该是一条直线：

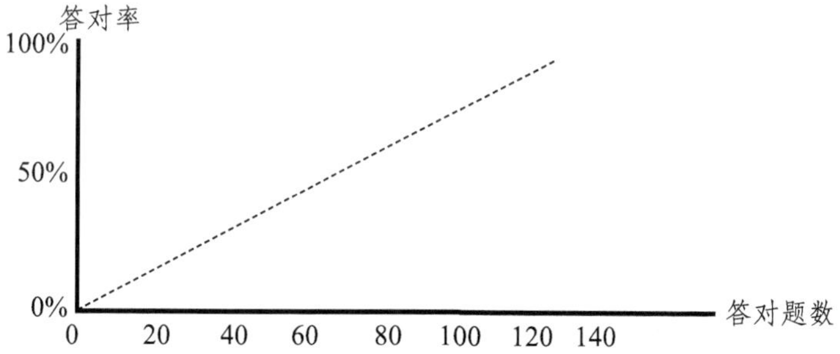

图 4-2　总分和答对率的关系

上面两图的意思都是：随着被试答对题数的增加，答对率也在提高。刚才我们介绍过，IRT 的意图之一是想知道被试在一个题目上的反应有什么意义，于是，Lord 就对上图做了重新定义。他把横轴定义为被试的能力，把纵轴定义为被试答对一个题的概率。重新定义之后，上图就变成了下图的样子：

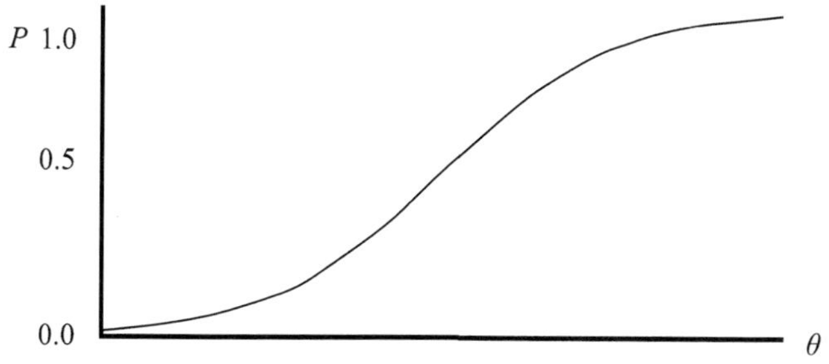

图 4-3

在上图里，θ 代表被试能力，P 代表答对一个题目的概率，这个图表达的意思是：随着被试能力的提高，他答对一个题的概率也在提高；或者，能力水平高的被试以较高的概率答对一个题，能力水平低的被试以较低的概率答对一个题。

接下来的问题就是，能不能发明一个函数，或找到一个现成的函数，让这个函数表达上述意思。

Lord（1952）找到的是一个现成的函数，即转置的正态累积函数：

$$P_g(\theta)=\int_{-L_g(\theta)}^{\infty}\varphi(t)dt \qquad \text{（公式 4-1）}$$

这个函数是一个积分式，计算比较复杂，我们不去管它。后来，Birnbaum（Lord & Novick，1968）找到了逻辑斯蒂函数，这个函数比正态函数简单得多：

$$P=\frac{e^x}{1+e^x} \qquad \text{（公式 4-2）}$$

逻辑斯蒂函数表示的是一种概率分布，即逻辑斯蒂分布。1838 年，比利时数学家 Verhulst 为了修正马尔萨斯的人口增长模型，推导出了逻辑斯蒂函数，并提出了他的人口增长模型。在 1845 年的论文里，这个函数被称作逻辑斯蒂函数，这个函数在 1920 年被Raymond Pearl和Lowell Reed重新发现（Wikipedia）。和转置的正态累积函数一样，逻辑斯蒂函数也能形成“图 4-3”那样的图形。

我们来分析一下这个函数的特征。这个函数的形式很简单：e 是自然对数的底，近似值为 2.71，是个常数；自变量只有一个，即 x。这个函数（或它的图形）有什么特征呢？

逻辑斯蒂函数是一个单调递增函数，它的图形是一个点对称图形，对称点就是它的拐点。如果我们把纵轴的长度定为 1 的话，拐点的纵坐标则是 0.5。由于 $e^0=1$，所以，当 $x=0$ 时，$P=0.5$，这也就是曲线拐点的纵坐标。这条曲线的位置，也就是它是靠左一些，还是靠右一些，是由拐点的横坐标决定的。在某种极端条件下，曲线的某些部分的纵坐标可能是 0 或 1(曲线可能不经过纵坐标为 0.3 或 0.8 的这些点)，但纵坐标为 0.5 的这个点，它一定要经过（详见下文）。

这个函数及其图形有上述特征，我们能不能利用这些特征，让它表示题目和被试的特征呢？刚才已经说过，“图 4-1”或“图 4-2”的横轴和纵轴已经被重新定义，横轴代表被试的能力，纵轴代表正确回答一个题的概率，如果有一条单调递增的曲线，在这个坐标系里，这条曲线就表达这样的意义：随着被试能力的提高，他答对一题的概率也不断提高。我们让横坐标代表被试的能力，被试的能力值记为 θ，其取值范围从理论上说是负无穷大到正无穷大（$-\infty \rightarrow +\infty$），但实际上它一般不会超出 −4 到 +4 这个范围；纵坐标代表答对某题的概率，取值范围是 0 到 1。

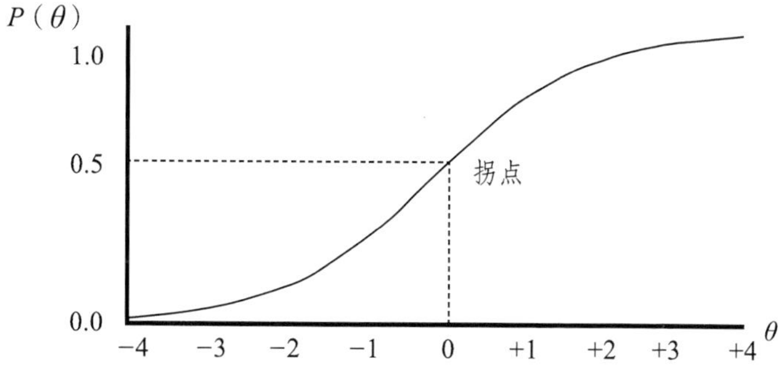

图 4-4

逻辑斯蒂函数里只有一个变量，就是 x，现在我们就来处理这个 x。

当曲线的参数为 x 时（公式 4-2），曲线的位置是由 x 唯一确定的。在这个时候，如果 x 是 0（$-\infty< x <+\infty$），这一点上的纵坐标正好是 0.5，曲线到达了它的拐点。

我们把 x 分解为（θ-b），如果让 $\theta=b$，则 $x=0$，曲线也到达了它的拐点，而拐点的横坐标正是 θ，如果我们把 b 固定住，让 θ 做自变量，不管 θ 怎么变，当它变到跟 b 一样大时，曲线必然走到了它的拐点。这时，唯一确定曲线位置的因素是 b。于是我们就把θ的值赋给b，让b代表题目难度。经过这番改造之后，"公式 4-2" 变成了 "公式 4-3"：

$$P=\frac{e^{(\theta-b)}}{1+e^{(\theta-b)}} \qquad \text{（公式 4-3）}$$

上式中，P 代表正确反应的概率，e 是自然对数的底，是个常数，θ 代表被试能力，b 代表题目难度。至此，我们完成了一个数学建模（当然，这个模型不是我们建立的，我们只是重述了一下建模过程）。现在我们来归纳一下。

IRT 的最初想法是，找到一个数学模型来表示被试对一个题目做出反应时的状态，具体的目标是，把被试能力、题目难度和正确反应的概率这三者结合起来。最后，研究者们找到了一个现成的函数，即逻辑斯蒂函数，他们对这个函数里的参数做了一些改造，把原来的参数 x 分解成（θ-b），改造后的函数能形成 "图 4-4" 那样的图形。

改造后的函数叫作 "项目特征函数（Item Characteristic Function，缩写 ICF）"，"图 4-4" 中的曲线叫 "项目特征曲线（Item Characteristic Curve，缩写 ICC）"。这条曲线表达的基本含义就是：随着被试能力的提高，他答对这个题目的概率也在提高；或者说，高水平的被试以较大的概率答对这个题，低水平的被试以较低的概率答对这个题。当然，这只是一个象征性的说法，因为，一被试答对一个题就是答对了，答错了就是答错了，谈不上以多大的概率答对这个题（详下）。

(三) 逻辑斯蒂模型代替正态穹形模型的原因

最初出现的IRT模型是Lord提出的双参数正态穹形模型（公式4-1），“正态穹形模型”的英文是normal ogive model。这个模型的名称在中文文献里往往被译成“正态卵形模型”（金瑜，2001：273），还有人译为“正态肩形模型”（漆书青、戴海崎、丁树良，2002：86），这些都是错译。Ogive原指建筑物的穹顶，高尔顿用这个词指一条S形曲线，Stigler（1986：268）说：

> 他［高尔顿］把数据的值及其等级按升序排列，这样就形成了一条曲线。借用一个建筑上的术语，高尔顿把这条曲线叫作ogive［尖顶穹隆］，我们现在把它叫作转置的正态累积分布函数。

正态累积分布函数是一个积分式（公式4-1），计算起来比较麻烦，Birnbaum则用逻辑斯蒂函数（公式4-2）来代替正态累积分布函数，因为二者的性质差不多，而逻辑斯蒂函数要简单得多：

> 项目特征曲线一般是穹形的，它可以是正态累积分布，但更常见的是逻辑斯蒂函数，这当然也是为了数学上的方便。……一般说来，正态累积模型对任何逻辑斯蒂模型都成立，二者具有几乎完全一样的性质。（Nunally & Bernstein，1994：394-395）

正态累积分布和逻辑斯蒂分布都可以用来建立IRT模型，只要模型能够表达我们想让它表达的意思即可，剩下的问题就是，什么样的模型更简单了。van der Linden & Hambleton（1997：4）说：

> 所有模型背后的方法论原则不过就是这样一个简单的原则，即每一个影响题目反应的因素都用一个参数来表示。然而，“建模的艺术”就在于，既要设计一个数学结构（structure）以反映这些因素之间的相互作用，同时又要使模型在统计上易于处理。

下图是正态分布和逻辑斯蒂分布的比较，其中最高的那条是正态曲线，中间的那条是逻辑斯蒂曲线，最低的那条是在 e 的指数上乘上1.7以后的逻辑斯蒂曲线（下面的“公式4-4”）。

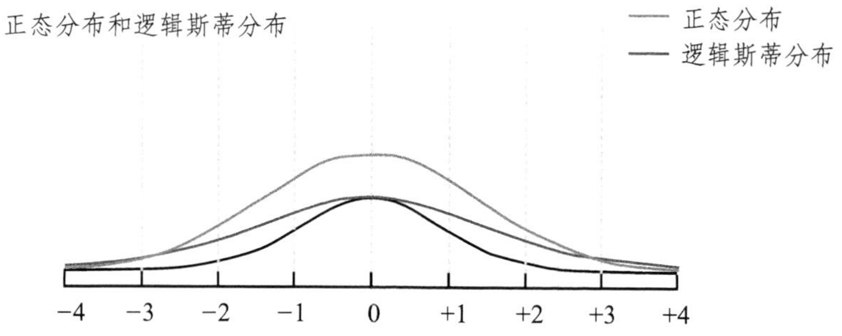

图 4-5 正态分布和逻辑斯蒂分布比较

（四）常用模型及其参数

IRT 模型是一个家族，按模型中参数的数量，分为单参数、双参数、三参数以及四参数模型，下面我们介绍一下常用的几个 IRT 模型及它们的性质。

1. 单参数逻辑斯蒂模型和 Rasch 模型

前面的"公式 4-3"其实就是 Rasch 模型（关于 Rasch 模型的讨论见第六节），单参数逻辑斯蒂模型是下面的形式：

$$P=\frac{e^{D(\theta-b)}}{1+e^{D(\theta-b)}} \quad 或 \quad P=\frac{e^{1.7(\theta-b)}}{1+e^{1.7(\theta-b)}} \qquad （公式 4-4）$$

单参数逻辑斯蒂模型和 Rasch 模型非常像，只是单参数逻辑斯蒂模型在 e 的指数上乘上了一个 D，这个 D 是个调节系数，调节系数的值是 1.7。D 是个常数，它的作用是让逻辑斯蒂曲线更接近正态累积曲线，即当 D 为 1.7 时，逻辑斯蒂曲线和正态累积曲线的差异小于 0.01（Lord & Novick, 1968：452）。

单参数逻辑斯蒂模型还可以改写成一种更简单的形式：

$$P=\frac{1}{1+e^{-D(\theta-b)}} \qquad （公式 4-5）$$

IRT 模型的参数的数量是按题目参数算的，在上式中，题目参数只有一个，即难度参数 b，所以这个模型叫单参数模型。关于难度参数 b，Hambleton, Swaminathan & Rogers（1991：13) 有如下描述：

> 一个题目的 b 参数，就是能力量表上正确反应概率为 0.5 的那一点。这个参数是一个位置参数，它表明 ICC 和能力量表之间的位置关系。b 参数的值越大，被试以 0.5 概率的机会答对该题的能力就越大，因此题目就越难。难题落在能力量表的右侧或高端，易题落在能力量表的左侧或低端。

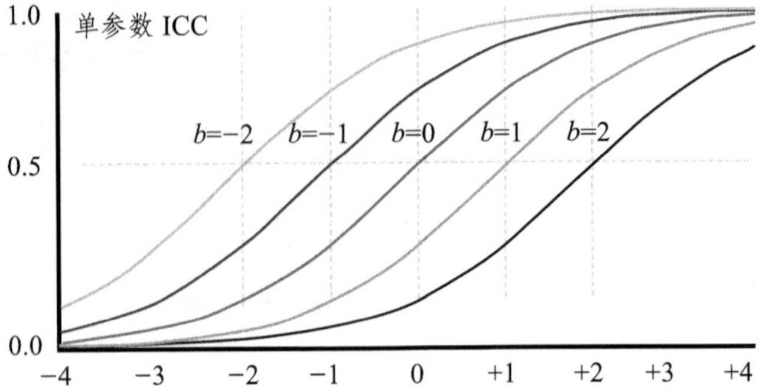

图 4-6　5 条 ICC 曲线

上图是 5 条 ICC 曲线，代表 5 个题目。题目难度 b 值是由能力值决定的，所以，最左侧的题目最容易，其难度是 −2，最右侧的题最难，其难度是 2。在实际应用的时候，如果我们假设所用的题目区分度都相等（等于 1），而且题目都没有猜测度，我们就可以选用单参数模型。

2. 双参数逻辑斯蒂模型

双参数模型就是在单参数模型上再增加一个参数 a，这个参数表示题目的区分度：

$$P=\frac{e^{Da(\theta-b)}}{1+e^{Da(\theta-b)}}=\frac{1}{1+e^{-Da(\theta-b)}} \quad \text{（公式 4-6）}$$

我们说双参数模型就是在单参数模型上再加一个参数，其实是为了叙述方便。而实际情况是，先有双参数模型，双参数模型去掉参数 a 变成了单参数模型。

Lord 在 1952 年提出的是一个双参数正态穹形模型，这个模型计算复杂，Birnbaum 就用双参数逻辑斯蒂模型代替了 Lord 的那个模型（Lord & Novick，1968）。

双参数模型里的参数 a 表示区分度，它是题目的一个特征，即题目能否区分高水平被试和低水平被试。a 越大，题目的区分能力越强；a 越小，题目的区分能力越弱。

逻辑斯蒂曲线有一个性质，即，如果在函数的指数部分乘上一个数（“公式 4-6”中的 a），曲线拐点处的斜率就会发生变化。a 越大，斜率就越大；a 越小，斜率就越小。参数 a 和曲线拐点处的斜率的关系是（Lord & Novick，1968：417）：

$$\text{斜率}=a \div \sqrt{2\neq} \quad \text{（公式 4-7）}$$

那么这个数如何能代表区分度呢？

IRT 的基本思想是：随着被试能力的提高，他答对一题的概率也提高，且题目难度是用被试能力定义的，亦即“能力量表上正确反应概率为 0.5 的那一点”（Hambleton,

Swaminathan & Rogers，1991：13）。如果我们假定一个题目的难度是 0，再假定这个题目有十分强的区分能力，以至于被试的能力小于 0 的时候，他就以 0 的概率答对这个题（也就是没有可能答对），而当他的能力一旦达到 0 时，他就以 1 的概率（百分之百能）答对这个题。这个题不是有很好的区分度吗？这个假设的情形可以用下图表示：

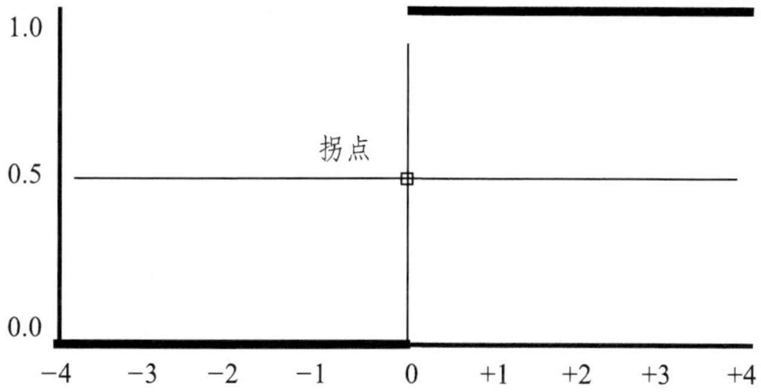

图 4-7　极端的区分度

上图就是区分度极大时的双参数模型的图形。虽然被试的能力从 -4 提高到 -1，他仍然是以 0 的概率答对这个题（下面那条线），但当被试的能力达到 0 的时候，也就是他的能力和题目难度相等的时候，他立刻就以 1 的概率答对了这个题（上面那条线）！或者也可以说，这个题能区分被试的能力是否达到了 0。所以，这个题的区分能力极强（如果有这样的题目的话）。这个题的 *a* 值是 50000！实测中不可能有这样的题。

我们前面说过，ICC 有一个特征，"在某种极端条件下，曲线的某些部分的纵坐标可能是 0 或 1(曲线可能不经过纵坐标为 0.3 或 0.8 的这些点），但纵坐标为 0.5 的这个点，它一定要经过"，上图表现的正是这样一个情况（为了能看清楚，画图时我们使用了直径比较大的点，当这些点紧密排列时，它们显示为一条粗线，即 0 概率和 1 概率处的横线，当只有一个点时，它显示为一个方框，在上图中就是拐点）。

上图清楚地显示，这条 ICC 经过的纵坐标只有 3 个，即 0、0.5、1。由此可见，纵坐标 0.5 这个点，曲线是一定要经过的，也就是说，曲线的拐点是这条曲线上最稳定的点。这就是用这个点代表题目难度的理由。Hambleton 等人难度是"能力量表上正确反应概率为 0.5 的那一点"的说法完全没有意义。因为第一，没有人能以 0.5 的概率答对一个题；第二,"以 0.5 的概率答对一个题"和"以 0.5 的概率答错一个题"是一个意思。

如果题目的区分度是负数，ICC 就是下图的样子：

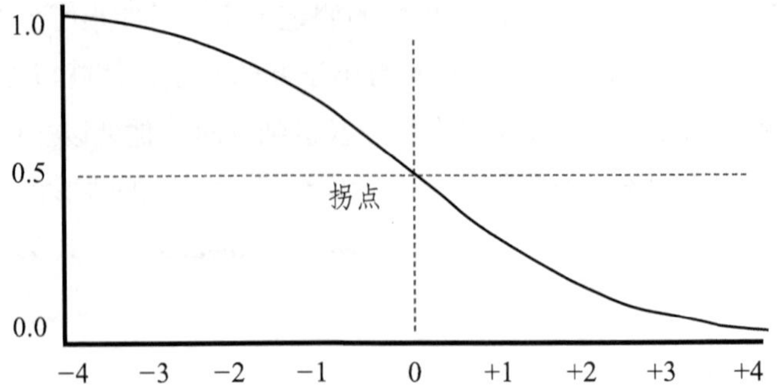

图 4-8　负的区分度

上图是 a 值等于 −0.5 时的 ICC，它表明这个题的区分方向完全反了。

双参数模型中的 a 值是一个和 ICC 曲线拐点处的斜率有关的值，a 值越大，曲线的斜率就越大，它恰好可以表示“区分度”这个概念，所以我们就让它来代表题目的区分度：a 值越大，题目的区分度就越高。下图是四个题目的 ICC，题目难度（b 值）都是 0，区分度（a 值）分别是 0.5、1、2、3：

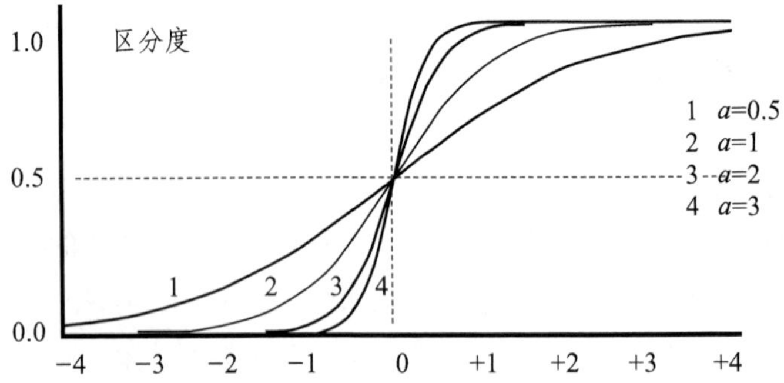

图 4-9　四个区分度不同的 ICC

上图中，最平缓的那条线的 a 值是 0.5，最陡的那条线的 a 值是 3。

3. 三参数逻辑斯蒂模型

现代测验大量使用多项选择题，多项选择题虽然评分客观，但也有一个缺点，那就是它可能有猜测性，如果被试不知道正确答案，他可以猜测，而且他还有可能猜对。针对这个问题，人们就设想，能否增加一个参数，来表示题目的猜测度？

逻辑斯蒂曲线有一个下渐近线（“图 4-6”“图 4-9”），即曲线的左下端逐渐接近横轴。于是人们想到一个办法，给双参数模型增加一个参数，这个参数可以使下渐近线的最下端和横轴有一个距离，这段距离，在纵坐标上有一定的概率值表示，这个值可以看成被试随机猜对一个题目的概率。增加的这个参数是 c，表示猜测度，增加了这个参数后，双参数模型就变成了三参数模型：

$$P_i(\theta)=c_i+(1-c_i)\frac{e^{Da_i(\theta-b_i)}}{1+e^{Da_i(\theta-b_i)}}=c_i+\frac{1-c_i}{1+e^{-1.7a_i(\theta-b_i)}} \quad \text{（公式 4-8）}$$

“图 4-10”是五个题目的 ICC，这五个题目，难度都是 0，区分度都为 1，猜测度（*c*）分别是 0、0.1、0.2、0.25 和 0.5。

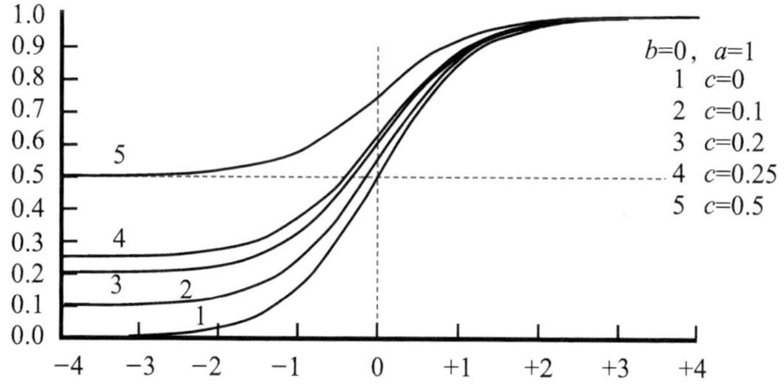

图 4-10　五个猜测度不同的题目的 ICC

参数 *c* 实际上是曲线下渐近线到横轴的距离，根据“图 4-10”，我们给参数 *c* 赋予这样的意义：该题允许被试随机猜测的水平，亦即被试即使完全没有能力（曲线最左端对应的能力值是 −4），他也能以某个概率猜对这个题。观察上面的图，从下到上，曲线下渐近线逐渐抬高，表明题目被猜对的概率逐渐提高。

虽然从理论上说多项选择题有猜测度，但在实测的题目里，如果题目的质量很高（表现为题目的区分度参数 *a* 值很高），它也可能没有猜测度，即 *c* 值等于 0 或接近于 0。

第二节　参数估计

一、参数估计的困难及基本要求

（一）参数估计的困难

我们前边介绍了 IRT 模型的几种形式，也介绍了模型中的参数及其意义。要想用那些参数去刻画题目或被试的特征，我们就要估计出这些参数的具体的值。那么为什么叫“估计”而不叫“计算”呢？“估计”是相对精确计算而言的。“2 加 3 等于 5”，而且它永远等于 5，这是精确计算。统计里的绝大多数数值（某些常数除外）不可能达到这样的精确程度，这可以用我们下面要说的 IRT 参数来说明。假定有一个题目，我

们要知道它的难度 b 有多大，于是我们找到一组被试，比如说 1000 人。根据这 1000 人的反应，我们得到该题的难度，比如说 $b=0.5$。这个 b 值，并不是这个题目永远恒定的难度值。如果我们把被试样本扩大到 10000 人，该题的 b 值就可能发生变化。我们在 1000 人样本里得到的 b 值，仅仅是对该题在一无限总体里真实 b 值的一个统计推断，我们永远无法知道在这个无限总体里该题的真实 b 值。

除了被试样本对参数的影响之外，参数之间也可能会相互影响，关于这个问题，详见第四节对“不变性”的讨论。

IRT 参数估计还有另外一个困难。我们大都学过解方程、求未知数，不过我们熟悉的方程要么只有一个未知数（如一元一次方程），要么虽有多个未知数，但总有办法消去一些未知数，待未知数变成一个后再解（如二元一次方程）。IRT 模型也是一个方程，但麻烦在于它同时有至少两个未知数，如“公式 4-5”就有 θ 和 b 两个未知数。我们不能同时解两个或两个以上未知数，于是就想了一个办法：在解一个未知数的时候，把其余的未知数设定成已知的。下面我们来介绍这种方法。

（二）参数估计的三个基本要求

参数估计的三个基本要求是：

第一，被试样本量（人数）要足够大，至于究竟要多大，各家说法不一，有人说需要 10000 人的样本，也有人说至少 1000 人。要求大样本是为了保证得到稳定的参数值。根据我们的经验，1000 人的样本就可以满足要求。

第二，在估计题目参数时，必须把答对率为 100% 和答对率为 0 的题目删掉，也就是说，所有被试都答对的题和所有被试都答错的题不能要。这其中的原因是：当答对率为 100%（没有人答错）时，题目的难度参数（b 值）会无限制地变小；当答对率为 0%（没有人答对）时，题目的难度参数会无限制地变大。

第三，在估计被试能力时，要把答对或答错所有题目的被试删掉，道理和第二个要求一样，否则答对所有题目的被试的能力值会无限变大，而答错所有题目的被试的能力值会无限变小。

二、单参数逻辑斯蒂模型

（一）单参数题目难度的极大似然估计

为了得到题目参数，我们首先要找一批被试，请这些被试把编写好的题目做一遍。被试做过这些题目后，我们就有了这些被试的答案。被试的答案就是被试对这些题目的反应，我们就是根据被试对每一个题目的反应（多少人答对、多少人答错）估计出每一个题的题目参数的。

假定我们使用的是单参数逻辑斯蒂模型，这时，要估计的题目参数只有一个，即难度 b。要想估计出一个题目的 b 值，需要有一些被试回答了这个题目，并且需要一些被试答对该题，而另一些被试答错该题。现在我们考虑一种最简单的情况：一个题目只有两个被试对其做出反应，一个被试答对，一个被试答错。

我们用 θ_1 表示第一个被试，θ_2 表示第二个被试，并且假定，θ_1 答对了该题，而 θ_2 答错了。根据这两个被试的反应估计该题的 b 值，就是估计这两个反应的联合概率。说得更明白一点就是，θ_1 以某个概率 P 答对了该题，θ_2 以某个概率答错了该题（答错概率用 Q 表示，而 $Q=1-P$），把这两个概率乘在一起，就是两被试对该题的反应的联合概率，用公式表示就是：

$$P = P_{\theta_1} \cdot Q_{\theta_2} = P_{\theta_1} \cdot (1 - P_{\theta_2}) \quad \text{（公式 4-9）}$$

上式更具体的形式是：

$$P = \left(\frac{1}{1+e^{-1.7(\theta_1-b)}}\right)\left(1-\frac{1}{1+e^{-1.7(\theta_2-b)}}\right) \quad \text{（公式 4-10）}$$

我们说过，IRT 参数估计的困难之一就是，它的方程里至少有两个未知数。在“公式 4-10”里，我们既不知道能力值（θ_1 和 θ_2），也不知道 b 值。这个时候，为了估计出 b 值，我们要假定两被试的能力值是已知的，我们把他们的能力值都设定为 0（0 是能力值的平均数），即：

$\theta_1=0$ 且 $\theta_2=0$，

这样，“公式 4-11”就只有一个未知数了：

$$P = \left(\frac{1}{1+e^{-1.7(0-b)}}\right)\left(1-\frac{1}{1+e^{-1.7(0-b)}}\right) \quad \text{（公式 4-11）}$$

剩下一个未知数就好办了，那么我们根据什么来确定这个题目的 b 值是多大呢？有一种方法叫“极大似然法”，用这种方法估计参数叫作“极大似然估计”。“极大似然法”的基本原理是这样的：一个事件可能以不同的概率发生，我们要确定的是，这个事件究竟以多大的概率发生？于是我们做若干次试验，试验结束后，这个事件呈现出不同的出现概率，我们把最大的那个概率当成这个事件出现的概率值，因为这个概率最大，它就最像这个事件的出现概率。

难度参数估计就是确定 b 取什么值能够使概率值（P）达到最大，某个能够使 P 达到最大的 b 值，就是这个题目的难度值。接下来的事情就简单了。我们知道，难度 b 的取值范围是从 −4 到 +4，那么我们就在这个范围里找到那个能使 P 达到最大的值。

找到这个 b 值的办法有很多种，最简单的办法就是“系统搜索法”，即把从 −4 到 +4 之间的每一个数（精确到三位或四位小数）都试一遍，一定有一个数使 P 最大。这个办法的优点是精确（不会漏掉最精确的 b 值），缺点是计算速度慢。

下面我们就把“公式 4-11”里的 b 值估计出来。（见表 4-1）

表 4-1　b 值的极大似然估计

$P=\left(\frac{1}{1+e^{-1.7(0-b)}}\right)\left(1-\frac{1}{1+e^{-1.7(0-b)}}\right)$	
b 值	P 值
−4	0.0011
−3	0.0060
−2	0.0312
−1	0.1306
−0.5	0.2098
−0.1	0.2482
−0.05	0.2495
0	***0.2500***
0.05	0.2495
0.1	0.2482

在这里，我们不能把 −4 到 +4 之间的成百上千的数字全列出来，然而“表 4-1”可以表明，当 b 在 −4 到 0 这个范围内取值时，概率值 P 是不断增大的，而当 b 值大于 0 时，概率值逐渐变小。这样，根据极大似然法，该题的 b 值应为 0。

上面的例子极为简单，只是计算了两个被试对一个题目的反应概率。在 IRT 的实际应用中，情况当然要比这个例子复杂一些。在实际应用中，常常是至少有成百上千个被试和几十上百个题目。例如，有 1000 个被试，做了 100 个题，这时，我们就用这 1000 个被试的反应，依次估计这 100 个题目的难度。假定第一题有 300 人答对，700 人答错，我们就把 300 个答对的概率和 700 个答错的概率统统乘在一起，参数估计的“公式 4-9”就写成：

$$P=\prod_{j=1}^{i=1} P_{ij} \circ Q_{ij} \qquad \text{（公式 4-12）}$$

Π（π 的大写）是连乘符号，表示把若干个数乘在一起；i 和 j 分别表示被试和题目，“公式 4-12”的估计流程见“图 4-11”。

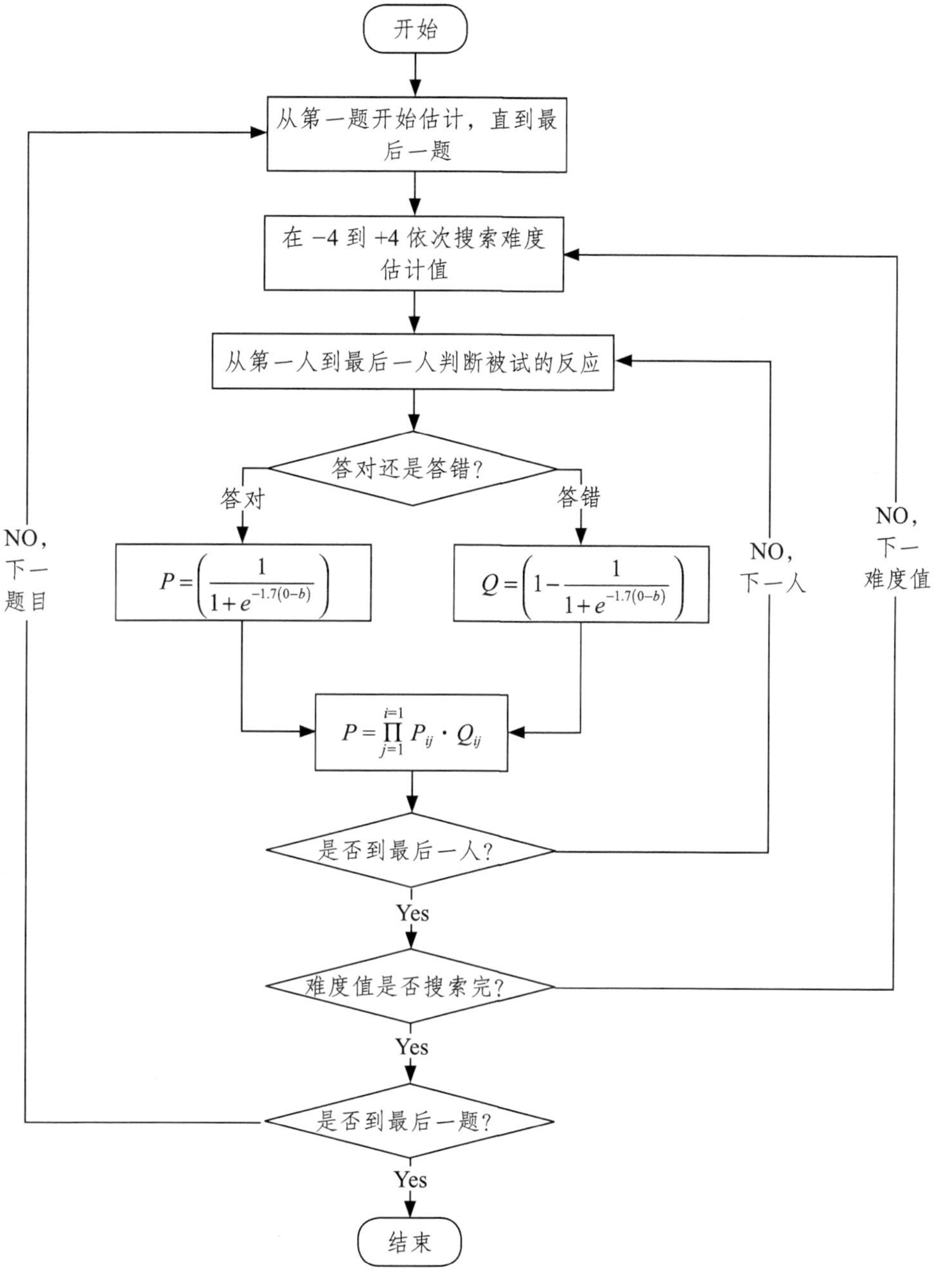

图 4-11　单参数难度估计流程图

（二）单参数被试能力的极大似然估计

刚才估计 b 值时使用的能力值是设定的，我们假定所有被试的能力都是 0，这当然不是实际情况——被试的能力不可能都是 0。当估出一批题目的难度值后，我们就可以根据估出的题目难度值，去估计若干被试的能力值。

下面我们以一个被试为例来说明能力值的估计。

假定有一个被试，回答了两个题目，这两个题目的难度分别为 $b_1=1$，$b_2=2$，并且他答对了 b_1，答错了 b_2（因为 b_2 难）。能力值估计的方式和难度估计一样，即在能力值的取值范围内（−4 到 +4）找到一个能使概率值最大的数。该被试能力值的估计结果如“表 4-2”所示。

表 4-2　能力值的极大似然估计

$$P=\left(\frac{1}{1+e^{-1.7(\theta-1)}}\right)\left(1-\frac{1}{1+e^{-1.7(\theta-2)}}\right)$$

θ 值	P 值
-1	0.0321
0	0.1495
1	0.4228
1.2	0.4649
1.49	0.49076
1.5	***0.49079***
1.51	0. 49076
1.55	0.4900

上面的估计表明，该被试的能力值是 1.5。

如果是实际使用的测验，我们就要为很多被试估计能力。首先我们要估计出这个测试中每个题目的难度，然后为每个被试估计能力。被试能力估计的流程图如下：

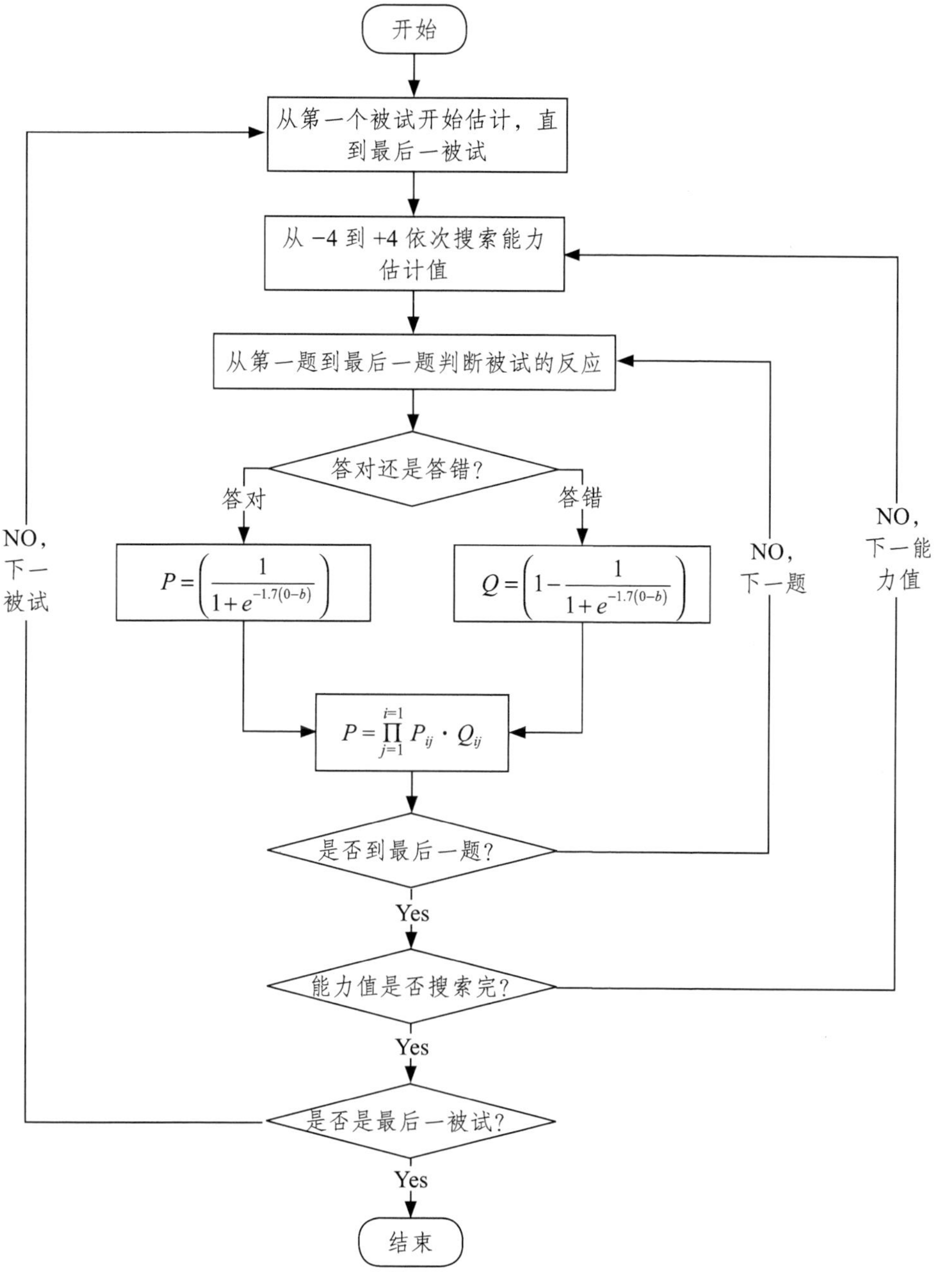

图 4-12　单参数能力值估计流程图

估计出的被试的能力值不能直接报告给被试，因为能力值是一个 −4 到 +4 之间的数，因为它可能有负数和小数，一般人理解不了它的意义，因此我们要把能力值的负数和小数去掉，把它转换成一个没有负数和小数的导出分数，下式就是转换公式：

$$Y = k\theta + m$$ （公式 4-13）

上式中，Y 是被试得分，θ 是被试的能力值，k 和 m 都是常数。k 是导出分数的标准差，m 是导出分数的平均数，这两个数都必须是整数。k 和 m 可以任意设定，如果 θ 保留两位小数，k 设为 100，小数就能消除，m 设成 k 的四倍或四倍以上，负数就能消除。如果我们把 k 设成 100，m 设成 400，导出分数就是 0 到 800 之间的整数。

（三）**能力值和难度值相互校正**

虽然我们估计出了题目的难度值和被试的能力值，但由于估计难度时能力均设为 0，故第一次估出的难度是不准的，既然这个难度值不准，那么根据它估出的能力值也就不准。为了使难度值和能力值尽量准确，这两个值需要相互校正。具体做法是：把第一次估出的能力值作为已知数（这时被试的能力值就各不相同了），第二次估计难度值；然后把第二次估出的难度值作为已知数，第二次估计被试的能力值。这个过程可能要重复几次，直到题目的难度和被试的能力值均趋于稳定。

二值答案参数库

题号	答对率	单b值1次	单b值2次	单b值3次
1	0.7484	-0.6400	-0.7400	-0.7400
2	0.6699	-0.4200	-0.4800	-0.4800
3	0.6699	-0.4200	-0.4800	-0.4800
4	0.9346	-1.5600	-1.7700	-1.7800
5	0.7157	-0.5400	-0.6200	-0.6300
6	0.4118	0.2100	0.2600	0.2600
7	0.2647	0.6000	0.7100	0.7200
8	0.6732	-0.4300	-0.4900	-0.4900
9	0.5261	-0.0600	-0.0600	-0.0600
10	0.4542	0.1100	0.1400	0.1400

图 4-13　单参数 b 值估计三次以后的结果

根据我们的经验，在单参数模型的条件下，经过三次互相校正，题目难度 b 值和被试能力 θ 值就都会趋于收敛，也就是趋于稳定，上图是单参数 b 值估计三次后的结果（能力值的估计结果略）。从上图中我们可以看到，b 值的最后两次估计结果几乎一致。得到这样的结果后，参数估计就可以结束了。

三、双参数和三参数估计

双参和三参模型的参数估计原理和单参数一样，但所估参数的顺序要安排好。双参数的估计顺序是难度→能力→区分度，三参的估计顺序是难度→能力→区分度→猜测度。猜测度是一个最不稳定的参数，它会对其他参数产生影响（详见第四节），所以要最后估计它。在第一次估计难度时，所有题目区分度的初值都定为 1，能力初值定为 0，猜测度的初值可定为 0.2。下面是参数估计（三参数）的流程图：

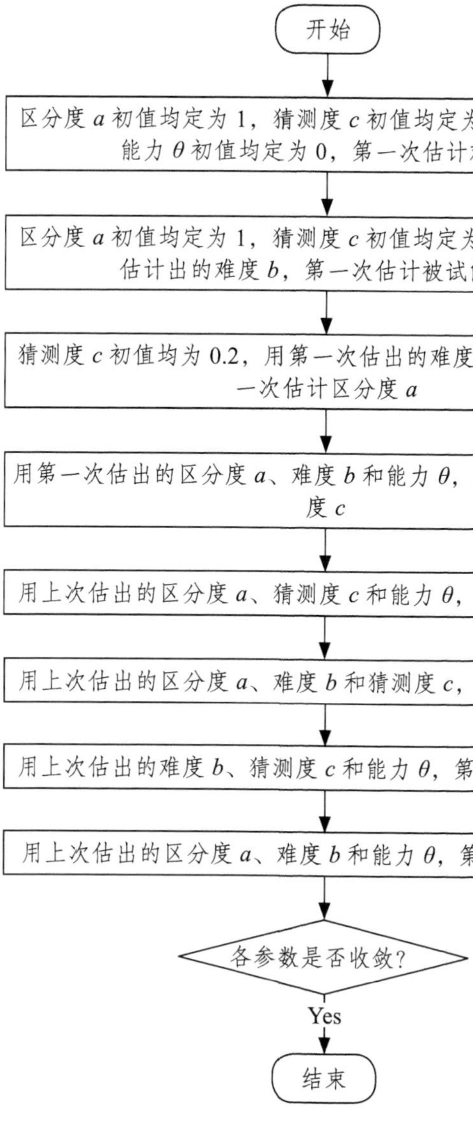

图 4-14　三参数估计流程图

如果是双参数估计，只要把猜测度估计那一步去掉就行了。本节介绍的方法是最简单的参数估计方法，在 IRT 的实际应用中，我们不会使用这种方法，因为这种方法的计算速度太慢。在专用软件（如 Bilog 等）里，人们往往使用牛顿—拉夫逊迭代、贝叶斯估计等速度快的方法。我们在这里介绍“系统搜索法”的目的，是让读者知道，IRT 的参数是怎么计算出来的。

第三节 项目信息函数和误差

项目反应理论引进了一个经典测验理论里没有的概念——项目信息函数（Item Information Function），这个项目信息函数可以形成一条曲线，叫项目信息曲线（Item Information Curve，缩写 IIC）：

> 所有 IRT 测量模型里，不论是二值反应模式还是多值反应模式，都有一个心理测量信息（psychometric information）的概念，这是 IRT 模型的基本特征。这个概念可以这样表述：从二值 IRT 模型中得到的一条项目反应曲线，或从多值 IRT 模型得到的分类反应曲线（category response curves），都可以转换成一条项目信息曲线（IIC）。一条 IIC 反映的是，在潜在特质连续体的所有点上，一个题目所包含的心理测量信息（费舍尔信息）的大小。（Embretson & Reise，2000: 183）

项目信息函数被定义为：

$$I_i(\theta)=\frac{[P_i'(\theta)]^2}{P_i(\theta)\,Q_i(\theta)} \qquad \text{（公式 4-14）}$$

其中，$[P_i'(\theta)]^2$ 是项目反应函数的一阶导数的平方，$P_i(\theta)$ 是项目反应函数，$Q_i(\theta)$ 是 $1-P_i'(\theta)$（Hambleton, Swaminathan & Rogers，1991：91）。在单参数 IRT 模型下，上式化简以后的形式是：

$$I(\theta)=\frac{2.89}{2+e^{1.7(\theta-b)}+e^{-1.7(\theta-b)}} \qquad \text{（公式 4-15）}$$

对于双参数 IRT 模型，其项目信息函数的具体形式是：

$$I(\theta)=\frac{2.89a^2}{2+e^{1.7a^2(\theta-b)}+e^{-1.7a^2(\theta-b)}} \qquad \text{（公式 4-16）}$$

对于三参数 IRT 模型，项目信息函数则是：

$$I(\theta)=\frac{2.89a^2(1-c)}{[c+e^{1.7a^2(\theta-b)}]+[1+e^{-1.7a^2(\theta-b)}]^2} \qquad \text{（公式 4-17）}$$

项目信息函数有这样一些性质：

第一，在单参数和双参数模型里，θ 越接近 b，函数值越大，当 $\theta=b$ 时，函数值达到最大；在三参数模型里，函数的最大值在 θ 稍小于 b 的地方；

第二，在双参数和三参数模型里，a 越大，函数值越大；

第三，在三参数模型里，c 越小，函数值越大；

第四，$I(\theta)$ 是可加的。

根据上述性质（$\theta=b$、c 趋近 0、a 越大越好），我们可以给这个函数赋予这样的意义：题目难度越是跟被试能力相当、区分度越高、猜测度越低，函数值就越大，于是我们就把这个值当成题目提供的信息。当 $\theta=b$ 时，信息函数差不多达到最大，我们就认为这个难度的题目能为这个能力的被试提供最大的信息，也就是说，对任何能力水平的被试来说，最适合他的题目，就是难度和他的能力相当的题目。

如果题目难度和被试能力值相等，$e^{1.7a(\theta-b)}$ 就等于 1（因为 $e^0=1$），"公式 4-17" 就可以写成：

$$I(\theta)=\frac{2.89a^2(1-c_i)}{[c+e^{1.7a(\theta-b)}]\,[1+e^{1.7a(\theta-b)}]^2}=\frac{2.89a^2(1-c)}{4(1-c)}$$

从上式我们可以更清楚地看到，a 越大、c 越小，信息函数就越大。同时我们可以看到，在单参数模型里，由于 $a=1$，$c=0$，所有题目的信息函数就都一样大，因此，在单参数模型里，信息函数是没有意义的。

如果题目的参数已知，我们可以根据题目参数直接计算出题目的最大信息函数：

$$\theta_{\max}=b+\frac{1}{Da}\ln\left[0.5(1+\sqrt{1+8c})\right] \qquad （公式 4-18）$$

上式中，$\theta_{\max}$ 是该项目能为之提供最大信息的能力值，ln 是自然对数。从上式中我们可以看出，如果 c 等于 0，方括号里的数就等于 1，ln(1) 等于 0，于是，这个题能为和题目难度值相等的那个能力值提供最大信息。

我们来看几个题目的项目特征曲线。

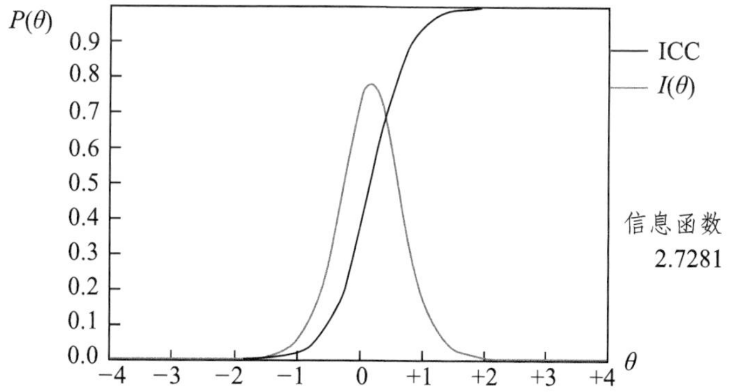

题号 126　三参数 a 值 1.9463　三参数 b 值 0.1665　三参数 c 值 0.0016

图 4-15　信息函数大的题

上图显示的是一个信息函数很大的题，这个题的区分度接近 2，猜测度几乎是 0，所以它的信息函数是 2.73。我们还看到，这个题的难度是 0.1665，信息函数的峰值对应的能力值在横轴的 0 稍右边一点。这表明，该题能为能力值为 0.1665 的被试提供最大信息，而对于偏离 0.1665 的能力值，它提供的信息就越来越小了。

下面这个题，对任何能力水平的被试来说，都提供不了什么信息，因为它的区分度太低了。

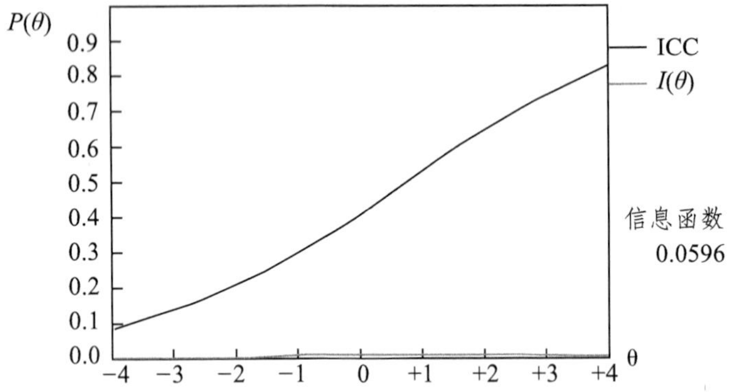

题号 6　三参数 *a* 值 0.2893　三参数 *b* 值 0.7708　三参数 *c* 值 0.0073

图 4-16　信息函数小的题

上面我们说过，信息函数是可加的，把一份试卷所有题目的信息函数加在一起，就是测验信息函数：

$$TI(\theta)=\sum I_i(\theta) \quad \text{（公式 4-19）}$$

上式中，T 表示测验，$TI(\theta)$ 表示测验信息函数。

在项目反应理论里，测验信息函数代替了经典理论里的信度概念。IRT 把题目难度的标准误差定义为项目信息函数的平方根的倒数（公式 4-20），把测验的标准误差定义为测验信息函数平方根的倒数（公式 4-21）。

$$SE(i)=\frac{1}{\sqrt{I(\theta)}} \quad \text{（公式 4-20）}$$

$$SE(\theta)=\frac{1}{\sqrt{\sum I(\theta)}} \quad \text{（公式 4-21）}$$

根据"公式 4-20"，我们可以给每个题目算出题目难度的标准误差。例如，如果一个题目的难度是 2，项目信息函数是 3，该题的标准误差是：

$$SE(i)=\frac{1}{\sqrt{3}}=0.577$$

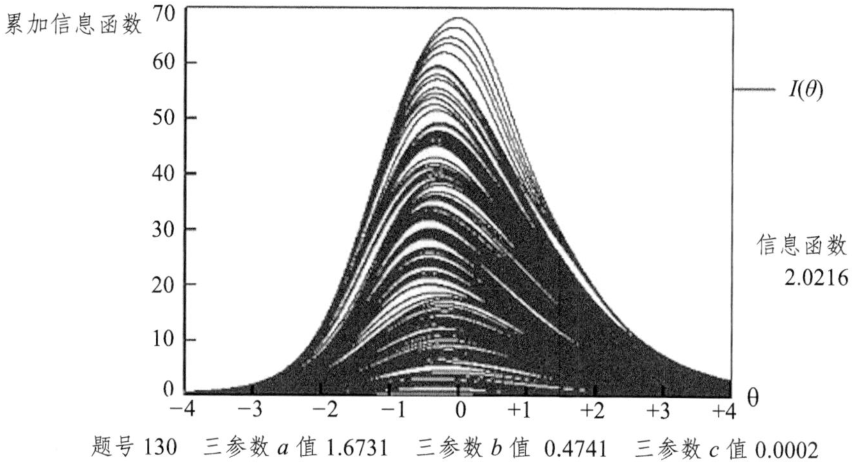

图 4-17 测验信息函数

把一个测验所有题目的信息函数累加在一起，我们就得到测验的信息函数（图 4-17）。上图是 130 个题目的信息函数的累加，其测验信息函数是 67。把这个数代入“公式 4-21”，我们就得到测验的误差：

$$SE(\theta)=\frac{1}{\sqrt{67}}\approx 0.123$$

从“公式 4-21”可以看出，一个测验题目越多，测验信息函数就可能越大，该测验的误差就越小。在经典测验理论框架下，测验的标准误差等于测验标准差乘以 1 减信度系数的平方根（公式 4-22），信度系数越大，标准误差就越小。从这个角度看，根据测验信息函数算出的标准误差与根据信度算出的标准误差意义相当，因此，测验信息函数的意义也就相当于经典测验理论中信度的意义。

$$SE=\sigma\sqrt{1-r} \qquad \text{（公式 4-22）}$$

坚持说 IRT 有优势的人认为，在经典测验理论框架下，一个测验只有一个标准误差，这个标准误差用于所有的被试，这在统计上是很难得到合理解释的。这个批评固然能够成立，但是，在 IRT 框架下，如果所有被试都做同一份试卷，也只能有一个标准误差，这和经典理论下的标准误差没有什么区别。

给每个被试一个特定的标准误差，只有在计算机自适应测验的条件下才能实现。我们先介绍一下计算机自适应测验。

计算机自适应测验的前提是需要先建一个题库（item bank），题库中的题目都有了难度、区分度、猜测度等题目参数和项目信息函数。测试时，被试在计算机上答题，计算机呈现给被试一个题，被试选择答案后输入计算机，然后计算机呈现下一个题。计算机呈现的最初几个题不计分，也就是不根据他对这几个题目的回答估计他的能力。直到被试最初几个题的答案有对有错时，计算机第一次估计他的能力。这么做是因为，如果被试答对或答错了所有的题，他的能力值是估计不出来的。

在第一次估计出被试的能力值后，测试正式开始。根据第一次估计出的能力值，计算机在题库里找适合被试做的题目。选题的标准是，题目难度和被试的能力相当或接近，项目信息函数越大越好。按这个标准找到下一个题，被试作答后，计算机再次估计他的能力。如果他答对了，计算机就找一个难度稍大于他的能力的题；如果答错了，计算机就找一个难度稍小于他的能力的题。无论是找难题还是找易题，项目信息函数越大越好的标准不变（如果题目质量足够好、题库中题目数量足够大）。选题和重新估计难度这两个步骤重复若干次，在这个过程中，被试所答题目的项目信息函数也被累加起来，从而得到测验信息函数。

当被试的能力估计值趋于稳定（收敛），且测验信息函数达到事先制定的标准时，计算机停止选题，测试结束。测试结束后，被试可以当场得到他的成绩和根据测验信息函数算出的他的成绩的标准误差。

即使是同一个测验，在计算机自适应条件下，不同被试所做的题目是不一样的，这是因为计算机要给不同被试选择适合他们能力的不同题目。不同被试所做题目的数量也是不一样的，因为不同题目的信息函数不一样大，所以，要达到测验信息函数足够高的标准（如测验信息函数达到 100 就结束测验），所需题目数量也就不一样。

不同被试做了不同的题目，不同的题目的项目信息函数不一样，测验信息函数也不一样，因此不同被试得分的标准误差也就是不一样的了。这样一来，IRT 就可以宣称：它可以给每个被试一个特定的标准误差。这样的测验就做到了“因人施测”，这也像给人量体裁衣一样，所以这种测验也被叫作“裁缝测验”。

在传统的纸笔测验里（同一个测验），所有被试要回答相同内容和相同数量的题目。因为内容相同、题目总数相同，如果不同被试答对的题目数量相同，我们就认为他们的能力是一样的，如果他们答对的题目数量不同，他们的能力则不一样。这样，不同被试的得分被认为是可以相互比较的。

在计算机自适应测验里，被试回答的题目内容不同，数量也不同，在这种情况下，参加同一个测验的被试的得分还能互相比较吗？这就涉及 IRT 最重要的特性——参数的不变性问题。

第四节　不变性：IRT 的基石能撬动吗？

创立项目反应理论的人（Lord）和诠释项目反应理论的人（如 Hambleton）都认为参数（题目参数和被试能力参数）的不变性是 IRT 最重要的特性：

> 项目和能力参数的不变性是 IRT 的基石，也是它和经典测验理论的主要区别。这个性质意味着，刻画一个题目的那些参数不依赖于被试能力的分布，而表明被试特征的参数也不依赖于一组特定的题目。（Hambleton，Swaminathan & Rogers，1991：18）

漆书青、戴海崎（1992：69）则说：

> 能力分数跟经典理论所使用的卷面分数的最大区别，也是它的一个最大特点，就是它不依赖于样本，独立于用来估出其参数值的那批具体项目。比如，若使用 120 个项目构成的测验上的实测资料，估出了某被试或一批被试的能力值，那么，使用另外 120 个测相同特质的项目构成的测验的资料，估出同一被试或同一批被试的能力值，就会相同（随机因素造成的误差除外）。也就是说，能力分数跨项目样本时保持不变。能力分数真正描述了被试内部特质的水平。

题目参数和能力参数的不变性，是测量界追求的目标。人们希望，无论被试做的一组题目是难还是易，估计出的被试能力都是不变的，无论做一个题目的被试水平是高还是低，最后估计出的题目参数也是不变的。在经典测验理论的框架下，这显然是做不到的。

IRT 的参数声称具有跨群体不变的特性，计算机自适应测验利用的就是这个特性。因为 IRT 的参数具有这个特性，如果让一被试做两套难度不同的题，给他估出的能力分数将是相同的，因此，即使不同被试所做的题目难度和数量都不同，他们的能力分数也是可以比较的。

我们现在的问题是：IRT 的题目参数和能力参数果真具有不变性吗？

IRT 经过了几十年的发展和应用，不变性似乎已经是一个有了定论的问题，很多学者也对不变性做了一些论证。虽然多数人认为 IRT 参数具有不变性，但也有少数人对不变性提出质疑，如 Fan（1998）、Stage（2003）、Courville（2004）使用实证方法检验了 IRT 参数和 CTT 参数是否有不变性，尽管他们对 IRT 的不变性有怀疑，得出的结论还是比较温和的。Courville（2004：1）的结论是：

> 在各种条件下的研究结果都表明，两种测量框架产生的题目和被试参数是相近的。此外，虽然项目反应理论的倡导者把支持不变性的应用的证据摆在了中心地位，但我们的研究表明，经典测验理论得到的参数也是不变的。

Fan 等人使用的实证方法基本上就是相关分析，而他们的论证思路有点儿奇怪，他们要论证的是 CTT 参数在多大程度上与 IRT 参数相关。他们得出的结果是，CTT 的 *P* 值（难易度）和 IRT 的 *b* 值有很高的相关，CTT 的区分度（点双列相关系数）和 IRT 的 *a* 值也有很高的相关。他们似乎不是在证明 IRT 的不变性不成立，而是在证明 CTT 的参数也是不变的。

Cook，Eignor 和 Taft（1988：43-44）倒是没有试图证明 CTT 参数也具有不变性，但他们的结论是非常委婉的，“同样明显的是，无论是经典测验理论，还是项目反应理论，都没有足够稳定地给出可用的题目分析结果……”，汪存友、余嘉元（2008：95）把这个意思直接说成“CTT 和 IRT 对项目难度的参数估计都不具有不变性”。

无论像 Cook 等人那样委婉地说，还是像汪存友、余嘉元那样直截了当地说，如果你只是根据一些具体的实证材料说 IRT 参数并不具有所谓的“不变性”，那么 Hambleton 等人会说，如果你的材料和模型拟合不好的话，你是看不到不变性的（Hambleton，Swaminathan & Rogers，1991：53）。

现在我们要问：IRT 参数的不变性是否得到了数学上的证明？如果有，这些证明是否成立？下面我们来回答这些问题。

一、Lord 1952 年的论证

通常认为，Lord 1952 年在其博士论文 *A Theory of Test Scores* 中建立了第一个潜在特质模型，这个双参数正态穹形模型标志着项目反应理论的出现。那么，在这篇论文里，Lord 对“不变性”问题做了什么论证？得出了什么结论？这就是本节要讨论的主要问题。

（一）引言（Part I）部分

在“引言”部分，Lord（1952：1）首先指出传统测验分数的缺点：

> 能力本身是不可直接观察的，因此只能从被试对测验题目的反应中推断出来。作为能力的测度的分数，通常是 0/1 计分题目上的分数总和。由这种分数构成的单位制有一个很大的缺点，它很大程度上是偶然编进一个特定测验的题目特征的函数。证明这个说法的一个例子是，让同一组被试做两个测相同能力的测验，会产

生两个分布形态完全不同的分数。

紧接着，Lord（1952：1）就提出：

> 一个诱人的想法是，能否定义一个能力尺度（a measure of ability），作为题目分数的函数，即使编入测验的题目发生了变化，这个能力的尺度也对任何被试都保持不变。

不难看出，Lord这里提出的思想是“能力参数不依赖测验”，亦即“能力参数不变”。

（二）理论阐述（Part II）之“A. 条件、假设、定义”

在这部分，Lord（1952：4-9）提出了一个定义（A2）、四个条件或假设（A1、A3、A4、A5）。A1 是题目仅限于 0/1 计分，A3 是被试量极大且正态分布。值得讨论的是 A2、A4、A5。

A2 是对能力的定义：

> 由于唯一可观察的变量就是对题目的反应，所以任何对能力的操作性定义，都必须由对能力与题目反应之关系的陈述构成。这里的具体定义是：一被试答对一题的概率是其能力的正态穹形函数（Lord，1952：4-5）：

$$P_i = \int_{-\infty}^{\frac{c-a_i}{b_i}} N(y)dy \qquad \text{公式（2）}^{1}$$

针对公式（2），Lord（5-6）接着说：

> 要使用“公式（2）”，首先要确定 a 和 b 的值。如无进一步的假设，可按 Tucker 提出的办法求其近似值。Tucker 的具体步骤是：（1）需要一个题量非常大的测验，这些题目测量的是同一个能力 c；（2）从一个非常大的被试组里得到测验分数；（3）假定这个分数与 c 高度相关，以使有相同分数的被试有相同的 c 值；（4）记下每个题目的答对率，这些答对率作为分数的函数，描成散点，以构成项目特征曲线；（5）如有可能，转换分数量表，以使所有项目特征曲线变成或接近正态穹形曲线；（6）用 probit 法确定 a 和 b 的值。如果能做到第 5 步，就能实现本书的意图，即定义一个能力尺度；如果做不到，本文所述理论就是不适用的（inapplicable）。

[1] 这是 Lord 原文的公式编号，下同。

从 Lord 的上述说明可以看出，Tucker 的第一个要求，即“题量非常大”，是“公式（2）”需要满足的条件，那么也就是Lord的理论需要满足的条件，在后面的论述中，Lord 也确实多次使用“题量无限大”或“题量足够大”这样的条件。但问题是，Lord 随后又提出了 A5：

> 被试对两个题目的反应可以用一个 2×2 四格表来表示，并计算它们之间的四分相关，如果题目有 n 个，$2\times2\times2\times\cdots\times2$ 的表，这个表就有 n 个维度 2^n 个格子。在这种情况下，可建立两个可选的假设：
>
> （a）在题目反应这个多变量分布中的 2^n 个频次，可以从对正态多变量群体里每个变量的二分化中产生出来；
>
> （b）在正态多变量群体中，变量间的相关只能有一个公共因素。
>
> 应该指出的是，任意给定的一组数据是否能满足这两个要求，是有可能检验的（尽管做起来极为困难）。除非 $n\geqslant3$，数据不会与第一个要求冲突，除非 $n\geqslant4$，数据不会与第二个要求冲突。

A5 说得比较拗口，说白了就是：为保证题目间只有一个四分相关系数，题量不能超过 2，因为，如果测验只有两个题目，那肯定只有一个四分相关，但如果有三个题目，这里就会有三个四分相关（1-2，1-3，2-3）。为保证测验只有一个公共因素，题量不能超过 3，因为如果三个题目间有两个有相关，而一个题目跟这两个题目不相关，可以认为两个有相关的题目代表一个公共因素，而那个不相关的题目代表误差；如果测验有四个题目而形成两两相关的话，公共因素就不是一个而是两个，这就和第二要求冲突了。

如果把 A2（题量极大）和 A5 放在一起看，问题就出来了：这是两个对立的假设。

波普尔（1940/1986：454）曾经说过：“如果一种理论含有矛盾，则它可以导出一切，因而实际上什么也导不出。如果一种理论给它所肯定的每一个信息都加上其否定，那就不能给我们任何信息。”由此我们知道，在一个理论里，不能容忍两个对立的假设存在，否则会使结论不成立，或者说，如果有两个对立的假设，我们无法知道是哪个假设使结论成立。

A4 是条件独立假设，我们后面会提到它。

（三）理论阐述（Part II）之“B. 测验分数和能力的双变量分布”

1. 题量从 2 推广到 n

在这部分里，Lord 的目的是推导出测验分数 s 的条件分布，推导的初始条件是两个题，然后推广到 n 个题（Lord，1952：9）：

> 前边已经说过，由于 c 是题目间四分相关的唯一的公共因素，由此可以推论出，在 c 已被固定的情况下，P_i 和 P_j 是相互独立的（$i \neq j$）。因此，答对 i, j 两题的概率是 P_iP_j，答对一题答错一题的概率是 $P_iQ_j+Q_iP_j$，答错两题的概率则是 Q_iQ_j。对于一组特定水平的被试来说，这个结果可以推广到 n 个题目的情形，即被试在 n 个题目中答对 s 个题目的概率是……［公式（11）略］

这里显然有一个错误：按照 A5 的假设，题目数不能超过 2 或 3，这里把题数从 2 推广到 n（n 可能大于 3），但并没有给出辅助假设，如无辅助假设，这个推广是不成立的。

2. 测验分数 s 的条件分布保持不变

Lord（1952：9-10）说：

> 由于分数是答对题数，扩展式（11）里的若干项，则表示测验分数（s）在一特定水平上的分布。如果我们用 $f_{s \cdot c}$ 表示 s 的条件分布，将（11）扩展，我们会得到：
>
> $$f_{s \cdot c} = \Sigma * \Pi_s P_i \Pi_{n-s} Q_i (s = 0, 1, \ldots, n) \qquad \text{公式（12）}$$
>
> 如果所有的题目都相等［指题目难度相等——引者按］，则所有的 P_i 就都相等，（12）则可去掉下标，变为：
>
> $$f_{s \cdot c} = \binom{n}{s} P^s Q^{n-s} \qquad \text{公式（13）}$$

“公式 12”中，c 代表被试能力，s 代表测验分数，n 代表题数。$\Pi_s P_i$ 是答对 s 个题目的联合概率（答对若干题目的概率的乘积），$\Pi_{n\text{-}s} Q_i$ 是答错 $n-s$ 个题目的联合概率，$\sum$ 表示把答对 s 个题的联合概率和答错 $n-s$ 个题的联合概率加在一起，这样就构成了 s 的条件分布。“公式 13”是说，如果所有题目难度都相等，答对任一题目的概率就等于答对任意另一题目的概率，答错任一题目的概率也等于答错任意另一题目的概率，所以 P 和 Q 的下标可以去掉，于是 s 的条件分布就变成 s 个 P 和 $n-s$ 个 Q 的乘积。

Lord 最后得出结论（p.10）：

> 对于固定的 c 来说，s 的这个条件分布不以任何方式依赖于偶然碰到的特殊被试组的能力分布。无论所测组的 c 是否是正态分布，方程（11）（12）（13）都将保持有效。

上述结论包括两句话，但两句话说的不是同一件事。

第一句："对于固定的 c 来说，s 的这个条件分布不以任何方式依赖于偶然碰到的特殊被试组的能力分布。"它说的是这样一件事：

有一组能力均为某个特定的 c 值的被试，有一组难度都相等的题目。在这两个条件下，这组被试的分数分布可用公式（13）表示，而这个特定的分布，不依赖于任何能力为其他 c 值的被试的能力分布。换句话说，在这种条件下，公式（13）中的各项均取特定的值，而这些特定的值与其他被试的能力分布形态无关。这是一个完全正确的结论，因为它是一个同义反复（tautology）。

第二句："无论所测组的 c 是否是正态分布，方程（11）（12）（13）都将保持有效。"

在这里，"固定的 c"这个条件被替换成"无论所测组的 c 是否是正态分布"。当条件被替换后，"保持有效"的仅仅是公式（11）～（13）所陈述的关系，而非 s 的特定分布。Lord 一直提醒我们，"P 和 Q 都是 c 的函数"，那么当 c 的分布发生变化后，P 和 Q 必定发生变化，而 P 和 Q 发生变化后，$f_{s\cdot c}$ 必定发生变化，因为 $f_{s\cdot c}$ 是 P 和 Q 的函数。这时，"保持不变"的仅仅是 $f_{s\cdot c}$、P 和 Q 三者之间的关系，而不是 $f_{s\cdot c}$ 的具体形态。这个情形很容易想象：假设有两个正态分布，它们的标准差和峰值可以是很不同的，虽然这并不妨碍它们都是正态分布，但这两个分布的具体形态不一样了。

所以，Lord 结论中的两句话说的不是同一个意思。如果 Lord 把这两句话当成同一个意思，那他是在无意间偷换了概念。

3. 测验分数对能力的回归保持不变

Lord（1952：11）说：

> 由于某给定水平的一个被试答对某题的概率记为 P_i，那么他在由 n 个题组成的测验中的答对题数的期望值就是 $\sum P_i$。换句话说，一特定能力水平的若干被试的平均分就是：
>
> $$M_{s\cdot c}=\sum P_i \qquad \text{公式（16）}$$
>
> 方程（16）是公式（12）所给出的分布的平均数的一般表达式。由于 P_i 是 c 的函数，公式（16）就是测验分数对能力的回归方程。和公式（12）所示的 s 的条件分布一样，即使 c 的分布在被试组里不是正态的，这个回归曲线的方程仍然有效。

首先，上面这段话的第一句就是错的，被试答对一题的概率是 P_i，把他答对若干题的概率加起来怎么是他答对题数的期望值呢？

公式（16）是公式（12）的一个推论，如果由公式（11）（12）（13）推出的结论有问题的话，依据同样的理由，由公式（16）推出的结论也是有问题的。即便不考虑公式（12）及其结论，"这个回归曲线的方程仍然有效" 这句话也是错的。Lord先说 "公式（16）" 表示 "若干被试的平均分"，然后又说它是 "测验分数对能力的回归方程"，它到底是什么？从形式上看，"公式（16）" 显然不是回归方程。

Lord 一直把项目特征曲线说成是测验分数对能力的回归，这是一个错误，这个问题我们下面再说。

4. 测量标准误不变

Lord（1952: 13）：

> 对某特定能力水平被试来说，测量标准误就是 $f_{s \cdot c}$ 的标准差：
>
> $$\sigma_{s \cdot c} = \sqrt{\sum P_i Q_i} = \sqrt{n(M_p M_q - \sigma_p^2)} \qquad \text{公式（20）}$$
>
> 和回归方程的情形一样，测量标准误的这个公式，对任意给定的能力水平都有效，而与被试组的能力分布无关。

这里的结论和根据公式（12）（16）做出的结论（或做出结论的方式）是一样的。如果说我们对公式（12）（16）所蕴含的不变性有怀疑的话，Lord（1952：14）下面的说明则证实了我们的怀疑：

> 对于 c 的极端正值和极端负值来说，从公式（20）得到的测量标准误实际上将会是零。

这很容易理解，在极端正值或极端负值的情况下，即被试答对了所有的题或答错了所有的题，P 或 Q 就是零，根据公式（20），标准误是零。Lord 这话等于说，"有效"（不变）的是公式（20）所示的关系，而不是标准误的具体值。因此我们可以推断：公式（12）（16）也是这种情况。

5. 能力值 c 不变

现在我们就到了 Lord（1952）最重要的部分，我们要记住，"所有题目难度都相等" 和 "所有被试 c 值都相等（固定的 c 值）"，亦即导出公式（13）、公式（16）和公式（20）的条件，仍然是本段推导的前提。

Lord（1952：14）首先在 "相对分数" 和真分数之间建立联系，所谓 "相对分数" 其实就是答对率（答对题数和总题数之比），Lord 记为 z。Lord 推论说，如果题量趋于无限大，相对分数的极限就是 "相对真分数 t"。接着 Lord（14-15）说：

对于一给定的测验来说，真分数通常定义为在由无数题目组成的若干“等价”测验上得到的平均分。如果我们不仅要在题目无限多的情形下把相对分数看成 t，而且更要在一题目有限的特定测验的情形下把所得到的实际的相对分数看成是与之相对应的真分数，我们同样要使用这个定义。

这一段的用意是从“题量无限”偷偷地向“题量有限”过渡，同时不排除他在暗示：观测分数就是真分数。接下来，Lord（1952：15）定义了相对分数在一给定能力水平的测量标准误：

$$\sigma_{s \cdot c} = \sqrt{\frac{1}{n}(M_P M_Q - \sigma_p^2)} \qquad \text{公式（25）}$$

然后他立刻说（1952：15）：

令 $n=\infty$，则可以看出 $\sigma_{t,c}=0$，因此我们得出一个重要的结论：**真分数和能力之间具有完全的曲线相关**［原文是斜体］。如果我们对真分数的测量刻度（量表）进行转换，以使转换后的真分数分布具有和 c 相同的分布形态，那么转换后的真分数就和 c 完全相同了。特别是，如果 c 在被测的组里是正态分布的，那么每一个被试的 c 值就完全等于他的正态化的真分数。虽然在实践里我们得不到这样的真分数，但如果题目数量足够大，实得的测验分数可以作为真分数的替代物。

我们现在能够看出，对于潜在的能力来说，c 规定（provide）一个测量刻度（量表），对任意给定的被试群体来说，即使在实测中题目的难度和内部相关（交互相关）改变了，只要导致题目间相关的公共因素保持不变，这个刻度（量表）就可以认为是不变的。c 的这个不变性实际上也能看到，即，除了测量误差外，在给定被试组中的每一个被试都会得到相同的 c 值，而这与测验题目的难度和内部相关（交互相关）无关，也与分数分布形态上的相应差异无关——只要所有的测验总是同一个潜在能力的尺度（measures）。

由于真分数和能力具有完全的曲线相关，由此可以推出，一给定能力水平上的测量标准误和一给定真分数水平的测量标准误相同：

$$\sigma_{s \cdot c} = \sigma_{s \cdot t} \qquad \text{公式（26）}$$

Lord 的上述推论共有六步，让我们依其步骤进行分析。

第一步，用公式（25）定义真分数标准误。由于这个公式是个定义，可以接受。

第二步，令 $n=\infty$，则可以看出 $\sigma_{t,c}=0$。这一步不能接受，除非引进辅助假设，说明在什么条件下可以突破 A5（题量不超过 2 或 3）这个假设，否则不能“令题量无限大”。

第三步，根据上一步特设的条件，即真分数标准误等于 0，推出真分数和能力有完全的曲线相关。这个推论也不可接受，因为这个推论的条件（$n=\infty$）不成立。

第四步，当真分数和能力完全相关时，如果对真分数的测量刻度（scale）进行转换，使得转换后的真分数与 c 的分布形态相同，那么转换后的真分数将等同于 c，c 也等同于真分数。

即便接受第二步、第三步的条件和推论，“转换后的真分数将等同于 c”这个推论也不可接受（不成立），因为：

第一，显而易见，形式上它是个同义反复（tautology）。因为它是同义反复，下一句“如果 c 在被测的组里是正态分布的，那么每一个被试的 c 值就完全等于他的正态化的真分数”也是同义反复；

第二，真分数是永远无法得到（不可观察）的，故无法把真分数转换得与 c 相同；

第三，本末倒置，即便能转换，也应该是把 c 转换成真分数。根据 Lord 自己的定义（A2），唯一可观察的变量是题目反应（亦即测验分数），因此我们所能做的，只能是把测验分数转换成 c 值，如有可能，再把 c 值转换成真分数。

真分数与 c 之所以本末倒置，是因为真分数永远得不到。在只能得到 c 的分布形态的条件下，如果我们转换 c，那么转换后的是什么东西？是真分数吗？如何检验？所以，Lord 只能把看不见的真分数转换成看得见的 c，而不能把看得见的 c 转换成看不见的真分数。这是形式上的原因。

但这样一来就出了个逻辑问题：c 是观测到的能力值，它可能和真分数分布相同，也可能不同。无论 c 和真分数的分布是否相同，真分数都没义务和 c 保持一致。

另外，第四步的另一个推论，即“如果 c 在被测的组里是正态分布的，那么每一个被试的 c 值就完全等于他的正态化的真分数”，与“一给定能力水平”这个前提冲突，因为在“一给定能力水平上”，所有被试的能力都是相同的，这些被试的 c 值不可能呈正态分布。

第五步，得出 c 不变的结论：c 构成了一个保持不变的测量刻度。而这个结论的推论是：即使题目难度改变了，给定被试组中的每一个被试还是会得到相同的 c 值。

在这里，上述结论成立而其推论不成立，因为“c 构成不变刻度”的条件是“题目难度相等”和“被试能力相等”，但如果题目难度变了，“c 构成不变刻度”的条件就不存在了，这个刻度是否不变，也就没保证了。

“每个被试得到相同的 c 值”这个推论还有另外一个问题，即歧义，因为它没有说明“每个被试”是否是“一给定能力（c值固定）”上的被试，因此它会产生如下歧义：

a. 由于 c 值固定，亦即每个人的 c 都相同，在同一个测验里他们当然应该得到彼

此相同的 c 值。

b. 由于 c 值固定，亦即每个人的 c 都相同，在不同测验里他们也应当得到彼此相同的 c 值，因为每个人的 c 都相同，所以在任何测验上，他们的 c 值都应该相同，亦即和测验没关系。但是，第一个测验得到的彼此相同的 c 值，不一定等于第二个测验上彼此相同的 c 值。

c. 如果 c 值不固定，亦即这组人各有不同的能力，在同一个测验里，他们得到相同的 c 值。

d. 如果 c 值不固定，亦即这组人各有不同的能力，在难度不同的若干测验里，每个人总是得到各自相同的 c 值。

如果题量无限，且题目难度呈正态分布，d 所说的“不变”可以出现。但“题量无限”已改为“题量足够大”，那么多大才算大（前边说过）？另外，在真分数理论下，如果用一测验对一被试做几百或几千次测试的话，其分数呈正态分布，根据中心极限定理，其平均分就是他的真分数。两相对照，c 的这个不变的尺度有何优越性？

第六步，得出另一个结论：一给定能力水平上的测量标准误和一给定真分数水平的测量标准误相同。

总而言之，由于“c 值不变”的推论中存在上述问题，其结论不可接受。

6. 曲线回归效应的大小

上文 Lord 得出结论说“真分数和能力之间具有完全的曲线相关”（p.15），相应地，能力对测验分数的回归也是曲线性的。在“B8”部分，Lord 要把这个曲线性转变为直线性。Lord（1952：19）说：

> 在 B3 部分我们注意到，如果所测被试差不多都落在回归曲线的一个片段上，而这个片段实际上是直线，那么这条回归曲线本质上的曲线性就没有什么效应。通过对能力之于测验分数的曲线相关和相应的积差相关系数的比较，我们可以得到有关这个效应大小的一个量。为了避免数学上不必要的麻烦，这个比较只在测验题目难度都相等的情形下进行。

由于题目被限制在“难度都相等”的条件下，一对题目之间的相关就和任意另一对题目之间的相关相等，于是所有相关的下标就可以去掉。经过一番推导，Lord（1952：21）得出结论：

> 当所有题目的难度都是 0.5 时，只要题目之间的四分相关不是特别高，测验分数和能力之间的曲线相关就等于测验的信度（积差相关）。在这种情况下，回归的

曲线性效应就完全可以忽略不计了。

“回归的曲线性效应可忽略不计”的意思就是此时回归是直线，但那又怎么样呢？Lord的上述结论似乎不那么直截了当，他没有做进一步的说明，只是让读者参照“B4”部分的“图2”及相应的文字说明，自己去揣摩。

既然如此，我们就回过头去看看“图2”（p.12）：

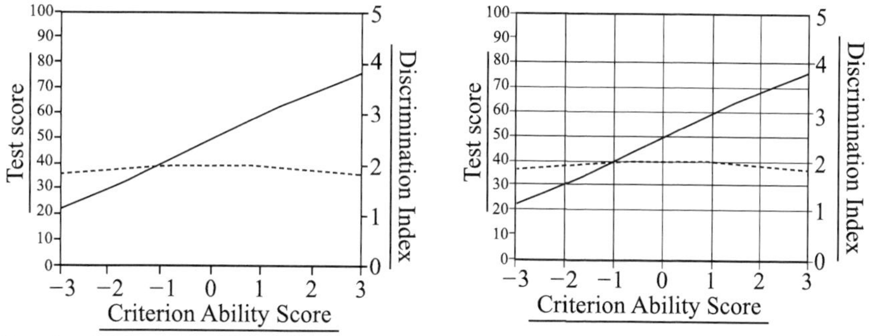

Test 1：All items of 50% difficulty; all item tetrachoric intercorrelations=.06; test reliability=.80.　　Test 1：All items of 50% difficulty; all item tetrachoric intercorrelations=.06; test reliability=.80.

图2　（Lord原书编号）能力对测验分数的回归（第一幅图）

上图左侧是Lord“图2”（共四幅）中的第一幅图，右边是同一张图，我们在图上加了网格。图中显示有100个题，如图下说明所示，所有题目的难度都是0.5，题目间的四分相关都是0.06，测验信度是0.8。

Lord这些图中的数字都是假想的（见p.12总图说明），画这些图要说明三个问题：

第一，Lord（pp.12-13）说，随着题目数量的无限增加，能力对测验分数的回归曲线（实线）和测验分数对能力的回归曲线就会趋于重合，在这个条件下，Lord导出了估计c值的近似方程（B4）。不过这与本文论题关系不大，不赘述。

第二，图中显示了“最大区分度”（长虚线）和能力水平的关系（见下文“4”）。

第三，就是暗示本节所说的“回归曲线”在某种条件下是一条直线，所以Lord让读者参考这个图。

仔细研究了Lord假想的数字和图以后，我们发现它很成问题。如果如图中所示，100个题的难度都是0.5，那就不外乎以下两种情况：

第一，所有被试答对第1题的比例是50%，答对第2题的比例也是50%……且答对第i题的被试不一定答对第j题，或者说，每个被试随机地答对任意一个题的概率都是0.5。这样，每个题的难度都是0.5。但在这种情况下，测验信度不可能高达0.8（实际上信度应该接近 0）。同时这意味着：每个被试都答对了 50 个题，回归线应该是一条横线！

第二，一半被试答对了所有的题，而另一半被试答错了所有的题。这时每个题的难度也都是 0.5。这种情况有 Lord（1952：26）自己的说法为证，“我们因此得出这样一个结论，如果我们要编制一个测验，使其对某特定能力水平（$c=c_0$）的被试具有最大的区分度，那么所有的题目都应该具有相同的难度，以至于能力分数为 c_0 的那一半被试将答对每一个题，而另一半被试将答错所有的题”。但是，在这种情况下测验的信度也不可能是 0.8，而应该是 1！

从图上看，显然没有人答对所有的题，也没有人答错所有的题，所以那可能是另一种情况：

第三，由每段人数相等的 7 个能力值的人（−3 到+3），分别答对了 20 到 80 个题目。这时测验的信度可能达到 0.8，但每个题目的难度不可能都是 0.5！

通过我们的分析可以看出，上图以及图下的说明，完全是 Lord 编造的！

（四）理论阐述（Part II）之“C. 测验区分度”

首先应该说明，Lord 在这里所说的区分度是“全卷的区分度”，和我们现在所用的题目区分度不是一个概念。

1. 不变的区分度

Lord（1952：21）提出，假定我们要用一个测验对被试进行选拔，根据一个分数线，我们选中一些人，拒绝一些人。这条分数线是否能清清楚楚、一视同仁地区分这两类被试，就是这个测验的区分度问题，也是这个测验的效度问题。这个测验区分度应该具有跨群体不变的性质（p. 23）。

为了找到一个不变的区分度指标，Lord（1952：23-24）从公式（16）（17）（20）推导出：

$$D=\frac{1}{\sqrt{\sum P_iQ_i}}\sum\frac{R_i}{K_i}N(g_i) \qquad \text{公式（58）}$$

其中 D 就是区分度。Lord（1952：24）的结论是，“我们可以注意到，D 是从 $M_{s\cdot c}$ 和 $\sigma_{s\cdot c}$ 推导出来的，因此也和它们一样完全独立于特定被试组的能力分布”。

我们前边说过，公式（16）（20）所示的不变性不成立［上文的（3）和（4）］，那么根据它们推导出的公式（58）所示的不变性自然也不成立。

2. 最大区分度

Lord 不仅希望得到一个不变的区分度，而且还要得到一个不变且最大的区分度

（pp.25-26）。他提出，要想使测验对某个特定水平被试的区分力达到最大，要假设所有题目的 R_i 都相等［R_i 见 p.7 公式（6）］。经过一系列推导，D 达到最大值的条件是：

$$P_1 = P_2 \cdots P_n$$

$$Q_1 = Q_2 \cdots Q_n$$

$$g_1 = g_2 \cdots g_n$$

$$N_1 = N_2 \cdots N_n$$

也就是说，“公式（58）”各项都相等，在这个条件下，“公式（58）”可去掉下标，变为：

$$D = \frac{\sqrt{n}RN}{K\sqrt{PQ}} \qquad \text{公式（65）}$$

最后，Lord（1952：26）得出结论：

> 如果我们要编制一个测验，使其对某个能力水平，如 $c=c_0$ 的被试的区分力达到最大，那么所有题目的难度都应该相同，且能力分数为 c_0 的那一半被试将答对所有的题，而另一半被试将答错所有的题。

上面的推导和论述有两个问题。

第一，误用了 Tucker 的一个公式。

在 Lord 的推论中，“所有题目的 R_i 都相等”是一个前提条件。在 Lord 的文章里（p. 7），R_i 的形式是：

$$R_j = \frac{1}{\sqrt{1+b_j^2}} \qquad \text{公式（6）}$$

公式（6）就是 Tucker（1946：5）的公式（10）：

$$r_{vs} \equiv \frac{1}{\sqrt{1+\sigma_j^2}}$$

Tucker 的文章是研究什么样的题目难度分布可使测验的信度达到最大的，最后给出了一个计算信度的公式。Tucker 的公式（10）是一个定义（所以式中的关系是恒等），即定义了一个条件，在这个条件下（这个条件成立时），可推导出最后的信度公式。Tucker 的文章也用了被称为“项目特征曲线”的那个曲线，在 Tucker 的公式里，σ 表示这条曲线的展度，这个数大致可以理解为曲线斜率的倒数，即这个数越大，斜率越小，曲线越平缓，反之，曲线则越陡。从Tucker的公式里也能看出，σ越小，信度越高。

在 Tucker 那里，这个信度系数是没法算的，然而 Lord 误以为 R_i 是题目的双列相关系数（题目和能力的双列相关根本不是这么算）。因为 Lord 误用了 Tucker 的公式，所以后面的推论都不成立。

第二，即便我们不追究 Lord 推论的前提，其结论也有两个问题：

a. 得到最大区分度的条件是：所有题目难度相同，一半被试答对所有的题，一半被试答错所有的题。

如果出现这种情况，那就意味着所有的题目都是相互依赖的。亦即，答对任意一题，就必然答对其余所有题，答错任意一题，必然答错其余所有题！这违反了条件独立假设（A4）。

b. 导致一个悖论：如果出现这种情况，亦即题目间严重依赖，那么答对一个题不就等于答对所有题，答错一个题不就等于答错所有题吗？那要那么多题干吗？如果一个题就够用了，那么数量足够大（B5）的那些完全等价的题有什么意义？

（五）实证检验（Part III）

在理论阐述之后，Lord 做了实证检验（1952：41-61）。用于检验的材料是几个数学测验，总共 28 题。检验内容包括：这些题目的统计特征（因素分析结果）以及分数的实际分布与理论分布的比较。

在实证检验部分，Lord 对以下两个问题没有做出说明。

1. 未做独立性检验

在结论部分，Lord（1952：63）重述了文章开头的几条假设后说：

> 一个只有两个题目的测验永远满足这些假设，在题目更多的情况下，一组数据是否满足这些要求，那就需要检验了。

Lord 使用的材料共有 28 题，这个数量既小于“题量非常大”（A2），又远大于“两个题”（A5）。尽管 Lord 很清楚，当题量超过 2 时应该做若干检验，但他却没做。他也没有检验这 28 题是否均相互独立，因此这些题目是否满足“独立性假设”（A4），我们不得而知。

2. 未通过公共因素数目检验

Lord 的 A4 和 A5 假设均要求数据中只含有一个公共因素，但因素分析结果（p. 66）显然不满足这两个假设，因素负荷表显示，那里有三个公共因素（Test 2、Test 5、Test 8）。

TABLE 5

Item Difficulties and Common Factor Loadings

for the Items Included in Each of the Eight Tests

Item No.	Item Difficulty	Common Factor Loadings of Test Items							
		Test 2	Test 5	Test 8	Test 8	Test 82	Test *h*	Test *L*	Test *r*
54	.088	—.093	…	…	…	…	…	—.093	…
6	.096	.490	…	…	…	…	…	…	.490
18	.096	.332	…	…	…	.332	…	.332	…
55	.162	.655	…	…	…	.655	.655	…	…
48	.176	.715	…	…	…	.715	.715	…	…
5	.199	.717	…	…	…	…	.717	…	.717
9	.272	.409	…	…	…	.409	…	.409	…
11	.272	.581	…	…	…	.581	.581	…	…
3’	.338	.549	…	…	…	…	.549	…	.549
40	.434	…	.593	…	…	…	.593	…	.595
53	.441	…	.800	…	…	…	.800	…	…
5’	.471	…	.595	…	…	…	.585	…	.595
46	.485	…	.437	…	…	…	…	.437	…
16	.522	…	.352	…	…	…	…	.352	…
10	.574	…	.640	…	…	…	.640	…	.640
56	.610	…	.483	…	…	…	…	…	
3	.676	…	.476	…	…	…	…	…	.476
44	.713	…	…	.531	.531	.531	…	…	…
57	.721	…	…	.465	.465	…	…	.465	…
20	.735	…	…	.324	.324	…	…	.324	…
45	.750	…	…	.485	.485	.485	…	…	…
50	.801	…	…	.530	…	…	…	…	.530
8	.801	…	…	.299	.299	…	…	.299	…
13	.809	…	…	.466	.466	.466	…	.466	…
1’	.868	…	…	.654	.654	.654	.654	…	…
1	.882	…	…	.481	.481	.481	…	…	…
2	.882	…	…	.495	…	…	…	…	.495
39	.897	…	…	.114	.114	…	…	.114	…
No. of items:		9	8	11	9	10	10	10	9

（六）结论（Part IV）部分

在该书正文的最后部分，Lord 给出了几个结论（pp. 63-64），第一个结论是：

1. 能力对测验分数的回归必定是曲线性的（B3 部分和图 2）。如果题目［都］在一个难度水平上且与所测的组相适应，如果题目间没有太高的相关，这个曲线性是可以忽略的（B8）；正如本文所定义的那样，只有在这种情形下，测验分数所构成的尺度（metric）才可以看成是与能力的相等单位相对应的测量单位。

我们还记得，Lord 这篇论文的目的很明确，就是“定义一个能力尺度（a measure of ability），作为题目分数的函数，即使编入测验的题目发生了变化，这个能力的尺度也对任何被试都保持不变”。两相对照，我们发现，Lord 最后的结论和最初设定目标是有差异的，“测验分数的单位和相等的能力单位相对应”跟“对任何被试都保持不变的能力尺度”完全不是一回事。我们可以做两个类比：前者如 1 美元可以对应 7 元人民币，2 美元对应 14 元人民币，然而欧元、英镑……也和人民币有相应的对应关系；后者是说，我们拿公制的米尺去量一个中国人的身高，结果是 1.8 米，如果有一个美国人身高也是 1.8 米，拿这把尺子量，也会得到相同的结果，于是这个尺度是跨群体不变的。

同时我们还记得“曲线变直线”（Lord 的“B8”），在“题量无限增加”的条件下，“能力对测验分数的回归曲线和测验分数对能力的回归曲线重合”，甚至变成直线，所以“测验分数可以看成是与能力的相等单位相对应的测量单位”。这是一个同义反复式的结论，就好比说“因为 2 加 3 等于 5，所以 5 就等于 2 加 3”。

Lord 的其他几个结论和不变性几乎没什么关系（pp. 63-64）：

> 2. 当一特定测验对某些被试——如接近零分或满分的被试——的区分力最小时，一般其测量标准误也最小。
>
> 3. 测量误差是二项分布，而非正态分布。
>
> 4. 当测验由难度完全相等的题目组成，而某特定能力水平的被试以 50% 的机会答对每一个题目时，测验的区分度达到最大。
>
> 5. 假定题目间相关不是特别高，在用公式（58）计算区分度时，一个由难度均为 0.5 的题目组成的自由反应式测验对所测组中所有被试的区分力，要高于难度均匀分布的测验。
>
> 6. 测验分数或真分数的频次分布形态不一定反映能力的分布形态。

回顾 Lord 全文，以下几个“不变”的特征在结论中没有相应的交代：

第一，测验分数 s 的分布不依赖被试的能力分布［公式（11）～（13）］；

第二，测验分数对能力的回归方程不变［公式（16）］；

第三，测量标准误与能力分布无关［公式（20）］；

第四，c 跨测验不变［公式（25）的一个推论］。

（七）小结

Lord 在其全部论证中都使用了一个基本方法，即在假设的理想化条件下进行他的论证。说来简单，他所设定的理想化条件只有两个：

第一，假设固定住被试的能力，即所有被试能力水平相同；

第二，假设所有题目难度都相等。

有了这两个理想化条件，Lord 论证中所涉及的各个变量就都可以去掉下标，因此 Lord 的方法也可以简单地归结为“想办法去掉下标”。

"设定理想化条件"这个方法本身无可厚非，这是科学家在科学论证中常用的办法。牛顿第一定律（在无任何外力作用的条件下，物体保持静止或做匀速直线运动），说的就是在理想化的条件下物体如何运动。但如果一个理论只说明了理想化条件下的规律，那是不够的，科学家还应该把这些规律推广到不理想的条件下，如在有外力作用、题目难度不等、能力水平不同的情况下，这些规律能解释或预测什么现象。Lord在论文中引用了Tucker（1946）的文章，那篇文章论证的是，在题目难度相等的条件下，如何得到最大的效度（信度）。在文章末尾（p. 11），Tucker特别说明，他的结论是在题目难度相等的条件下得出的，如何把这个结论推广到题目难度不等的条件下，还需进一步研究。Lord没有做类似的说明，这不能不说是一个缺憾。

二、1952年以后的一些论证

在Lord1952年的博士论文发表以后，包括Lord在内的学者们仍然不断地阐述和讨论"不变性"问题。下面我们就来看看这些证明是否成立。

（一）不变性是回归的性质

Lord在其博士论文里只论证了能力参数c的不变性，没有涉及题目参数。Lord（1952）虽然也提到"回归"，但没有给出具体的说明。1968年，Lord和Novick出版了*Statistical Theories of Mental Test Scores*，1980年，Lord又发表了一本专著*Applications of Item Response Theory to Practical Testing Problems*，在这两本书里，Lord都用回归的性质去论证不变性。Baker（2001）也用回归的性质去论证不变性问题。下面我们分别讨论。

1. Lord的论证

Lord和Novick（1968：360）明确地把项目特征函数叫作"测验分数对θ的回归"：

> 测验分数对θ的回归叫作**项目特征函数。由于这个定义，项目特征函数从一个被试群体进入另一个被试群体时，必然保持不变**，至少在那些用完全的潜在特质空间定义的群体中保持不变。这意味着，项目特征函数所描写的任何参数都是不变的项目参数。

Lord（1980：34）又说：

> 项目反应函数也可以看成是项目分数对能力的回归。在很多情形下，当预测变量频数分布改变时，回归函数保持不变。这一特点，在我们这里看得相当清楚：在某已知能力水平θ_0上，被试答对题目i的概率仅仅取决于θ_0，而不取决于θ_0上有多少人，也不取决于其他能力水平θ_1、θ_2……上有多少人。无论所测被试的能力

如何分布，由于回归是不变的，因此它的下渐近线、拐点和拐点处的斜率都是不变的。因此，a_i, b_i 和 c_i 等题目参数是不变的。

这两段话的第一句就很可疑。1968 年的说“测验分数对 θ 的回归叫作项目特征函数”是个“定义”，1980 年的说“项目反应函数也可以看成是项目分数对能力的回归”。项目反应函数真的是个回归函数呢，还是仅仅被“看成”是回归函数？

如果项目反应函数真的是一个回归函数，Lord（1980：34）的说法就是对的。回归函数有一个特点，如果样本被确定下来，回归方程和回归曲线就被确定下来了，回归方程确定下来后，这个样本内某个水平上的变量有多少个，并不影响回归的形态。我们举个简单的例子。从海平面上算起，高度每升高 1000 米，空气温度大约下降 6℃，这个关系我们可以用回归方程来表示，这是一个线性回归。得到这个回归的方法可以是这样：高度每上升 1000 米，我们就测一下温度。假定从 0 米到 10000 米我们测到了 11 个温度，我们就可以得到高度对温度的回归了。这时，如果我们在 5000 米的高度上再测 10 次温度，并把这 10 个观测到的温度放进回归方程，回归方程和回归曲线保持不变。Lord“被试答对题目 i 的概率仅仅取决于 θ_0，而不取决于 θ_0 上有多少人，也不取决于其他能力水平 θ_1、θ_2……上有多少人”说的就是这种情况。

即便项目反应函数真的是一个回归函数，Lord 也忽略了一个条件：只有在样本总体（全距）保持不变的条件下，回归才具有上述特征。

假定有一个被试群体 A，其能力涵盖的范围是 θ_{-1}、θ_0、θ_1，这时，每一个能力水平上被试的多少，不影响回归的形态，也不影响回归曲线的拐点、斜率和下渐近线。

但是，当出现另一个群体 B，且 B 的能力全距和 A 不一致时，回归曲线必然发生变化，因为“一种模型只有在当初抽取样本的同一范围内才有效”（张厚粲、徐建平，2003：420）。这话可以反过来说，在不同样本中得到的回归方程和回归曲线很可能不同。当样本发生变化以后，回归的形态就可能不同了，这个时候，下渐近线、拐点和拐点处的斜率就不是不变的，而是会变化的。

项目反应函数究竟是不是回归函数呢？这个问题我们下一小节再说。我们先说 Lord（1980）的另一个错误。

在说完“项目反应函数是回归函数”“题目参数因此就是不变的”之后，Lord（1980：35）用一个示意图（图 4-18）反驳了把题目答对率当作题目难度的做法。

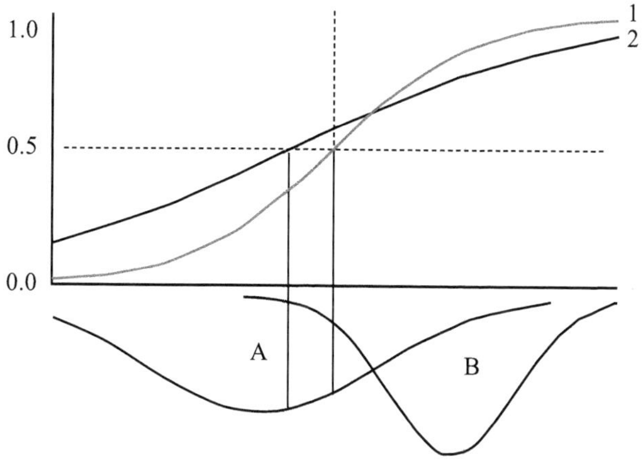

图 4-18　Lord1980 年的示意图

在上面的图里，他画了两条 ICC，曲线高端在上的那条是“题目 1”，高端在下的是“题目 2”。在 ICC 基线下面，他又画了两组被试的能力分布（A 组和 B 组）。

根据这个图，Lord（1980：35）说：

> 在 A 组里，答对“题目 1”的人远少于答对“题目 2”的人。在 B 组相反的情况出现了［答对“题目 2”的人少于答对“题目 1”的人］。如果用答对率作为题目难度，我们就会发现，在一组里，“题目 1”比“题目 2”容易，而在另一组里，“题目 1”比“题目 2”难。……**一组被试里的答对率并不是真实题目难度的指标。答对率不只是描写了测验题目，它也描写了被试组**。

最后声称，这是对传统的题目分析的一个反驳。

最初，我们怎么也看不出他说的那个“相反情况”是怎么出来的。我们在他的图上加了两条竖线（他原图上没有）。两条竖线的上端所指的点是题目难度，竖线的下半段是两个分布下答对和答错分界线（相当于正态分布面积下的纵高）。

起初我们是这样看这个图的。先看 A 组，右边的线切出的 A 分布的右侧面积小于左边那条线切出的右侧面积，也就是A组答对“题目 1”的人少于答对“题目 2”的人。再看 B 组，不也是右边的线切出的 A 分布的右侧面积小于左边那条线切出的右侧面积吗？ B 组答对“题目 1”的人也少于答对“题目 2”的人呀？

后来我们明白了，Lord 不是这样看这个图的。对于 A 组，他看图的方向跟我们一样，但他看 B 组时，看图的方向跟我们相反。他不是看两条线在 B 分布右侧切出了多大面积，而是看两条线在 B 分布左侧切出了多大面积。这么看，就看出“相反的情况”了！这就有点儿开玩笑了，把两个分布画在同一个图里，分布的高低端方向竟然相反！

2. Baker 的论证

Baker（2001：51-54）对不变性有一个描述。他假设有来自同一总体的两个样组，一个低能力组，一个高能力组。分别观察他们对某题的答对率，并用答对率散点去拟合 ICC 的高低两端，他声称可得到相同的题目参数（a 和 b），为了说明这个特性，Baker 给出了五幅图：

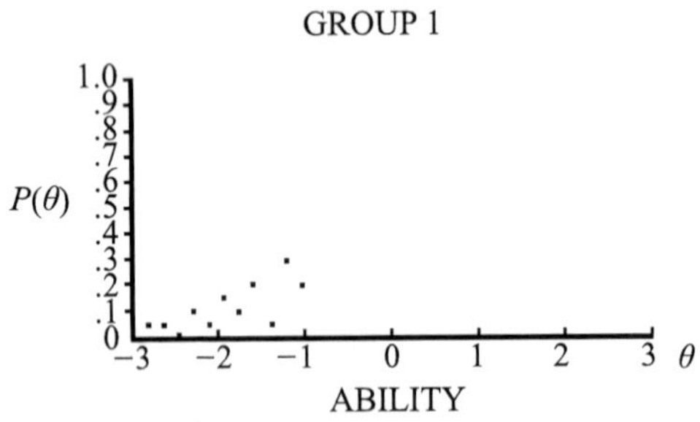

FIGURE 3-3. Observed proportions of correct response for group 1

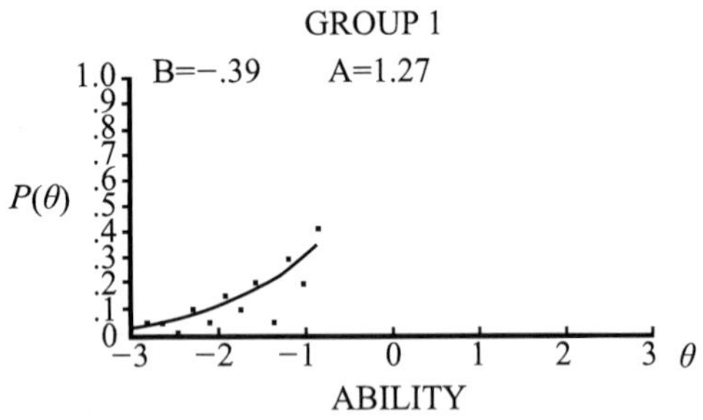

FIGURE 3-4. Item characteristic curve fitted to the group 1 data

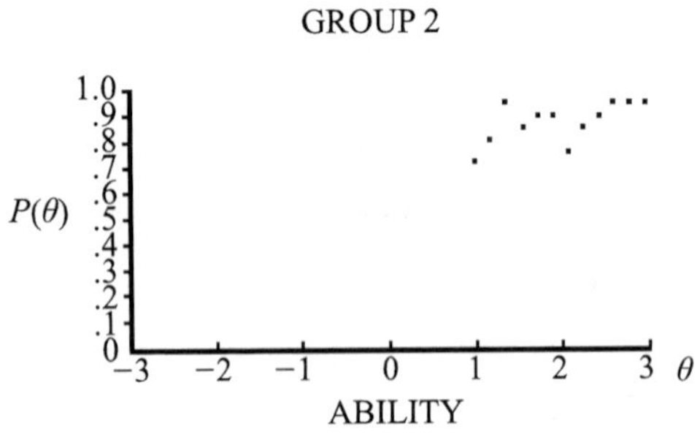

FIGURE 3-5. Observed proportions of correct response for group 2

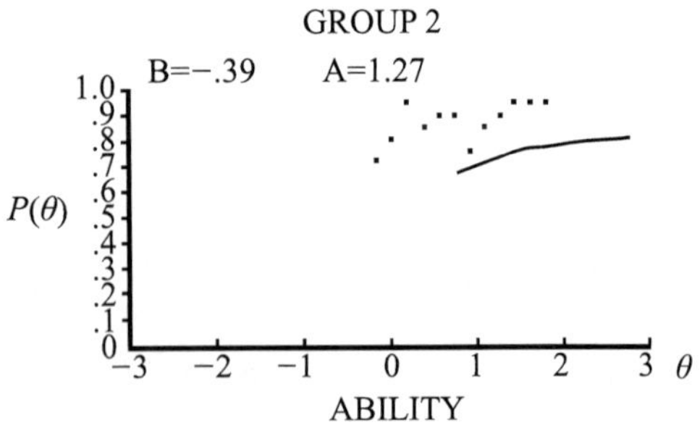

FIGURE 3-6. Item characteristic curve fitted to the group 1 data

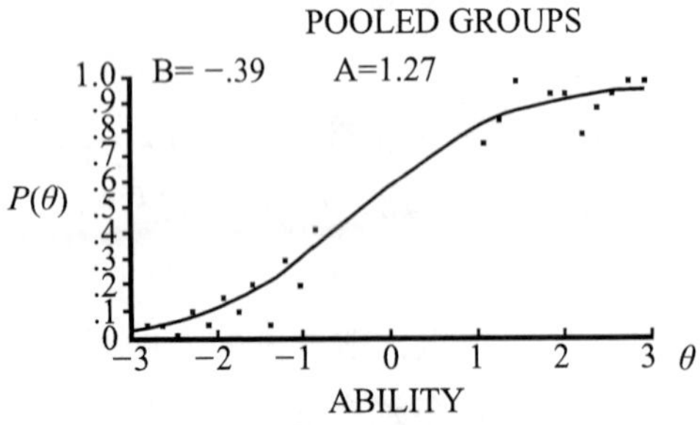

FIGURE 3-7. Item characteristic curve fitted to the pooled data, b=−.39 and a=1.27

图 4-19 Baker 的五幅图

Baker 的做法是，让低分组和高分组做同一组题目（这当然是他想象的），把两组被试在这组题目上的答对率描成散点图，图 3-3 左下方有一些散点，这是低分组的答对率，图 3-5 右上方也有一些散点，这是高分组的答对率。散点描出来后，分别用曲线去拟合这些散点，结果就是图 3-4 和图 3-6。图 3-4 左下方有一段曲线，图 3-6 右上方有一段曲线，两幅图上标有相同的 *a* 值和 *b* 值。最后一幅是图 3-7，那是将图 3-4 和图 3-6 合在一起了，曲线中间缺失的部分也补了出来。

Baker 用这五幅图试图说明：根据在低分组拟合出来的曲线，可以算出题目的 *a* 值和 *b* 值，根据在高分组拟合出来的曲线，可以算出相同的 *a* 值和 *b* 值，把两条线连起来形成一条 ICC 后，*a* 值和 *b* 值仍然不变。

Baker 在这个论证里偷换了概念，他把一组被试在一组题目上不同的答对率，偷换成一组被试在一个题目上的不同的答对概率。

一组被试对一组题目的答对比率当然可以描成散点，但一组被试对一个题目的反应，是描不出散点的，因为我们无法观察到能力不同的被试是怎样以不同的概率答对一个题的。如果非描不可，那也只有两个点：纵坐标为 0 的一点（答错）和纵坐标为 1 的一点（答对）。如果是一组被试对一个题目做出反应，Baker 所说的那些散点根本描不出来，因此那个所谓的“回归”根本做不出来。他是偷换了概念，强做解释。

如果被试按能力高低分成两组，这两组被试对某个题目的反应曲线应该有两种情况：

第一，如果这两组被试的答对率相同，我们会得到同一条 ICC（单参数）；

第二，如果这两组被试的答对率不同，我们会得到两条 ICC，低能力组的在左边，高能力组的在右边。

在 Baker 的这个错误里，明显可以看到 Lord 的影子。前面说过，Lord 把项目反应函数看成题目分数对能力的回归函数。Lord（1952）的“图 2”以及 Lord & Novick（1968：412）都提出了“分数对能力的回归”或“能力对分数的回归”的想法，Rasch（1960、1977）也有类似的想法。这个想法是，如果有一组被试回答了一组题目，而不同水平的被试在这组题目上的答对比例有所不同，如果把这些不同的答对比例描成散点，可以发现，低水平被试的答对比例低，而高水平被试的答对比例高。如果用一条曲线去拟合这些散点，可能得到一条 S 形曲线，甚至一条直线。这时，这条曲线是分数对能力的回归，用最小二乘法等方法可以求出这条曲线。

IRT模型之所以能够产生，是因为Lord（也许还有其他人）没有停留在上述想法上，而是做了一个类推，一组被试对一个题目的反应，同样可以这样来想象：如果有一组被试，其能力水平有高有低，当他们对一个题目做出反应时，应该有不同的答对概率，不同的答对概率同样可能是一条S形曲线。这就是IRT诞生的关键的第一步！

逻辑斯蒂回归经常用在生物学研究里，某些动物或植物的生长曲线差不多是一条逻辑斯蒂曲线，这条曲线可以根据动物每周身高或体重增长量的散点拟合出来。但是在IRT里我们却不能用这个办法得到ICC，原因是我们无法得到一个被试答对或答错一个题的概率。

题目特征曲线ICC并不真是通过回归拟合出来的，而是利用逻辑斯蒂曲线（也包括正态累积曲线）的性质和我们给这些性质的定义得到的。前面说过，逻辑斯蒂曲线拐点的纵坐标永远是0.5，拐点的横坐标“恰好”是答对率或答错率（我不知道这个性质以前是否有人发现过），于是我们把这一点定义为难度，并让它在横坐标上取值，这个难度值恰好是这组被试在这个题目上的平均能力值。

得到ICC后，如果还用回归来解释，那只能认为是一个比喻，不能真把项目反应函数当成回归的结果。

既然项目反应函数或项目特征曲线不是通过回归得到的，那么项目反应函数里的各个参数就不具有回归函数的不变性。Lord把项目反应函数“看成是项目分数对能力的回归”，是一个错误，Baker在偷换了概念的情况下凭空编造了回归曲线对散点的拟合，也是一个错误。

项目反应函数不是通过回归得到的，那这个函数里参数的意义是从哪里来的呢？

关于题目参数的意义（我们仅就难度参数b而言），通常的表述是，“一个题目的b_i参数，就是能力量表上正确反应概率为0.5的那一点。这个参数是一个位置参数，它表明ICC和能力量表之间的位置关系”（Hambleton, Swaminathan & Rogers，1991：13）。这个说法并没有说明全部真相。

我们知道，在正态穹形模型和逻辑斯蒂模型中，项目特征曲线是一条S形曲线，这是一条单调增加的曲线，这条曲线有一个拐点，这个拐点的纵坐标永远在纵轴的中心点（0.5）上，于是我们把这个点定义为答对概率等于0.5，拐点的横坐标等于某个能力水平，如θ_0。题目难度值实际上就是拐点处的横坐标，即θ值。这就是通常所说的“题目难度和被试能力被定义在一个量表上”。

从来没有人深究的是，曲线拐点的横坐标，即难度值，是由什么因素决定的。也许有人说，你不是刚说过由θ值决定吗？Lord不是早说过“仅仅取决于θ_0，而不取决于θ_0上有多少人”吗？θ值决定难度这没错。问题是，给难度b赋值的那个θ值是由什么决定的？

就一个题目和回答这个题目的一组被试的关系而言，我们无法知道这组被试的整体能力分布如何，我们只能知道答对和答错这个题目的被试各有多少，亦即我们只知道被试在这个题目上的答对率或答错率。

在 0/1 计分的情况下，某组被试在一个题目上的答对率，其实就是这组被试在这个题目上的平均得分，亦即这组被试在这个题目上反映出的平均能力值。现在我们可以说，给难度 b 赋值的那个 θ 值，其实不是"某个或某些能力为 θ 的被试的能力值"，而是对某个题目做出反应的那组被试的平均能力值。

那么，在 ICC 上，我们如何确定一个题目的难度值 b？我们以二值计分的单参数逻辑斯蒂模型来说明。

第一，我们已知的是：某组被试在一个题目上的答对率，就是这组被试在这个题目上的平均得分，也就是这组被试的平均能力值，记为 θ。

第二，答对率或平均得分的取值范围是 0 ～ 1，平均数是 0.5，我们把这个尺度做一个转换（通过逻辑斯蒂函数），转换后，取值范围是 $-\infty$ 到 $+\infty$，平均数是 0。

第三，已知：$e^0=1$。

第四，已知：当逻辑斯蒂模型中 e 的指数为 0（e^0）时，$P=0.5$；同时我们知道，ICC 此时到达它的拐点。

第五，令 $b=\theta$，于是 $\theta-b=0$，所以：

第六，结论是：难度 b 是曲线拐点的横坐标，它在能力 θ 上取值。换句话说，当曲线上某点的横坐标等于某个特定的 θ（以 0 为平均数的某个答对率的转换值）时，其纵坐标必然是 0.5，这个点就是拐点。据此，我们得出一个推论：

第七，两组被试在一个题目上的答对率如果不同，难度值 b 一定不同。换句话说，难度参数不具有不变性。

（二）用线性相关显示不变性及其带来的困境

Rudner（1983），Hambleton（1989：178）用相关或散点图来检验题目参数的不变性。（就题目参数而言）其做法是，让能力高低不同的两组被试做一组题目，根据两组被试的反应估计出两套难度参数，然后把两套参数在一个直角坐标系里描成散点，最后看这些散点是否呈较高的正相关。如果两套参数趋近一条直线，就表明参数不变；如果这些散点确实比较散，看不出正相关，Hambleton 等人就认为是数据与模型拟合不良。Embretson & Reise（2000：25）干脆就认为，两套参数之间的高相关，就是不变性的表现。

如果我们接受不变性，并认为其表现就是两套参数之间的高相关，那就带来两个问题。

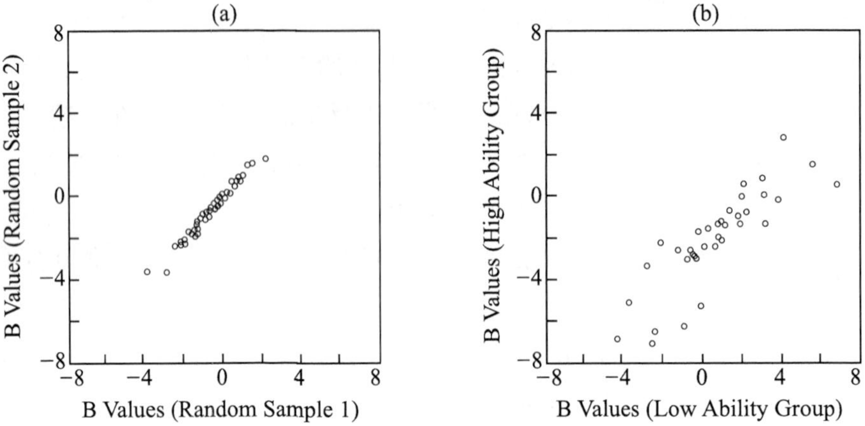

图 4-20 Hambleton（1989：178）用相关检验不变性

第一，“不变”的究竟是什么东西？是具体的值不变，还是参数的变化方向不变？Lord 等人在论证不变性时并没有说明。所谓“具体的值不变”说的是这种情形：假定两个题有 b_1 和 b_2 两个难度参数，无论在什么样的被试样本里估计，它们总是得到完全相等的值。所谓“参数的变化方向不变”则是另一种情形：假定两个题有 b_1 和 b_2 两个难度参数，在第一组被试中，$b_1>b_2$，在第二组被试中，同样是 $b_1>b_2$，但 b_1 和 b_2 的值在两个样本里却可能不同，即 $b_{1-1} \neq b_{1-2}$，$b_{2-1} \neq b_{2-2}$。在第一种情况下，两套参数的相关当然是 1，在第二种情况下，两套参数可能具有很高的正相关。在严格的意义上讲，第一种情况才是真正的“不变”，第二种情况只能算参数变化的方向不变。

第二，如果我们退一步，承认第二种情况也算不变，则会进入一个两难境地。

汪存友、余嘉元（2008）的综述表明，多数实证研究不支持不变性，有些研究甚至认为，CTT 的参数比 IRT 的参数更具有不变性。说 CTT 参数也具有不变性，其根据无非也是参数之间的高相关。

这时我们就面临一个困境：如果认为参数间高相关不是不变性的表现，当然可以否认 CTT 具有不变性，但 IRT 的不变性就得不到实证证据的支持。如果认为参数间高相关是不变性的表现，那么在承认 IRT 参数不变的同时，也得承认 CTT 参数具有不变性，但这样一来，IRT 相对于 CTT 的唯一优点就完全消失了。

三、参数之间的关系及其相互影响

前面我们说了，难度值 b 实质上仍然是由一组被试在这个题目上的答对率决定的。

下面，我们就通过一些观察来证实上述说法，另外，我们还可以观察一下参数之间是否会相互影响。

（一）答对率和 b 值及 θ 值的关系

在本部分，我们来观察两种现象，一是一组被试在一个题目上的答对率和题目难度的关系，二是一个被试在一组题目上的答对率和他的能力的关系。我们使用的模型是单参数逻辑斯蒂模型。

1. 观察一：答对率和 b 值的关系

假设有四个被试对一个题目做出反应，再假设这组被试在这个题目上的答对率是75%，即三人答对，一人答错。现在，我们用极大似然法估计该题的难度值 b，此时四被试的能力值 θ 均设为 0（0 是 θ 值的平均数）。难度值 b 的估计结果见“表 4-3”。

表 4-3　答对率为 75% 时的题目难度估计，被试能力均为 0

难度 b	**一人答对的概率** $P=\dfrac{2.89}{1+e^{-D(\theta-b)}}$	**一人答错的概率** $Q=1-P$	**三人答对一人答错的概率** $L(U\|\theta)=P^3\times Q$
−0.6465	0.750082	0.249918	0.105468742434
−0.6464	0.750050	0.249950	0.105468747187
−0.6463	0.750018	0.249982	0.105468749635
***−0.6462**	***0.749986***	***0.250014***	***0.105468749780***
−0.6461	0.749955	0.250045	0.105468747722

从“表 4-3”里我们看到，当 b=−0.6462 时，似然函数 L 达到最大，于是该题的难度就是 −0.6462。

我们把假设的条件变一变，在其余条件不变的情况下，我们把答对率改为 25%，看看 b 值有什么变化。（见“表 4-4”）

表 4-4　答对率为 25% 时的题目难度估计，被试能力均为 0

难度 b	**一人答对的概率** $P=\dfrac{2.89}{1+e^{-D(\theta-b)}}$	**一人答错的概率** $Q=1-P$	**一人答对三人答错的概率** $L(U\|\theta)=P\times Q^3$
0.6461	0.250045	0.749955	0.105468747722
0.6462	***0.250014***	***0.749986***	***0.105468749780***
0.6463	0.249982	0.750018	0.105468749635

我们看到，这时题目难度是 0.6462。

把“表4-3”和“表4-4”对照起来看，我们发现一个很有意思的现象，当某个难度值，如 −0.6462 或 0.6462，使这组被试（四人）对题目的反应的联合概率达到最大时，一人答对的概率（表中第二列）等于这组被试的答对率（计算中的小误差可忽略不计），而一人答错的概率等于这组被试的答错率。

我们在上一节说过，在0/1计分的情况下，某组被试在一个题目上的答对率，其实就是这组被试在这个题目上的平均得分，亦即这组被试在这个题目上反映出的平均能力值。……给难度b赋值的那个θ值，其实不是“某个或某些能力为θ的被试的能力值”，而是对某个题目做出反应的那组被试的平均能力值。

我们还可以把这个话说得更清楚一点儿：IRT 的难度参数b，仍然是一组被试在一个题目上的答对率，这和经典理论的易度值P没有本质区别，只不过经过逻辑斯蒂方程的非线性转换，答对率被转换成了b值。

根据上面的讨论，我们可以做进一步的推论：

第一，无论被试人数是多少，每一个特定的答对率都对应一个特定的难度值b；

第二，当两个被试群体对同一个题目做出反应时，如果这两个群体在这个题目上的答对率不同，题目的难度值一定不同。

根据上面两个推论，我们可以得出一个结论：题目的难度值不具有跨群体不变的特性。

2. 观察二：答对率和θ值的关系

现在我们来观察一被试的答对率（或答对题数）和他的能力值θ的关系。

假定有一个被试，他回答了四个难度值b均为0的题目，当他答对一题、答错三题时，他的能力值是 −0.6462（表4-5）。

表4-5　被试答对率为25%时的能力参数估计，四个题的难度均为0

能力 θ	**答对一题的概率** $P=\frac{1}{1+e^{-D(\theta-b)}}$	**答错一题的概率** $Q=1-P$	**答对一题答错三题的概率** $L(U\mid\theta)=P\times Q^3$
−0.6463	0.249982	0.750018	0.105468749635
***−0.6462**	***0.250014***	***0.749986***	***0.105468749780***
−0.6461	0.250045	0.749955	0.105468747722

假设题目难度均为0，一被试答对三题、答错一题，其能力值就是 0.6462（表略）。

不难看出，一被试在一组题目上的答对率与其能力值的关系，和一组被试在一个题目上的答对率与题目难度的关系，实际上是一致的。

（二）题目参数对能力值的影响

前面我们讨论了答对率和题目难度或被试能力之间的关系，现在，我们来观察题目参数对被试能力值的影响。

1. 观察三：难度值 b 对能力估计的影响

假定一被试答对了一个难度为 0 的题，然后我们让答错的三个题的难度发生变化："表 4-6" 中答错的三题难度均为 −2，"表 4-7" 中答错的三题难度均为 1，"表 4-8" 中答错的三题难度均为 2。我们以 "表 4-5" 为参照，观察一下被试的能力值发生了什么变化。

表 4-6　被试答对率为 25% 时的能力参数估计，四题的难度依次为 0，−2，−2，−2

能力 θ	答对第一题的概率 $P=\frac{1}{1+e^{-D(\theta-b)}}$	答对第一题答错后三题的概率 $L(U\|\theta)=P_1\times Q_2\times Q_3\times Q_4$
−2.5000	0.014100	0.004835558415
***−2.4000**	***0.016600***	***0.004861703781***
−0.6462	0.250014	0. 000188416110
−0.6461	0.250045	0.000188352795

表 4-7　被试答对率为 25% 时的能力参数估计，四题的难度依次为 0，1，1，1

能力 θ	答对第一题的概率 $P=\frac{1}{1+e^{-D(\theta-b)}}$	答对第一题答错后三题的概率 $L(U\|\theta)=P_1\times Q_2\times Q_3\times Q_4$
−0.6462	0.250014	0.209383061026
−0.6461	0.250045	0.209403627022
***0.0000**	***0.500000***	***0.302248646155***
0.1000	0.542398	0.301261401930

表 4-8　被试答对率为 25% 时的能力参数估计，四题的难度依次为 0，2，2，2

能力 θ	答对第一题的概率 $P=\frac{1}{1+e^{-D(\theta-b)}}$	答对第一题答错后三题的概率 $L(U\|\theta)=P_1\times Q_2\times Q_3\times Q_4$
−0.6462	0.250014	0.241851461380
−0.6461	0.250045	0.241880940777
***0.5000**	***0.700600***	***0.559106811433***
0.8000	0.795800	0.551459352366

通过对“表 4-5”和“表 4-6”到“表 4-8”等四个表的观察，我们发现：当答错的三个题的难度依次为 −2、0、1、2 时，被试的能力值依次为 −2.4、−0.6462、0、0.5。由此我们可以总结出一个规律：如果以题目难度均为 0（无论答对还是答错）时的能力估计值作为参照标准，在答对率不变的情况下，答错了容易的题，被试的能力会被低估，答错了难题，被试的能力会被高估。

戴海崎、简小珠（2005）做过一个实验，该实验的部分内容是（我们这里是简述）：11 个被试对 40 个题目做出反应，这 11 个被试对前 30 题的反应模式都一样，区别只在后 10 题（“表 4-9”中斜体部分）。后 10 题的难度从 0.3（第 31 题）到 3（第 40 题）依次提高，相邻两题的难度差是 0.3。第 1 个被试答错了后 10 个题，从第 2 个被试开始到第 11 个被试，都只答对了后 10 题中的一个，其余题目答错，他们答对的题目依次是第 31 到第 40 题，也就是说，后一个被试答对的那个题，总是比前一个被试答对的题难。在上述条件下，作者用三参数逻辑斯蒂模型估计出了这 11 个被试的能力值（见“表 4-9”）。

表 4-9　戴海崎、简小珠（2005：1434）的数据（局部）

被试	答案	能力
1	111111111111010101010101010101*0000000000*	−0.0054
2	111111111111010101010101010101*1000000000*	0.0958
3	111111111111010101010101010101*0100000000*	0.0854
4	111111111111101010101010101010*0010000000*	0.0703
5	111111111111010101010101010101*0001000000*	0.0520
6	111111111111010101010101010101*0000100000*	0.0338
7	111111111111010101010101010101*0000010000*	0.0192
8	111111111111010101010101010101*0000001000*	0.0091
9	111111111111010101010101010101*0000000100*	0.0028
10	111111111111010101010101010101*0000000010*	−0.0008
11	111111111111010101010101010101*0000000001*	−0.0029

现在我们来看“表 4-9”“能力”这一栏。第一个被试的能力值最低，原因是他少答对一题。有意思的是 2 到 11 这 10 个人的能力值。我们看到，这 10 个人的能力值是依次降低的，而这些被试分别答对的那个题却越来越难。或者我们倒着看（从第 11 人到第 2 人），随着答错的题目的难度的提高，被试的能力也在提高，这和“表 4-6”到“表 4-8”所反映的规律是一致的。

我们把这个规律归纳一下：在答对题数相同的情况下，答对的题越容易、答错的题越难，能力越会被高估，反之，答对的题越难、答错的题越容易，能力越会被低估。

但是，这是一个怪异的规律，它违反直觉。我们来看第 2 个和第 11 个被试。第 2 个被试答对了 b=0.3 的题，第 11 个被试答对了 b=3 的题，从直觉上讲，第 11 个被试的能力应该高于第 2 个被试，因为 IRT 声称“题目难度和被试能力是定义在一个量表上的”，但事实却恰好相反。

也许有人会说，像第 11 个被试那样，答对了最难的题却答错了其他更容易的题，这种情况在实测中不可能出现。这种说法是不成立的。在实测中，完全可能有部分被试答对了难题而答错了易题，当题目的区分度不高的时候，这种情况就更可能出现。

本节的数据及那个怪异的规律，使我们得出一个结论：被试能力值的估计受到题目难度的影响，在答对、答错题数相同的情况下，使用不同难度的题目去估计被试能力，会得到不同的能力值。

2. 观察四：区分度 a 值对能力估计的影响

根据“表 4-10”到“表 4-12”所显示的数据，就双参数逻辑斯蒂模型而言，我们可以得出结论：在题目难度和答对题数不变的情况下，以 a=1 为基准，题目的区分度越高，被试的能力越会被高估。

上述结论也可以这样表述：在其他条件均相同的情况下，题目区分度（a 值）的高低会影响能力值的估计，所以能力值不变不能成立。

表 4-10 被试答对率为 25% 时的能力参数估计，四题的难度均为 0，a 均为 1

能力 θ	**答对第一题答错后三题的概率 $L(U\|\theta)=P_1\times Q_2\times Q_3\times Q_4$**
−0.6463	0.10546874962
−0.6462	***0.10546874979***
−0.6461	0.10546874767

表 4-11 被试答对率为 25% 时的能力参数估计，四题的难度均为 0，a 均为 2

能力 θ	**答对第一题答错后三题的概率 $L(U\|\theta)=P_1\times Q_2\times Q_3\times Q_4$**
−0.6462	0.07290632381
−0.3000	***0.10522143544***
−0.2000	0.09832598530

表 4-12　被试答对率为 25% 时的能力参数估计，四题的难度均为 0，*a* 均为 3

能力 *θ*	**答对第一题答错后三题的概率** $L(U\|\theta)=P_1\times Q_2\times Q_3\times Q_4$
−0.3000	0.09886215135
−0.2000	***0.10522143544***
−0.1000	0.09151491887

3. 观察五：猜测度 *c* 值对能力估计的影响

根据“表 4-13”和“表 4-14”所显示的数据，就三参数逻辑斯蒂模型而言，我们可以得出结论：在题目难度、区分度和答对题数不变的情况下，以 *c*=0 为基准，题目的猜测度（*c* 值）越高，被试的能力越会被低估。

上述结论也可以这样表述：在其他条件均相同的情况下，题目猜测度（*c* 值）的高低会影响能力值的估计，所以能力值不变不能成立。

表 4-13　被试答对率为 25% 时的能力参数估计，四题的难度均为 0，*a* 均为 1，*c* 均为 0

能力 *θ*	**答对第一题答错后三题的概率** $L(U\|\theta)=P_1\times Q_2\times Q_3\times Q_4$
−0.6463	0.10546874962
−0.6462	***0.10546874979***
−0.6461	0.10546874767

表 4-14　被试答对率为 25% 时的能力参数估计，四题的难度均为 0，*a* 均为 1，*c* 均为 0.1

能力 *θ*	**答对第一题答错后三题的概率** $L(U\|\theta)=P_1\times Q_2\times Q_3\times Q_4$
−1.0000	0.10533042542
−0.9000	***0.10535394345***
−0.6462	0.09995106682

（三）题目参数间的相互影响

首先应该申明的是，以下发现是我的学生李姝雯女士做出的，这是她的一个课程论文的主要内容。

不仅 *a*、*b*、*c* 三个题目参数对能力的估计有影响，三个题目参数之间也相互影响。按照上面使用的方法，李姝雯（2012）观察了猜测度对难度和区分度参数的影响。

1. 猜测度对难度的影响

李姝雯的实验是：假定被试回答了四个题目，答对率是 75%，即答对 3 题，答错 1 题，并假定题目区分度均为 1，被试的能力均为 0，在这个条件下让猜测度发生变化，猜测度分别为 0.1、0.15、0.2、0.25。实验结果是，随着猜测度的提高，题目的难度也在提高（表 4-15）。

表 4-15　猜测度对难度的影响

c 值	*b* 值
0.10	−0.5621
0.15	−0.5120
0.20	−0.4638
0.25	−0.4077

这又是一个反直觉的现象。通常我们的感觉是，如果一个题目有猜测因素，在答对这个题的被试里，既有因能力足够而答对这个题的，也有能力不够而猜对这个题的，这样一来，题目应该相应地显得容易。但上述实验结果却恰好相反。

2. 猜测度对区分度的影响

李姝雯也观察了猜测度对区分度的影响。设置的条件是：四个被试能力均为 1，题目难度为 0，答对率为 75%，猜测度分别为 0、0.1、0.15、0.2、0.25。

表 4-16　猜测度对区分度的影响

c 值	*a* 值
0.00	0.6462
0.10	0.5621
0.15	0.5150
0.20	0.4638
0.25	0.4077

从上表可以看出，随着猜测度的提高，区分度在不断下降。下图是同一套题目、同一组被试的实测数据，从中我们也能看出，同一个题目参数，在三种模型下的数值是不同的，也就是说，参数之间是相互影响的。

单双三参数比较

题号	单参b值	双参b值	三参b值	双参a值	三参a值
1	-0.7400	-0.6500	-0.2900	1.1800	1.2700
2	-0.4800	-0.4700	-0.1800	1.0000	0.8800
3	-0.4800	-0.3900	-0.1700	1.3200	1.3200
4	-1.7800	-1.6700	-1.3900	1.0400	0.9300
5	-0.6300	-0.7200	-0.1700	0.8000	0.9200
6	0.2600	0.7500	0.8700	0.2700	0.2000
7	0.7200	1.1800	1.5400	0.5000	0.3400
8	-0.4900	-0.5600	-0.1500	0.8100	0.7600
9	-0.0600	-0.1800	0.3700	0.3300	0.1500
10	0.1400	0.3100	0.8600	0.3600	0.1400

图 4-21　单参、双参、三参模型下参数的变化

（四）结论

根据上面的观察和讨论，我们的结论可以归结为三条。

结论一：在 IRT 的逻辑斯蒂模型里，题目难度 b 值本质上是一组被试答对率的非线性转换，如果两组被试在一个题目上的答对率不同，该题的 b 值一定不同，所以题目难度并不具有跨群体不变的特性（sample free）。

结论二：在答对题数不变的情况下，题目难度（b 值）、区分度（a 值）和猜测度（c 值）的变化，都会使能力值发生变化，所以，被试能力的估计值不具有不依赖测验的特性（test free）。

结论三：题目参数之间存在相互影响。即使是同一套题目、同一组被试（不跨群体），同一个参数在不同的模型下也是有变化的。

总之，IRT 所声称的参数不变的特性是不存在的。

四、总的结论

我们研究了 Lord、Baker 等人的论著，关于 IRT 参数具有不变性这个问题，我们得出以下几个结论。

结论一：Lord（1952）博士论文的目的就是提出一个能使能力参数 c 保持不变的测量模型，在这篇论文里，Lord 从几个方面论证了这个不变性。但该文存在这样一些明显的错误：

第一，文中引进了两个对立的假设（A2 和 A5），其效果至少是使论证不严谨；

第二，从公式（11）～（13）、公式（16）、公式（20）、公式（58）中得出的结论

均存在偷换概念的问题；

第三，关于“c 跨测验不变”的论证中存在若干逻辑错误；

第四，“图 2”（Lord 原书的编号）所假设的条件不成立；

第五，“最大区分度”不仅和“独立性假设”冲突，还导致一个悖论；

第六，实证材料未通过因素数目检验。

由于论文中存在上述错误（还不是全部错误），Lord 没有合法地推论出“不变性”，他所说的“不变性”不能成立。

结论二：Lord 是在“被试能力相等”和“题目难度相等”的理想化条件下推论出“不变性”的，但他没有说明如何推广这个理论，怎样在非理想化的条件下得到“不变性”。即便我们忽略“结论一”指出的错误，承认在理想化条件下存在“不变性”，这也是一个有待推广的结论而非定论。

结论三：Baker、Hambleton 等人的论证也存在错误，他们也没能合法地证明 IRT 参数具有不变性。

结论四：由于 ICC 拐点的横坐标是一组被试在一个题目上的答对率或答错率的转换值（通过逻辑斯蒂函数转换），所以当另一组被试以另一个答对率对同一个题目做出反应时，ICC 的位置必然改变，亦即题目难度必然改变。

结论五：我们用类似数学归纳法的办法证明了题目参数对能力参数的影响，以及题目参数之间的相互影响，这也表明 IRT 参数不具有不变性。

第五节　Rasch 模型的问题

在项目反应理论（IRT）的众多模型中，Rasch 模型可能是最著名、最广为人知的了。Rasch 模型之所以有名，可能是因为它出现得比较早，也可能是因为它的形式在 IRT 模型中是最简单的。Rasch 模型用丹麦统计学家 Georg Rasch 的姓命名，顾名思义，该模型当是 Rasch 提出或发明的，所有的教科书也都是这样说的。然而我们这里要讨论的问题是：Rasch 当初提出的是一个什么样的模型？我们今天所说的 Rasch 模型和 Rasch 究竟有什么关系？

一、Rasch 的题目分析模型

在教育和心理测量方面，Rasch 曾经提出过三个模型，前两个都和阅读测验有关，一个叫“读错模型”，一个叫“诵读速度模型”。这两个模型都是泊松模型，跟我们这里讨论的 Rasch 模型没什么关系。Rasch 提出的第三个模型叫“题目分析模型”，这就是后来所谓的“Rasch 模型”，下面我们就来讨论这个模型。

（一）背景

据 Rasch 的传记（Olsen，2003）介绍，Georg Rasch 生于 1901 年，1980 年去世。十二三岁时 Rasch 表现出数学天赋，其父接受一位数学老师的劝告，把 Rasch 送到远离家乡的一所高中读书，三年后，Rasch 进入哥本哈根大学数学系。在大学，Rasch 被认为是天才学生，与其老师合作，发表过关于拉格朗日方程的论文。1930 年 Rasch 完成博士论文《矩阵代数及其在差分方程和微分方程中的应用》，获得博士学位。

大学毕业后，Rasch 没能在大学找到数学方面的教职，只得给人家做统计学顾问。从 1934 年开始，Rasch 的工作逐步稳定下来，其职位是在营养研究所和血清研究所做统计学顾问。1935—1936 年，Rasch 得到一笔资助，到英国进修，跟 Fisher 学统计学，从此，Rasch 成了一个统计学家。

1952 年，新成立的军事心理学小组要修订一个心理测验，便请 Rasch 做顾问（Andersen & Olsen，2001：13）。1953 年，Rasch 从这个测验中得到一批数据，于是他便以这些数据为材料，做了一些研究，最后提出了一个模型，这个模型的公开发表是在 Rasch（1960/1980）的第五章。然而，连 Rasch 的传记作者 Olsen（2003：15）都感到奇怪，“Rasch 究竟是怎么发现二值 Rasch 模型的，是一个有趣的问题”。

（二）模型的提出

传记作者 Olsen（2003：9）对 Rasch 有这样的评价：

> Rasch 是一位独立的思想家，无论是在阅读时，还是在写作时，他都不大在意文献。他更愿意自己去思索，而且，他也显然不耐烦把自己的想法写下来。由于他有这些特点，因此对他的研究就变得很有意思。他提出的理论，好像就是一些孤零零的结果，而且，他提出的理论尚有一些未被发现。

Rasch（1960/1980）的著作以及 Rasch 的手稿可以表明，上述评价是中肯的。

1. Rasch（1960/1980）的表述

Rasch（1960/1980）的目的是，找到一种方法，这种方法既能够客观地刻画题目难度，也能够客观地测量被试的能力。为了达到这个目的，Rasch（1960/1980：73）“试图同时定义两个概念：能力所达到的程度和题目的难度”。

Rasch（1960/1980：73-74）假设，是否有这样一种情况：一个被试的能力（ξ_1）恰好是另一个被试的能力（ξ_2）的两倍；同时，一个题目的难度（δ_1）恰好是另一个题目的难度（δ_2）的两倍。即 $\xi_1=2\xi_2$ 且 $\delta_1=2\delta_2$。

如果上述关系成立，那么下式也成立：

$$\frac{\xi_1}{\delta_1}=\frac{\xi_2}{\delta_2}$$

如果上述关系成立，那就意味着被试一解答题目一的概率，等于被试二解答题目二的概率。那么这同时也就“意味着这个概率是 ξ/δ 这个比率的函数，亦即被试能力和题目难度之比的函数，而且，这个概率的大小与 ξ 和 δ 这两个参数的大小无关”（Rasch，1960/1980：74）。

接下来的问题是，这个函数的形式是什么？ Rasch（1960/1980：74）说：

> 从原则上讲，我们可以用经验的方式得出这个函数，不过这样一来，我们就要做大量的实验，那就既需要一定数量的被试，也需要一定数量的题目。更为可行的办法是，我们选择一个具有所需性能的简单函数，然后确认经验数据是否和它相拟合。
>
> 如果我们令 $\xi/\delta=\zeta$，那么余下的问题就是选择 ζ 的一个函数，使该函数的取值范围在 0 到 1 之间……ζ 必须覆盖 0 到无穷大之间的所有值。
>
> 就我所知，当 ζ 从 0 趋近于 ∞ 而函数值从 0 增加到 1，这种函数的最简单形式就是 $\frac{\zeta}{1+\zeta}$。将 $\zeta=\frac{\xi}{\delta}$ 代入，我们就得到
>
> $$\frac{\frac{\xi}{\delta}}{1+\frac{\xi}{\delta}}=\frac{\xi}{\xi+\delta}$$

上面这个式子就是日后所谓的“Rasch 模型”最初发表时的样子，Rasch 甚至没有将它写成

$$P=\frac{\frac{\xi}{\delta}}{1+\frac{\xi}{\delta}}=\frac{\xi}{\xi+\delta} \qquad \text{（公式 4-23）}$$

2. Rasch 手稿中的表述

Rasch 的传记（Olsen，2003：127-132）中载有 Rasch 的手稿，这页手稿是用丹麦文写的，Olsen 将它翻译成了英文，笔者再将它翻译成中文：

> 似然函数 $\varpi(\vartheta\delta)$ 由两个因素给定：测验的难度和做了一个听写测验的学生的

能力。测验的难度参数记作 $\delta>0$，另一个参数是学生达到的水平，记作 $\vartheta>0$，那么 ϖ 就是 ϑ 和 δ 的和函数：$\varpi(\vartheta\delta)$。

ϑ 和 δ 可以按各种方式调整。如果我们按这种方式调整，即 $\vartheta\to0$ 表示学生能力越来越强，$\vartheta\to\infty$ 表示学生能力越来越低，我们就有：

$\varpi(\vartheta,\delta)\to0$ 当 $\vartheta\to0$，

$\varpi(\vartheta,\delta)\to1$ 当 $\vartheta\to\infty$。

如果当测验极容易时让 $\delta\to0$，极难时让 $\delta\to\infty$，那么我们就有理由要求：

$\varpi(\vartheta,\delta)\to0$ 当 $\delta\to0$，

$\varpi(\vartheta,\delta)\to1$ 当 $\delta\to\infty$。

具有这些特性的最简单的函数似乎是：

$$\varpi(\vartheta,\delta)=\frac{\vartheta\delta}{1+\vartheta\delta} \qquad \text{（公式 4-24）}$$

需要说明的是，Olsen 所发现的手稿，并不是 Rasch（1960/1980）那本书的手稿，而是 Rasch 思考这个模型时的手稿。很显然，将“公式 4-24”右端上下同除以 δ，就得到“公式 4-23”。同样明显的是，无论是在公开出版的专著里，还是在手稿里，Rasch 仅仅是凭几个简单的假设和一个想法（如“似乎是”“就我所知”），就提出了他的模型。换句话说，Rasch 的模型并不是严格的数学推导或数学论证的结果。

“公式 4-23”和“公式 4-24”还见于 Rasch（1961、1966a、1966b、1977）。

二、Wright 等人的错误推导

(一) Wright 1980 年的推导

Rasch（1960）的书于 1980 年重印了一次，Rasch 的学生 Wright 为这个重印本写了前言和后记。在后记里，Wright 简要地介绍了 Rasch 的“项目分析模型”，并且说 Rasch 对这个模型的说明首次出现在该书（Rasch，1960）75 页。接着，Wright（1980：187）说，该模型的原形（本节的“公式 4-23”）与其现在的形式之间的关系，可以从下面的变换中看出来：

令 $\xi=\exp(\beta)$ 且 $\delta=\exp(\delta)$，

把 $\exp(\beta)$ 和 $\exp(\delta)$ 代入“公式 4-23”，得到：

$$\frac{\dfrac{\xi}{\delta}}{1+\dfrac{\xi}{\delta}}=\frac{\exp(\beta-\delta)}{1+\exp(\beta-\delta)}$$

上式右侧就是今天所谓的 Rasch 模型，即：

$$P = \frac{e^{(\theta-b)}}{1+e^{(\theta-b)}} \qquad \text{（公式 4-25）}$$

Wright 的意思是说，现在的 Rasch 模型（公式 4-25）可以从 Rasch 1960 年提出的“题目分析模型”中推导出来。漆书青、戴海崎、丁树良（2002：88）以及 Backer & Kim（2004：113）也提到了这个变换。Linden & Hambleton（1997：9）的说法稍微有些不同：“通过给参数取对数单位，该模型［‘公式 4-23’］很容易表现出与下式［‘公式 4-25’］相同的（equivalent）性质。”

然而，从图形（图 4-22）上看，“公式 4-23”和“公式 4-25”显然是不同的，这就表明，这两个模型可能具有不同的性质。

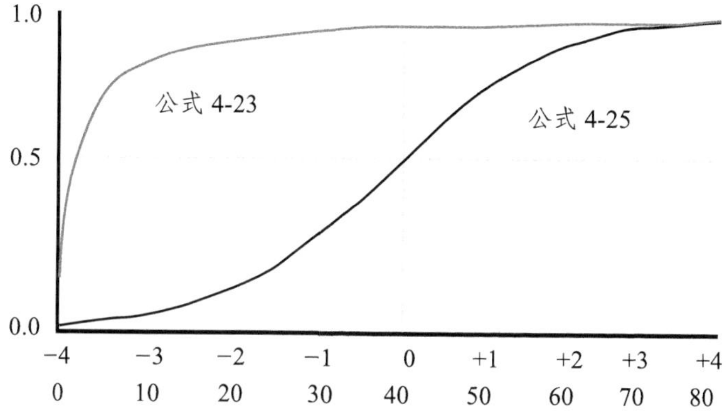

图 4-22　题目分析模型（公式 4-23）和 Rasch 模型（公式 4-25）的图形

“公式 4-23”和“公式 4-25”都是函数，这两个函数的意义都是：被试答对某个题目的概率是被试能力和题目难度的函数。然而我们知道，决定一个函数的关键因素是它的定义域和对应法则，“如果两个函数的定义域相同，对应法则也相同，那么这两个函数就是相同的，否则就是不同的”（同济大学应用数学系，2002：7）。

从 1960 年 Rasch 的“题目分析模型”到现在的“Rasch 模型”，Wright 给出的数学变换似乎是没错的，但是，变换前后，有两个东西发生了变化：

第一，两个函数的定义域不同。“题目分析模型”自变量的定义域是 $0 \to \infty$，而 Rasch 模型自变量的定义域是 $-\infty \to \infty$（通常取 $-4 \to +4$）。

第二，两个函数的对应法则不同。“题目分析模型”，用 Rasch 的话说是一个“最简单的函数”，就这个函数的性质而言，它是一个反比例函数。我们现在看到的 Rasch 模型是一个指数函数。这两个函数的对应法则是不一样的，因此，这两个函数的性质是不同的。

由于有了上述两点不同，“公式 4-23”和“公式 4-25”不是同一个函数；又因为从“公式 4-23”到“公式 4-25”的推导不是 Rasch 做的（在 Rasch 的著作里从来没有出现过“公式 4-25”），所以现在的 Rasch 模型应该说和 Rasch 没什么关系。

(二) Wright 和 Linacre 的推导

Wright & Linacre（1987）以及 Wright（1988）使用取 log*it* 函数的方法，试图在不依赖 Rasch 原模型（“公式 4-23”）的条件下推导出 Rasch 模型（以下如无特别说明，“Rasch 模型”均指“公式 4-25”）。

根据 Wikipedia 百科，logit 函数的形式如下：

$$\operatorname{logit}(p)=\log(\frac{p}{1-p})=\log(p)-\log(1-p) \qquad \text{（公式 4-26）}$$

下面，我们把 Wright & Linacre（1987）的做法简述如下。

他们假设，让两个人做同一个题目，下表表示所有可能出现的结果：

表 4-17　两被试回答一个题目时所有可能的结果

		被试 *n*	
被试 *m*		对	错
	对	*RnRm*	*WnRm*
	错	*RnWm*	*WnWm*

注：*R*= 答对，*W*= 答错，*RnRm* 表示 *n* 和 *m* 两人都答对。

他们认为：如果一个测验是由完全同质的题目组成，我们就可以期望，答对题数和答错题数之比接近于一个常数。于是，他们列出下式：

$$\frac{RnWm}{WnRm}=\frac{P_{ni}\circ(1-P_{mi})}{(1-P_{ni})\circ P_{mi}}$$

上式的意思是：*n* 答对 *m* 答错与 *n* 答错 *m* 答对之比（*n* 和 *m* 是两个人），等于右边两概率乘积之比。

然后，他们把两个人答一个题的情形推广到两个人答两个题的情形：

$\frac{P_{ni}\circ(1-P_{mi})}{(1-P_{ni})\circ P_{mi}}=\frac{P_{nj}\circ(1-P_{mj})}{(1-P_{nj})\circ P_{mj}}$ 对所有的 i，j 都成立。

上式是建立在“所有题目都同质，答对 / 答错比是一个常数”的假设上的。然后，他们引入“被试 0”和“题目 0”作为参照点，并将上式改写为：

$$\frac{P_{ni}}{(1-P_{ni})}=\frac{P_{n0}}{(1-P_{n0})}*\frac{P_{0i}}{(1-P_{0i})}*\frac{(1-P_{00})}{P_{00}}$$
$$=f(n)*g(i)*\text{常数}$$

把上式中的 P_{00} 设为 0.5，常数这一项就变成 1，消掉了。剩下的两项 $f(n)$ 和 $g(i)$ 分别代表被试参数和题目参数。

最后，他们对上式中各项取 log*it* 函数，得到：

$$\log\ (p_{n0}/(1\text{-}P_{n0}))=\mathrm{B}n$$
$$\log\ (p_{0i}/(1\text{-}P_{0i}))=\mathrm{D}i$$
$$\log\ (p_{ni}/(1\text{-}P_{ni}))=Bn\text{-}Di$$

最后得到 Rasch 模型：

$$P_{ni}=\frac{\exp(Bn-Di)}{1+\exp(Bn-Di)}$$

在另一篇文章里，Wright（1988）的推导是：

$$\log\left[\frac{P_{ni}}{(1-P_{ni})}\right]=\log\left[\frac{P_{n0}}{(1-P_{n0})}\right]+\log\left[\frac{P_{0i}}{(1-P_{0i})}\right]$$
$$=G(n)+H(i)$$
$$=Bn-Di$$

上述两个推导的方法是一样的，结果也是一样的。这个推导前面没什么错，但最后一步，即把本应为正的 Di 或 $H(i)$ 硬改为 $-Di$ 或 $-H(i)$，是没有道理的。因此，如果将这个错误改正，最终的推导结果应该是：

$$P_{ni}=\frac{e^{Bn+Di}}{1+e^{Bn+Di}} \qquad \text{（公式 4-27）}$$

Wright 和 Linacre 的推导中有一个错误，因此他们没有合法地推导出 Rasch 模型。

也许有人会问：即便推导结果如“公式 4-27”，它的逻辑斯蒂函数的性质没有改变，据此描出的 ICC 形态没有改变，难道我们不能将其作为逻辑斯蒂模型的一个特例接受下来吗？或者可以这样问：Di 的符号是负是正，有什么重要区别吗？

在 Rasch 模型以及其他逻辑斯蒂模型里，题目难度（b 或 Wright 推导出来的 Di）是用被试能力来定义的，即 b（ICC 曲线的拐点）的横坐标由 θ 来决定。这也就是通常所说的“把题目难度和被试能力定义在同一个量表上”。由于有这样一个定义，题目越难，其 ICC 越偏向能力值的高端，题目越容易，其 ICC 越偏向能力值的低端。这表明：

对任意的被试来说，他都是以 0.5 的概率答对了一个与他的能力相适应的题目；对特定的题目而言，某被试能力越强，他答对这个题目的概率就越大（图 4-22）。

但如果把 $b(Di)$ 的符号变为正的，ICC 和被试能力的关系就反过来了：题目越难，其 ICC 越偏向能力值的低端；题目越容易，其 ICC 越偏向能力值的高端。这意味着：低水平被试以 0.5 的概率答对一个难题，而高水平被试以 0.5 的概率答对一个容易的题（见图 4-23）。

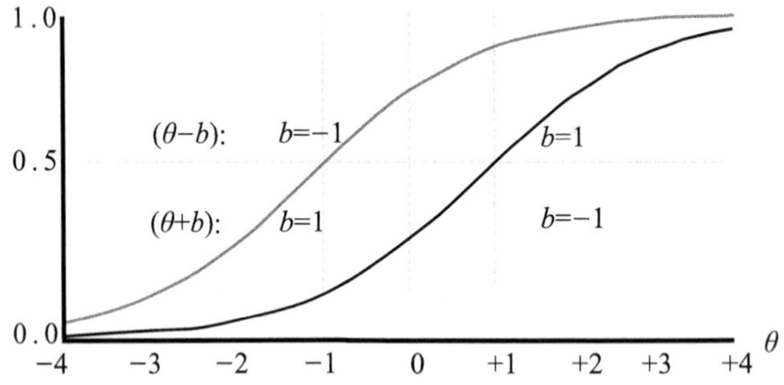

图 4-23　*b* 的符号改变后，难度和能力的关系颠倒了

三、Rasch 自己知道“Rasch 模型”吗？

很多人认为，Rasch 模型出自 Rasch 在 1960 年出版（1980 年重印）的那本书，如 Lord 和 Novick（1968）、Lord（1980）都提到了 Rasch 模型，但这两本书里并没有出现这个模型的公式。在 Rasch 自己的书（Rasch，1960/1980）及其他文章里也没有出现过现在称作“Rasch 模型”的这个形式。

事实是，Rasch 从来也没有把自己提出的三个模型或三个模型中的最后一个叫作“Rasch 模型”。他把自己提出的三个模型叫作“测量模型组（models for measurement）”。20 世纪 60 年代初，Rasch 给 Erling B. Andersen 上过辅导课，给他讲过这些测量模型，在谈到 Rasch 给这些模型命名的时候，Andersen（1995：384）写道：

> 他特别不希望把这些模型叫作“RM”（二值 Rasch 模型），他提出的名称叫“models for measurement”。我那时候觉得这么叫不合适，这听上去太像“measurement models”，这种叫法通常是用于另外一些很不同的模型上。开始时我觉得这是 Georg Rasch 有一种谦虚的品格。可又一想，在我跟他的接触中，没发现他有这种谦虚的品格。随着讨论的深入，我越来越相信，这不是谦虚。他提出这样一个名称有很清楚的目的，他是在强调模型具有一种重要的属性，即这些模型

能解决社会科学中基本的测量问题，后来越发清楚的是，在 Georg Rasch 看来，这些模型能解决所有的科学测量问题。

对于这个“测量模型组”，Rasch 传的作者 Lina Wøhlk Olsen（2003：147）评论道：

> Rasch 的基本想法是，该测量模型组（若干个测量模型）能够使严格的测量成为可能，同样重要的是，该模型还要有效地表明哪些数据与测量相适应，哪些不相适应。对社会科学中的测量，Rasch 有一个特定的要求，那就是它要和自然科学中的测量具有相同的质量，而后，他恰好找到了能满足这些特定要求的统计模型，这就是“测量模型组”。用 Rasch 精心定义的话说，结果是这样：当且仅当数据与其中的一个模型相适应时，一组给定的数据才能产生测量。所以，在某种情况下，如果测量模型不能描写数据，应该考虑放弃数据而不是模型。Rasch 这种依赖数据的观点确实是可以争议的，而且，这种观点与传统观点相矛盾，传统观点是，统计模型要与数据相拟合。

原来 Rasch 有更大的抱负。

更让人不可思议的是，在 Lina Wøhlk Olsen（2003）为 Rasch 写的传记里，“Rasch model”的字样虽然多次出现，但现在叫作“Rasch 模型”的那个方程一次也没出现过！所以，Andersen 和 Olsen（2001：15）才说“Rasch 究竟是怎么发现二值 Rasch 模型的，是一个有趣的问题”。

四、初步的结论

结论一：Rasch 从来没有把自己的模型称作“Rasch 模型”，Rasch 模型也没有在 Rasch 本人的著作及文章里出现过。从我们目前掌握的文献看，Rasch 的学生 Wright 曾经把 Rasch 的“题目分析模型”变换成了 Rasch 模型，而 Rasch 模型的性质和“题目分析模型”并不相同，因此可以认为 Rasch 模型和 Rasch 没有什么关系。

结论二：Wright 和 Linacre 也曾经试图独立地推导出 Rasch 模型，但其推导中有一个错误，因此这个推导是不成功的，所以，说 Rasch 模型来自 Wright 等人的独立推导，也是不成立的。或者说，如果我们接受 Wright 等人的推导，那就应该说 Rasch 模型来自一个错误。

结论三：根据前面的介绍和分析，我们可以认为 Rasch 模型来历不明。

第六节　IRT 和效度问题

上一章我们讨论了构想效度，自斯皮尔曼以来，心理测量也好，语言测试也好，我们多数人都想知道我们测到的究竟是什么东西。如果我们能够弄清楚某个测量工具测到的是什么东西，我们就能证明这个工具是有效的。如果我们不能向人们证明测到的是什么，人家就必然怀疑我们的测量工具的有效性。因此，效度问题一直是我们这个领域的核心问题。然而项目反应理论则一反传统，这个理论自出现以来，一直回避效度问题。项目反应理论又叫"潜在特质理论"，它回避效度问题的办法就是拒绝回答潜在特质是什么。

关于IRT的基本假设，Hambleton，Swaminathan & Rogers（1991：7）是这样说的：

> 项目反应理论建立在两个基本假设上：（a）一被试在一项目上的表现，可由一组称为特质、潜在特质或能力的因素来预言（或解释）；以及（b）被试表现和被试表现背后的特质之间的关系，可以用一个单调增加的函数来表示，这个函数称作项目特征函数或项目特征曲线。这个函数表明，随着特质水平的提高，对一个项目的正确反应的概率也在提高。

虽然 IRT 假设有潜在特质，但从来没人解释过这个测验测到的是哪个潜在特质。反倒有人说"潜在特质没有心理或生理意义"，如 Lord & Novick（1968：405）说：

> 许多心理测量学理论建立在特质定向上，但并不一定暗示特质有任何物理或生理意义。只要一个人的举动好像他占有一定量的有关特质，并且好像这数量充分地确定了他的行为，那就足够了。

赫林、德雷斯哥、帕森斯（1983：16-17）说：

> 应该强调我们正在讨论的是一种普通类型的测量理论，这些理论详细说明了如何把某些项目反应转换成对被试假定为构成反应基础的潜在特性的估计值。测量理论必须与实质或要义理论区分开来，后者根据潜在特性与其他变量和行为的关系来阐释或定义潜在特性的含义。因此，IRT 可用来估计一个人的潜在特性 θ 的水平，而不能为证实潜在特性的结构提供指导。

Crocker & Algina（1986：343）说：

> 前面我们许诺过，要更详细地阐释当我们说测验表现下的潜在特质时是什么

意思。这不过就是说，潜在特质说明了题目之间的统计依赖性。因此，潜在特质不必是测验所要测量的构想的有效测度。例如，完全可能有一组信度高而效度低的测验分数，于是，在这组测验表现下就可能有一个潜在特质，但对测验所要测量的构想来说，却不存在一个好的测度。当然，这表明题目是构想的一个不良测度。因此，我们不应该把潜在特质概念和更一般的构想概念等同起来。

Anastasi & Urbina（1997：73）说：

虽然在复杂程度和所用数学程序上有所不同，但这些方法一开始就有一个总的名称：潜在特质模型。它们所用的基本测度，就是某一具有特定能力（所谓的“潜在特质”）的人完成一特定难度的题目的概率。然而这并不是说，这种潜在特质或深层能力是物理或生理意义上的存在，也不是说它是行为的原因。潜在特质是一些统计构想，这些构想是根据测验反应中可观察的关系用数学推导出来的。

Anastasi & Urbina（1997：189-190）又说：

我们这里要讨论的数学方法，即项目反应理论，也被称作潜在特质理论和项目特征曲线理论。这个方法的一个基本特征是，在题目表现和反应者的“潜在特质”的估计量之间建立关系……在这里使用潜在特质时，它指的是一种统计构想；它并不暗示存在一个独立的心理实体或生理实体。

上述这些说法里既有“潜在特质”，又有“统计构想”，还有“数学推导”，一堆大词儿，看似吓人，实际上和笑话没什么区别。这个笑话就是：我发明了一个项目反应理论，而且它被称为“现代测量理论”，但如果你问我它测到的是什么，对不起，不知道！

当然也有人并不完全拒绝回答效度问题。Hambleton（1989）介绍单维性假设的检验方法时谈到了这个问题。Hambleton 提到，因素分析可以用来检验测验的单维性，所谓单维性是指测验只测了一个潜在特质，这是早期 IRT 所要求的一个条件。Hambleton 说，检验单维性可以用因素分析，只要因素分析的结果表明测验里有一个主导因素，单维性假设即被满足。接着他说（Hambleton，1989：150）：

这个主导成分或因素就被认为是测验所测的能力。然而这个能力不能被假设为内在的或不可改变的。这个能力被宽泛地定义为测验测到的什么东西：一种认知能力、一个成就的测度、一种基本能力或技能，或者是一个人格变量。至于这个能力究竟是什么，那就必须用和证明所测构想相同的方式来证明，即进行构想效度检验的研究。

Hambleton 也就是说说而已，他并不能真的去做，如果照他说的方法去做，我们就会面临一个两难境地。

假定我们编制了一个测听、说、读、写的测验，我们的设计意图是测四种能力。如果单维性检验通过，这虽然满足了单维性假设，但却表明我们的设计以及测验本身是失败的。如果因素分析得出了听、说、读、写四个因素，则表明我们的数据和模型不能拟合，测验还是要放弃。

除了持一般智力因素（g 因素）的斯皮尔曼和主张单一能力假说（UCH）的 Oller 外，没有什么人认为智力或语言能力是由一个不可再分的单一能力构成的。在实测条件下，大多数测验会不满足单维性假设。只要我们不像斯皮尔曼或 Oller 那样坚持单一因素假设，我们就会陷入上面说到的两难境地。这也许是大多数 IRT 理论家回避效度问题的原因。

也许有人说，在单维性假设条件下你会陷入两难，现在不是有多维 IRT 模型吗？如果认为你要测的能力是单维的，你就用单维性假说，如果你要测的能力是多维的，你就用多维性假说。

20 世纪 70 年代以后，多维 IRT 模型出现了。但是，多维 IRT 假设每个题目都测了若干个维度。假定我使用一个三维模型，那么每个题目都测到了三个维度上的潜在特质。当一个多维模型拟合良好时，我们就不知道该怎么解释了。仍然假定一个测听、说、读、写的测验，我们的假定是四个分测验各测一种能力。但多维 IRT 告诉我们：不管题目在哪个部分，每个题目都测到了听、说、读、写四种能力。但如果真是这样的话，我干吗要设计四种题型呢？但如果不设计四种题型，怎么做我才能让一种题型把听、说、读、写都测到呢？这可能又是“什么是潜在特质”不能深究的原因。

最后，我们用 Kline（1998：80）对 IRT 的一个评价来结束这个小节：

> 我已经说过，没有多少测验是用这种方法开发的，这是事实。目前它的主要用处就是开发裁缝测验，在这种测验里，被试只用一小部分专门适合于他的题目来测。有意思的是，我们也要注意到这样一种现象，Cattell & Johnson（1986）的书里［Cattell 就是编制 16 种人格测验的那位——引者按］根本没有提到项目特征曲线——作为一个五十多年来在因素分析方面引领了世界潮流的人，在一部心理测量方面的决定性著作中这样做，那是有意为之的。

第五章　联合测量

第一节　背景

据 Michell（1999：143-156）介绍，1932 年，英国科学进步协会成立了一个由 19 个人组成的 Ferguson 委员会，这个委员会的任务是研究这样一个问题：心理感觉事件能否科学地测量。这个委员会里有心理学家 Ferguson 等人，也有英国物理学家兼测量理论家 Norman Robert Campbell，此人在这个委员会里是有重大影响的人。经过几年的讨论和论战，该委员会在 1940 年提交的“最后报告”里得出结论，由于心理属性不支持连接操作，这种属性就不是连续的量，因此不能科学地测量，也就是不能量化。

这个结论对心理测量产生了一些重要影响，其中之一是 Stevens（1946）创立了操作主义的测量理论。为了反驳 Ferguson 委员会的结论，Stevens（1946：677）提出：

> 也许我们能更好地达成一致，如果我们认识到测量以几种不同的形式存在，测量量表分为几个不同的类别。这些类别既由引入测量过程的经验操作决定，也由量表的形式（数学）属性决定。

所谓“测量的不同形式”，就是他在这篇文章里提出的称名测量、顺序测量、等距测量和比率测量，与之相应的是称名量表、顺序量表、等距量表和比率量表。在这篇文章里，Stevens（1946：677）还给出了关于测量的著名定义：测量就是按规则给对象或事件赋值。从此以后，人们普遍认为，在心理科学和行为科学领域里，Stevens 的理论就是最后的结论。

Ferguson 委员会的“最后报告”里所说的心理属性不支持的“连接操作”指的是这样的操作：如果有四根 1 米长的杆子，我们可以把这四根杆子首尾相连，连接成一根 4 米长的杆子，这就是所谓的连接操作。但是我们不能说第一个人的高兴程度加上第二个人的高兴程度等于第三个人的高兴程度，因此“高兴”这种心理属性不是连续的量。

Stevens 通过扩大测量形式种类的办法克服了 Ferguson 委员会提出的难题，他甚至把“称名”（如把人分成男人、女人）也看成测量。在 Stevens 看来，“高兴”这种心理属性完全可以测量，这种属性可以用顺序测量来测。

1964 年，Luce 和 Tukey 在《数理心理学》杂志的第一期上发表了一篇文章，他们在这篇文章里提出了“联合测量理论”，根据这种理论，不能连接的属性也可以量化，一个给定的心理属性是一个连续的量。Luce 和 Tukey 用这篇文章证明 Ferguson 委员会错了。

联合测量理论的基本内容是，两个自然属性 A 和 X 都和第三个属性 P 有关，A、X 或 P 并不知道是否可量化。通过 P 的各个水平之间的特定关系，P 以及 A 和 X 能够成为连续的量。在不能做连接操作的情况下，联合测量可以对属性进行量化。心理属性是不能做连接操作的属性，使用联合测量对心理属性进行量化似乎是可能的。

Luce 和 Tukey 的文章发表以后，Dana Scott 很快写了一篇文章，为解决可解性和阿基米德公理的间接检验问题提出了分层的消去（关于“消去”见下一节）条件。随后，这个研究重点很快转向如何把联合测量扩展到两个以上属性，Krantz（1968）和 Tversky（1967）提出“多项联合测量”。1971 年，Krantz, Luce, Tversky 和 Suppes 合著了《测量基础》（第一卷），联合测量理论在该书中有全面的、高度技术性的论证。

有人给联合测量理论以很高的评价，如 Michell（1999：199）称 Luce 和 Tukey1964 年的论文是革命性的，但是，我们却几乎看不到联合测量的应用。有人认为，联合测量鲜有应用，是因为这个理论在数学上太难了。

联合测量理论是建立在四个公理上的，这四个公理是：单一消去公理、双重消去公理、可解性公理和阿基米德条件。下面我们就来看看这四个公理。

第二节　基本内容及其错误

一、单一消去公理

我们先来介绍序偶（ordered pair）概念。由两个元素 x 和 y（$x \neq y$）按一定顺序排列成的二元组叫作一个有序对或序偶，记作（x，y），其中 x 是它的第一元素，y 是它的第二元素，这两个元素的顺序不能颠倒。序偶（x，y）具有以下性质：

1. 当 $x \neq y$ 时，（x，y）$\neq$（y，x），如直角坐标系上的坐标（1，3）$\neq$（3，1）。

2. （x，y）=（u，v）的充分必要条件是 $x=u$ 且 $y=v$。

这些性质是二元集 $\{x, y\}$ 所不具备的。例如当 $x \neq y$ 时有 $\{x, y\}=\{y, x\}$。原因在于有序对中的元素是有序的，而集合中的元素是无序的。

现有两个自然属性 A 和 X，我们并不知道 A 和 X 是否是连续的量。设 a、b、c 为 A 的三个水平，x、y、z 为 X 的三个水平。第三个属性 P 由 A 和 X 各个水平上的九个序偶构成，亦即（a，x）、（b，y）…（c，z），序偶就是有顺序关系的成对的数。A、X 以及 P 的量化依赖于 P 的各个水平之间形成的关系。这些关系可以用联合测量理论中的公理来表示。

	x	y	z
a ↓	↓ a, x	↓ a, y	↓ a, z
b	b, x	b, y	b, z
c	c, x	c, y	c, z

图 5-1　单一消去公理（Wikipedia）

上图表示单一消去公理。从图中可以看出，$a>b$，因为 $(a, x) > (b, x)$, $(a, y) > (b, y)$ 以及 $(a, z) > (b, z)$。

现在我们解释一下单一消去公理。对 A 中的 a 和 b，以及 X 中的 x 来说，当且仅当 X 中的每一个 w 使得 $(a, w) > (b, w)$ 蕴含了 $(a, x) > (b, x)$，P 里面的关系满足单一消去。同样地，对 X 中的 x 和 y，以及 A 中的 a 来说，当且仅当 A 中的每一个 d 使得 $(d, x) > (d, y)$ 蕴含了 $(a, x) > (a, y)$，才满足单一消去。它的意思是，如果任意两个水平 a，b 是有序的，序偶的有序性与 X 的水平无关，同样地，如果 X 的两个水平 x，y 是有序的，序偶的有序性则与 A 的水平无关。

苏佩斯（2002/2001：70）把这个公理表述为：

如果，$(a, p) \geqslant (b, p)$，那么 $(a, q) \geqslant (b, q)$；

如果，$(a, p) \geqslant (a, q)$，那么 $(b, p) \geqslant (b, q)$。

我们来看一个具体的例子（"表 5-1"）。

表 5-1

	x 3	y 2	z 1
a 3	$a+x$ 6	$a+y$ 5	$a+z$ 4
b 2	$b+x$ 5	$b+y$ 4	$b+z$ 3
c 1	$c+x$ 4	$c+y$ 3	$c+z$ 2

单一消去的目的是在序偶间通过传递性建立可比性。如果是自然数，可比性和传递性很容易建立。例如，3>2，2>1，所以 3>1，这是通过 3>2，2>1 把可比性传递到 3 和 1 之间的比较。但是，在 A 和 X 两个属性都不知道是否有序的时候，这些属性在数量上就不可比，没有可比性，因而也就谈不上可比性的传递。为了让不知是否有序的属性可以比较且可比性能够传递，Luce 等人引进了序偶。$(a, x) > (b, x)$，$(a, y) > (b, y)$ 是因为 a 大于 b，两组序偶的大小和 x、y 的大小无关，甚至和 x、y 是否可量化无关，这样，x、y 的效应就被消去了。所谓单一消去，是将图 5-1 箭头所示的一个方向（垂直方向）上的 x、y、z 的效应消去了。

从“表 5-1”可以看出，把垂直方向上 x、y、z 的效应消去之后，垂直方向上的序偶有了有序性和可比性，左斜对角线（从左上到右下）方向上的序偶也有了有序性和可比性，即 $(a, x)> (b, y)> (c, z)$。但是，在单一消去的条件下，$(a, z) > (b, y)>(c, x)$ 的关系是否成立还不知道（参见“双重消去”）。

单一消去公理有这样几个问题：

第一，Luce 等人完全误解了序偶的性质。他们以为 $(a, x) > (b, x), (a, y) > (b, y)$ 以及 $(a, z) > (b, z)$ 表现了序偶的有序性，或者说，他们认为一个序偶大于另一个序偶说明它们是有序的。这完全是误解。序偶的有序性说的是一个二元关系里的两个元素是一个有序对儿，例如直角坐标系上的坐标（1，3），1 是横坐标，3 是纵坐标，假定在直角坐标系上确定了一个点后，它的横纵坐标的顺序是不能颠倒的，坐标（1, 3）和（3, 1）是两个不同的坐标，所以，序偶的一个性质是当 $x \neq y$ 时，$(x, y) \neq (y, x)$。邵学才、叶秀明（2001：13）举了一个更好理解的例子：

一个集合 A=$\{a, b, c, d, e\}$，a，b，c，d，e 是五个人，其中 a 是 b 的父亲，c 是 d 的父亲，c 又是 e 的父亲，用表示父子关系的序偶来表示就有（a，b）、（c，d）和（c，e），这三个序偶表示的都是父子关系，每个序偶里的元素都不能调换位置，因此三个序偶里的两个元素都是有序的。如果两个元素调换位置，这个二元关系就变了，如（*b*，*a*）表示的就不是父子关系而是子父关系了。

序偶的性质是一个集合内的元素是有序的，Luce 等人把序偶的有序性理解为若干序偶之间的有序，这显然是错了。

第二，两个序偶之间只有相等不相等的关系，它们之间是不能比较大小的，因此 $(a, z) > (b, z)$ 是不成立的。

第三，“单一消去”并不是公理，它只是一个证明或推导，即在 $(a, x) > (b, x)$ 的前提下推导出 $a>b$。公理不是推导出来的，而是选择出来的。如果要建立一个公理系统，我们要在已有的概念里选择一组初始概念，从若干命题中选择一组命题作为公理。初始概念和公理是建立一个公理系统的出发点，该系统里的其他概念都用初始概念去定义，其他命题都根据公理证明或推导出来。例如欧式几何的一条公理是“等量间彼此相等”，用公式表示就是如果 a=b 且 b=c，则 a=c。公理是一个基本命题，它的特点是显而易见的正确性，这可以检验，永远没有反例，但它不能从其他命题中推导出来。如果要求作为公理的命题也和其他命题一样得到证明，即要求它也从其他命题中推导出来，那就会导致无限的倒退。“单一消去”无论是否成立，它是论证出来的，所以不是公理。但是，如果它是一条公理的话，它就不可能是推导出来的。双重消去同样有这个问题。

二、双重消去公理

按照 Luce 等人的说法，如果单一消去成立，则 $(a, x) > (b, x)$ 且 $(b, x) > (b, y)$，通过传递性可得到 $(a, x) > (b, y)$。后两个序偶的有序性是由单一消去公理的满足决定的，因此，P 上有一个“左斜对角线关系”，即图 5-1 中左上到右下斜线方向的有序关系。但单一消去不能决定 P 上“右斜对角线”的有序关系。即便根据传递性和单一消去可以确定 $(a, x) > (b, y)$，但 (a, y) 和 (b, x) 的关系仍然不能确定。究竟是 $(b, x) > (a, y)$ 还是 $(a, y) > (b, x)$，这个问题不能不解决。因此，Luce 又引入双重消去。

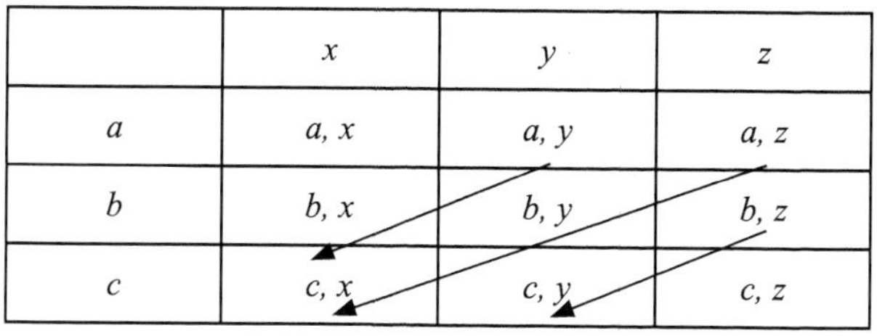

图 5-2　双重消去（Wikipedia）

Luce（1966：351）给出下列推导：

由于（A_1^1，A_1^2）≥（B_1^1，B_1^2），（B_1^1，B_1^2）≥（B_2^1，A_1^2），因此（A_1^1，A_2^2）≥（B_2^1，B_1^2）。

上述推导的过程是：

已知有如下不等式：

$(a, y)>(b, x)$，以及 $(b, z)>(c, y)$，

当且仅当 $a+y>b+x$ 时 $(a, y)>(b, x)$ 为真，并且，

当且仅当 $b+z>c+y$ 时 $(b, z)>(c, y)$ 为真，因此可推出：

$a+y+b+z>b+x+c+y$。

消去同类项 b 和 y，得到：

$(a, z)>(c, x)$。

Krantz 等人（1971：290）的表示法是：

$$\phi_1(a)+\phi_2(x)+\phi_1(f)+\phi_2(p) \geqslant \phi_1(f)+\phi_2(q)+\phi_1(b)+\phi_2(x),$$

消去同类项后得到：

$$\phi_1(a)+\phi_2(p) \geqslant \phi_1(b)+\phi_2(q)。$$

双重消去似乎解决了“右斜对角线”上的传递性和可比性问题，但它仍然是有问题的。单一消去的所有问题它都有，不再赘述。除了有和单一消去相同的问题外，双重消去还有自己的问题。

双重消去的目的是在右斜对角线方向上通过传递性建立可比性，如 $(a, z)>(c, x)$。但是，双重消去的条件怪异，因此导致了怪异的结果。

我们先说它的怪异的条件，双重消去的条件是：

$(a, y)>(b, x)$ 为真，当且仅当 $a+y>b+x$，以及

$(b, z)>(c, y)$ 为真，当且仅当 $b+z>c+y$。

联合测量理论的初始条件是，A 和 X 两类变量的任意一个是否可量化是未知的，因此 A 的元素和 X 的元素是否可加就是未知的，即便两类变量自身都是可加的，但两类变量的单位是否相同还是未知的，如果两类变量的单位不相同，A 和 X 仍然是不可加的。因此，$a+y$ 或 $b+x$ 是没有任何根据的，因此我说它条件怪异。

如果我们接受这个怪异的条件，双重消去会产生不被满足的结果。

如果我们沿用单一消去的条件，即 $a>b>c$，得到的结果就是“表 5-1”，从“表 5-1”中可以看出，当两列变量都降序排列时，右斜对角线（从右上到左下）上的序偶都是相等的，没有形成有序的关系。这就是说，双重消去的条件和单一消去的条件不一样了。现在我们来看“表 5-2”，我们让两列变量都升序排列。

表 5-2

	x 1	y 2	z 3
a 1	$a+x$ 2	$a+y$ 3	$a+z$ 4
b 2	$b+x$ 3	$b+y$ 4	$b+z$ 5
c 3	$c+x$ 4	$c+y$ 5	$c+z$ 6

上表可以认为是正常的序偶的情况，我们给 A 和 X 的各个元素赋值，且两类变量都升序排列。然而在上表所示情况下，$(a+y)=(b+x)$，$(b+z)=(c+y)$，$(a+z)=(b+y)=(c+x)$，双重消去“公理”被违反，$(a, y)>(b, x)$ 不成立。

我们再看另外一种情况（见“表 5-3”）。

表 5-3

	x 3	y 2	z 1
a 1	$a+x$ 4	$a+y$ 3	$a+z$ 2
b 2	$b+x$ 5	$b+y$ 4	$b+z$ 3
c 3	$c+x$ 6	$c+y$ 5	$c+z$ 4

上表是可能的序偶，我们让 A 的各个元素升序排列，让 X 各个元素降序排列。在上表所示情况下，$(a, y)<(b, x)$，$(b, z)<(c, y)$，$(a+z)<(b+y)<(c+x)$。双重消去也被违反，$(a, y)>(b, x)$ 不成立。

只有在另一种特定情况下，即 A 降序排列、X 升序排列（见“表 5-4”）时，$(a, y)>(b, x)$，$(b, z)>(c, y)$，$(a+z)>(b+y)>(c+x)$ 才成立！但这个结果和单一消去相矛盾（见“图 5-1”），根据单一消去，$(a, x)>(b, x)>(c, x)$，$(a, y)>(b, y)>(c, y)$，以及 $(a, z)>(b, z)>(c, z)$。

表 5-4

	x 1	y 2	z 3
a 3	$a+x$ 4	$a+y$ 5	$a+z$ 6
b 2	$b+x$ 3	$b+y$ 4	$b+z$ 5
c 1	$c+x$ 2	$c+y$ 3	$c+z$ 4

我们上面说过，公理是没有反例的。如果双重消去是一条“公理”，无论 A 和 X 的元素怎样排列，它都不应该碰到“表 5-2”和“表 5-3”所示的反例，因此所谓的双重消去“公理”是根本不成立的。

单一消去和双重消去相矛盾是该理论的另一个问题。

单一消去的条件是 $x > y > z$，得到的结果是垂直方向和左斜方向上的有序性，但右斜方向上是（$a+z$）=（$b+y$）=（$c+x$）。引入双重消去后，条件变成了 $a > b > c$ 和 $x < y < z$，这时候右斜对角线上的有序性出现了，垂直方向上的有序性也保持了，但是左斜方向上出现了（$a+x$）=（$b+y$）=（$c+z$）（见“表 5-4”）。于是矛盾出现了：解决了垂直和左斜方向上的传递性和可比性问题，右斜方向的传递性和可比性问题就解决不了，反之亦然。造成这个矛盾的原因是两个消去所依赖的条件不一样，其结果是两个消去公理不能同时成立。假定联合测量是建立在一个公理系统之上的，两个公理不能同时成立，这岂不是怪事？双重消去在其他人那里就变得更加混乱，例如 Michell（2009：48）引用双重消去的形式是：

> 双重消去：设 A_1 中有元素 a，b，c，A_2 中有元素 x，y，z，如果 dif（a，y）$\geqslant$ dif（b，x），dif（b，z）$\geqslant$ dif（c，y），那么 dif（a，z）$\geqslant$ dif（c，x）。

dif（a, y）表示 a 和 y 的差。他（Michell，2009：48）接着这样解释：

> 在 $a>b>c$ 而 $z>y>x$ 的特定情况下，这个差是可量化的。那么（i）（$a-y$）$\geqslant$（$b-x$）则蕴含了（ii）（$a-b$）$\geqslant$（$y-x$），以及（iii）（$b-z$）$\geqslant$（$c-y$）则蕴含了（iv）（$b-c$）$\geqslant$（$z-y$）。

那么 Michell 说的这些关系在什么条件下成立呢？我们来看“表 5-5”。

表 5-5

	x 1	*y* 2	*z* 3
a 3	*a*−*x* 2	*a*−*y* 1	*a*−*z* 0
b 2	*b*−*x* 1	*b*−*y* 0	*b*−*z* -1
c 1	*c*−*x* 0	*c*−*y* -1	*c*−*z* -2

Michell 设定的两列变量的排列和“表 5-4”是一样的，即 *a, b, c* 降序排列，*x, y, z* 升序排列。

从“表 5-5”中我们首先可以看到，右斜对角线上没有出现有序性，这和“表 5-2”的情形是一样的，双重消去不成立。如果想让双重消去的效应出现，我们想到的办法是两列变量都倒序排列（见“表 5-6”），但变量的这个排列和 Michell 的设定不一样。

表 5-6

	x 3	*y* 2	*z* 1
a 3	*a*−*x* 0	*a*−*y* 1	*a*−*z* 2
b 2	*b*−*x* -1	*b*−*y* 0	*b*−*z* 1
c 1	*c*−*x* -2	*c*−*y* -1	*c*−*z* 0

那么按照 Michell 的设定，即 A_1 降序排列、A_2 升序排列，双重消去的效应能否出现呢？似乎只有一个办法，让 A_2 各个变量取负值（见“表 5-7”）。

表 5-7

	x -3	*y* -2	*z* -1
a 3	*a*+*x* 0	*a*+*y* 1	*a*+*z* 2
b 2	*b*+*x* -1	*b*+*y* 0	*b*+*z* 1
c 1	*c*+*x* -2	*c*+*y* -1	*c*+*z* 0

“表 5-5”到“表 5-7”再次表明，满足双重消去的条件怪异，它不仅怪在变量的排列顺序上，甚至连变量的取值也是很怪的。“表 5-5”到“表 5-7”也再次表明单一消去和双重消去不能同时成立。

三、可解性公理和阿基米德条件

单一消除和双重消除仍不能成为建立连续量的充分条件，因此还需引进其他条件，那就是“可解性（solvability）公理”和“阿基米德条件（Archimedean conditions）”。

可解性的意思是：对于 a，b，x 三个元素来说，存在第四个元素 y，使得方程 $ax = by$ 是可解的。可解性要求 P 的每一个水平都有 A 的一个元素和 X 的一个元素，两类元素要么像实数或有理数一样密集，要么像整数那样等距（Krantz, *et al*, 1971：254-255）。

可解性公理实际上是说，A 和 X 两类变量或者可以像数豆子那样一个一个地数，这就是所谓的“像整数那样等距”，或者像和数轴上的点相对应的数那样，任意两个数之间都可以是插进一个介于这两个数之间的数，这就是所谓“像实数一样密集”。

阿基米德条件，按照 Krantz 等人（1971：253）的解释是，令 I 是一个连续的整数集，它可以是有限的，也可以是无限的，可以是正的，也可以是负的。当且仅当 X 中存在 x 和 y 且 $x \neq y$，I 中存在所有的整数 i 以及 i+1 时，A 的各个水平构成了一个标准序列，用公式表示就是：

$$(ai,\ x) = (ai+1,\ y)。$$

上式的意思是，如果 $x > y$，则 A 的某个水平上存在 i+1，它能使 P 的若干水平上的两个相关的有序对相等。

阿基米德条件来自阿基米德的《论球和圆柱》，其中第五个假设是所谓的阿基米德条件：如果两条线段或两个面、两个立体不相等，就可以在两者之差的上面，加上它的本身，一次一次加上去，使得每一个预先给定的同类量都被超过。现代常用的说法是：对于任意二正实数 a，b，必存在自然数 n，使得 $na > b$（百度百科）。

阿基米德提出这些公理时，其适用对象是线、面、体等几何实体，这些公理在几何实体上是可以归纳地检验的，非几何实体、尤其是心理属性等是否也具有这些性质，那就很难说了。

引入可解性公理和阿基米德公理的目的，是使属性具有连续性或等距性。可解性公理是说数学上有连续性，阿基米德公理是说测量对象本身是连续的。然而这又带来了新的问题。如果所测属性本身是连续的，而且在数学上也有连续性，亦即所测属性满足可解性公理和阿基米德公理，单一消去和双重消去这两个“公理”就是多余的。

需要单一消去和双重消去的条件是：两个属性，其中至少一个属性事先不知道是否连续、可加。如果其中一个属性是有序的，当它和另一个属性构成序偶时，若干个序偶之间也是有序的。（若干序偶之间是否可比较大小或排序还是成问题的。）

联合测量的基本思想是，先通过单一消去和双重消去使序偶获得有序性，再引入可解性公理和阿基米德公理使序偶中的两个属性获得连续性或等距性，因而获得可加性。但如果两个属性都满足可解性公理和阿基米德公理，这两个属性就可以直接或间接测量了。例如，线段的长度满足这两个公理，它可以直接测量，物体的重量也满足这两个公理，于是可以间接测量。这时候序偶以及单一消去和双重消去不是多余的吗?

如果单一消去和双重消去是需要满足的条件，很明显，可解性公理和阿基米德公理就得不到满足。

关于联合测量的四个“公理”，我们可以得出如下结论：

结论一：两个消去根本不是公理，而仅仅是论证序偶大小的比较具有传递性的两个证明。反过来说，两个消去成立，也是序偶具有有序性和可比性的条件。

结论二：双重消去只在极特殊的条件下才成立，而在很多条件下不成立，Levelt，Riemersma & Bunt（1972）的实验研究也证明了这一点。

结论三：单一消去和双重消去有矛盾，如果双重消去被满足，单一消去就不成立。

结论四：如果所测的属性满足可解性公理和阿基米德条件，单一消去、双重消去公理多余；如果单一消去和双重消去必须被满足，可解性公理和阿基米德条件就得不到满足。

波普尔（1935/2008：47）曾经说过，“公理系统必须是没有矛盾的（不论是自相矛盾还是相互矛盾）”，根据这条标准，联合测量理论是不成立的。

四、有关联合测量的实证性研究

联合测量的应用研究或实证性研究一向很少，我们所知道的实证性研究大概有两个。Levelt，Riemersma & Bunt（1972）做了一个双声道音响的心理物理学实验。Levelt，Riemersma 和 Bunt 想检验双重消去公理是否成立。他们的实验是，请两个被试，被试的左耳和右耳分别听到音强相同或不相同的声音，被试判断这次听到的声音是更响一些还是不那么响。实验者选择的音强共有 6 个等级，从 20 分贝（db）到 70 分贝，这样，双耳音强刺激共有 36 种（见“图 5-3”）。36 种双耳音强刺激能构成的全部组合（也就是左耳和右耳听到的音强的序偶）共有 36 × 36 个，即 1296 个（左耳的 20 到 70 分贝 6 个水平的音强要和右耳的 6 个水平各组合一次，右耳的 20 到 70 分贝 6 个水平的音强也要和左耳的 6 个水平各组合一次，所以左右耳听到的音强序偶是 36 × 36 个）。实验者选择的被试有两位，所以得到的音强序偶是 1296 × 2，即 2592 个。

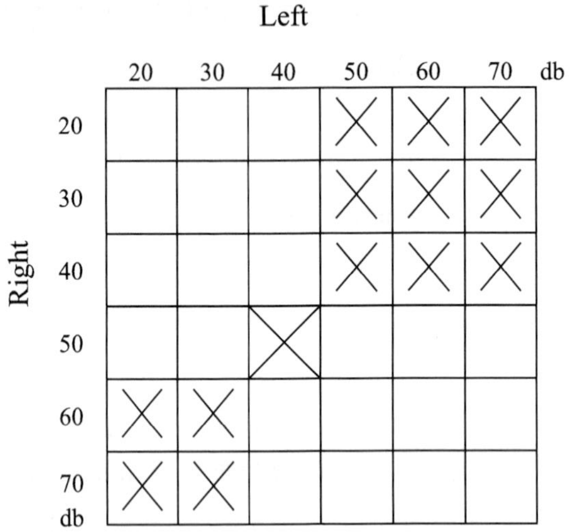

图 5-3　Levelt 等（1972：56）的双耳音强刺激

由于数据量太大，Levelt 等最后只对 400 个数据做了双重消去进行检验，他们的做法和前面介绍的双重消去的做法相同。

		Right-ear stimuli		
	B	*p*	*q*	*r*
Left-ear stimuli	*a*	1	3	6
	b	2	5	8
	c	4	7	9

图 5-4　Levelt 等（1972：57）

上图中的 B 表示左、右耳刺激的序偶（引用时有修改）。假定左、右耳各有三个水平，左耳为 a、b、c，右耳为 p、q、r。

如果：

$b_{aq} > b_{bp}$（3 > 2），

$b_{br} > b_{cq}$（8 > 7），

那么：

$b_{ar} > b_{cp}$（6 > 4）。

得出以上关系的推导过程是（Levelt 等，1972：57）：

因为 $\psi_i(a)+\psi_i(q)>\psi_i(b)+\psi_i(p)$，$\psi_i(b)+\psi_i(r)>\psi_i(c)+\psi_i(q)$，

把上面两式合在一起：

$\psi_i(a)+\psi_i(b)+\psi_i(q)+\psi_i(r)>\psi_i(b)+\psi_i(c)+\psi_i(p)+\psi_i(q)$，

消去两端的同类项，得到：

$\psi_i(a)+\psi_i(r)>\psi_i(c)+\psi_i(p)$，即：

$b_{ar}>b_{cp}$（$6>4$）。

在开始对 400 个结果进行检验之前，Levelt 等（1972：59）提出了双重消去是否通过了检验的标准。如果 $b_{aq}>b_{bp}$ 和 $b_{br}>b_{cq}$ 这两个前项真，而结果是 $b_{ar}>b_{cp}$，算是满足了双重消去条件；如果 $b_{aq}>b_{bp}$ 和 $b_{br}>b_{cq}$ 这两个前项真，而结果不是 $b_{ar}>b_{cp}$，算是拒斥了双重消去条件；如果 $b_{aq}>b_{bp}$ 和 $b_{br}>b_{cq}$ 这两个前项不真，而出现了 $b_{aq}<b_{bp}$，则算是"没有检验（No Test）"。

Levelt 等人的检验结果是，通过了检验的平均有 244.7 个，只有 3.9 个违反了双重消去，还有 154.4 个是"没有检验"。因此，Levelt 等（1972：60）得出结论，他们的数据很明显地显示出双重消去的性质。

大约 10 年后，Gigerenzer & Strube（1983）做了一个类似的实验，反驳了 Levelt 等（1972）的做法和结论。Gigerenzer 和 Strube 的理由是 Levelt 等人只用了 400 个数据，而且还有 154 个算是"没有检验"。如果把Levelt等人的 2592 个原始数据都拿出来，结果就完全不一样了。Gigerenzer & Strube（1983：128）列出了 2592 个原始数据的全部检验结果。（我不知道 Gigerenzer 和 Strube 是从哪儿得到的数据。）

表 5-8　2592 个原始数据的全部检验结果

Intensities (dB) at right ear	Intensities (dB) at left ear					
	20	30	40	50	60	70
20	0	2	4[a]	6	8	10
30	2	6	10[b]	14	18	22
40	4	10	16	22	28	34
50	6	14	22	30	38	46
60	8	18	28	38	48	58
70	10	22	34	46	58	70

上表中几乎只有画虚线的部分大致满足双重消去，即虚线内右上到左下方向上的

数字依次变小。

我们引用 Levelt 等人与 Gigerenzer 和 Strube 的实验以及上表，是为了说明我们上面的发现。

我们上面已经证明，双重消去只在两类变量的一种特定排列方式下才能满足，而在其他排列方式下会被违反（“表 5-1”到“表 5-3”），我们还发现，如果双重消去被满足，则单一消去被违反，这两个消去是矛盾的。

按照 Luce、Franta 等人的本意，单一消去是使垂直方向和左上到右下方向的序偶有序并可比，双重消去是使右上到左下方向的序偶有序并可比。假定虚线内的数字满足双重消去，那么，如果两个消去同时成立，上表的分布应该是：垂直方向的数字从上到下全部依次变小，左上到右下斜线的数字也都依次变小，右上到左下斜线的数字仍然都依次变小。

我们觉得有意思的是，上表所示的实测数据和我们的分析大致是一致的，即在虚线内的数字依次变小时，左上到右下的数字却依次变大。在整个“表 5-8”里，垂直方向上的顺序和单一消去要求的顺序正好相反。可见实证性数据也表明两个消去不能同时成立。另外，Michell（1988）也提到双重消去被违反的情况。

五、对联合测量的评价

联合测量理论自提出以来已有 50 多年了，讨论和论证这个理论的文献已经有一些了，但这个理论的应用和实验研究却少得可怜。Levelt，Riemersma & Bunt（1972）做了一个双声道音响的心理物理学实验，大约 10 年后，Gigerenzer & Strube（1983）重复了这个实验，这是我们所知关于联合测量的仅有的实验研究，而这两个实验还证明双重消去公理被反驳了。

在心理测量领域，联合测量理论的影响不大，对此，Cliff（1992：186）有如下说法：

> 处于发展抽象测量理论中心的这些人，在科学的心理学领域是最有创造性的一些人，从获得这个成就所需要的思维能力方面看，抽象的测量理论已被看成是主要的智力成就之一，它也被看作是科学哲学的一个关键支柱。然而，这个抽象的测量理论的影响显然是很小的。

Cliff 把联合测量理论叫作“抽象测量理论”，所谓“处于发展抽象测量理论中心的这些人”指的就是 Luce、Krantz 等人。说到联合测量理论的影响，Cliff（1992：187）

甚至有点儿嘲讽的意味：

> 遗憾的是，我的论题是，公理化的测量理论运动一直没有兑现它的承诺。在科学心理学方面，我至少熟悉 FM［指 Krantz 等人 1971 年的著作 *Foundations of Measurement*——引者按］第一卷，在心理学里，它是最高智力成果之一。然而人们会说，它对定量心理学的影响甚小，尽管它的作者们由于做了大量工作而在科学心理学家中有很大影响。

理论影响小而作者影响大实在是有些讽刺。

有人说联合测量理论的出现是心理学界的一场革命，Cliff（1992：190）则认为所谓的革命根本没有发生：

> 我在这里所做的就是提出这样的观点：公理化的测量理论本应引发的革命还没有发生，我也给出了事情为什么会是这样的原因。部分原因是，心理科学家，甚至那些熟悉数学的心理学家也发现理解这些想法有多难，应用就更谈不上了。部分原因是缺少促进这些概念的常规应用的因素。

诚如 Cliff 所说，有关联合测量理论的文章或专著的确极为难懂，因为它满篇都是符号、公式，内容极为抽象，而且作者在行文中几乎没有给出任何有助于读者理解的具体的例子。理论本身难懂，而理论的创立者也没有给出应用方面的指导或说明，所以 Cliff 说该理论影响小，故而认为所谓的革命没有发生。

Borsboom & Scholten（2008）同意 Cliff 的说法，也认为联合测量太难懂：

> 然而到目前为止，心理学家在探索 RMT［指表征主义测量理论，亦即联合测量——引者按］的可行性方面一直不是很积极。按照 Cliff（1992）的说法，这部分是因为理解这些结构所需的数学对心理学来说是陌生的，部分是因为，对所涉及的公理如何经验地检验，特别是当测量中包含大量误差时，RMT 没有提供具体的建议。

关于联合测量理论是不是一场革命，也有人持稍显不同的观点，Trendler（2009：592-593）认为：

> Norman Cliff（1992）指出，表征主义测量理论，尤其是联合测量理论，对心理学没有影响，所以他把联合测量叫作“从未发生过的革命”。出于其他的理由，对于情况是否会改变，他也是不乐观的。Michell（1999）则反对这种悲观看法，

坚称联合测量是“已经发生的革命”。在我看来，这个争论没有切中要害。联合测量理论可能是测量理论里已经发生的革命，但它实际上却和心理学无关。心理学家要搞的，应该是一场伽利略革命。不幸的是，这场革命还没有发生。

说心理学界还没有发生伽利略革命，Trendler是正确的，说联合测量和心理学无关，这也是对的，但是说联合测量是测量理论的革命，恐怕就站不住脚了。

我们上面已经论证，联合测量理论中的四个“公理”要么不成立，要么相互矛盾，一个革命性的理论不能是这个样子的。如果一个理论的公理不成立，公理之间相互矛盾，这个理论整个是不成立的，联合测量就是这样的理论，因此，联合测量也谈不上是“测量理论的革命”。

不过Trendler（2009：590）有一个观点是正确的，即“要检验心理属性是否可测，除了实验别无选择”，据此，Trendler（2009：592）得出一个结论：

> **心理现象是不易控制的。亦即，它们的可操作程度和可控程度都达不到使测量理论能够在经验上有意义地应用所需要的程度。因此，它们是不可测量的。**（原文是斜体）在我看来，只要我们还按它们原本的样子，即按它们天然的“杂乱”状态去看待它们，重大的进步就不可能出现。这可能无法给人带来安慰，但如果造不出仪器来，物理学家也会发现，他们同样处在这种无望的境地。

没有仪器，科学家就处于无望的境地，这是对的，但说心理现象不可测量，也许是可以讨论的。科学和技术发展到今天，能够测量心理现象的仪器和技术可能已经出现了，那就是我们下一章要介绍的事件相关电位（ERP）技术。

第六章　计量语言学和事件相关电位

前面几章讨论了语言能力、构想效度、项目反应理论以及联合测量等问题。我们的基本结论是，Bachman 的交际能力模型没有得到证明，因此语言能力问题没有解决；构想效度理论中充满混乱和误解，构想效度概念被扩大，其中充斥着很多与效度无关的东西，且因为测量工具和统计技术的限制，构想效度问题也没有解决；IRT 和联合测量理论本身不成立，因而就更无法解决语言能力的测量问题。

那么，语言能力和语言测验的构想效度问题就解决无望了吗？我们认为倒也未必。近几十年来，语言和心理研究领域出现了一些新的理论和方法，这些理论和方法也取得了一些可观的成果，但直到今天，语言测试领域对这些理论和方法的关注还不够。如果我们转换一下视角，尝试着把这些理论或方法引进语言测试领域，也许语言能力问题和构想效度问题就有望得到解决。本章介绍两种方法——计量语言学方法和事件相关电位方法，以期对语言能力问题和构想效度问题的解决提供一些新的思路。

在第一章我们介绍过，一个科学学科要想建立起来，我们要确认本学科的“四个基本”，即基本对象、基本现象、基本问题、基本方法。我们这个学科（语言测试）要研究的基本对象是“语言能力”，要回答的基本问题是“语言能力的本质是什么”。那么我们研究的基本现象是什么呢？就目前状态而言，我们现在研究的现象差不多就是被试在语言测验试卷上对多项选择题的反应。第三章说过，被试的这些选择和他大脑里的语言能力究竟有多大关系，其实很难说。就主观测试而言，我们研究的是评分员给出的分数一致还是不一致，我们很少直接研究被试写出的作文或他说出的那段话。

难道我们找不到“用物理定律和逻辑、哲学原理表示理解”（多伊奇，2002：144）的现象吗？

我们认为，有两个现象也许可以作为语言能力的基本现象来研究，一个是被试写出的作文或说出的那段话，另一个是被试受到语言刺激或有语言行为时大脑脑电的变化。前者用计量语言学的方法去研究，后者用事件相关电位技术去研究。

第一节 计量语言学方法

1935 年，美国语言学家 George K. Zipf 出版了 *The Psycho-Biology of Language*（《语言的心理生物学》），在这本书里，Zipf 提出了著名的 Zipf 定律。Zipf 认为，语言现象可以用定量方法去研究，从而发现语言的统计规律。Zipf 这本书标志着计量语言学的出现。最近几十年以来，计量语言学有了很大的发展，并已取得大量的成果。刘海涛、黄伟（2012：181）认为计量语言学有以下特点：

> 计量语言学……采用从真实文本中抽象出的数量关系描述与理解语言系统及其组成成分的发展和运作规律，当是计量语言学的根本任务。“精确、真实、动态”是计量语言学研究的三大特点。计量语言学认为，语言是一种生物—认知现象，也是一种心理—社会现象。语言系统是一个自组织、自适应的动态系统，也是一个复杂系统。计量语言学研究涉及语言学、数学、统计学、社会学、心理学、物理学、系统科学和计算机科学等多个学科领域，是一个典型的文理交叉学科，具有鲜明的跨学科研究特质。这些特点使计量语言学成为语言学诸多分支中最具现代科学特点的一个研究领域，而它所发现的语言规律也有助于更精确地描写与解释相应的语言现象，对于构建一种现代科学意义上的语言学理论是非常重要的。

既然计量语言学是语言学各分支中最具有现代科学特点的研究领域，那么，它的方法能不能引进语言测试领域？根据这个想法，我们通过一个实验做了初步的尝试，我们这个尝试是用统计方法去给学生的作文评分。

传统上，作文的评分一直由人工（评分员）来做，但人工评分有明显的缺点：

第一，主观性强。人工评分具有很强的主观性，这是众所周知的。评分标准不清楚、评分员的偏好以及评分员的疲劳程度，都对分数有影响。消除人工评分主观性的办法一般就是增加评分员的数量，如使用两个或三个评分员给同一批作文评分。

关于主观评分的主观性来源，我们可以说得更透彻一点儿。主观评分得到的分数反映的不是被试作文的质量，而是评分员对这篇作文的态度。评分员评作文的过程其实和普通人读小说、散文没什么区别。小说、散文是作家的作文，读者是评分员。看完一篇作品后，读者会给作品一个评价：好，还是不好。对于同一部作品，有的读者说好，有的读者说不好，无论说什么，表现的都是读者对这部作品的态度。不同的读者对同一部作品给出不同的评价，是他们的主观态度使然。评分员不过是被试作文的读者而已，因此，主观评分中的主观性根本不可能消除。

也许有人说，评分员评分不客观是他没有掌握好评分标准，如果他把标准掌握好了，评分就会客观。说这话的人没有意识到：评分标准的掌握，也是由评分员主观地决定的。

在现有方式下，要想消除主观评分的主观性，那就只有一个办法：让至少成百上千个评分员给一篇作文评分，这些评分员的平均态度可以认为接近对这篇作文的客观评价，但这显然是做不到的。

第二，大量耗费人力和时间。人工评分需要评分员一篇一篇地读被试的作文并打分，又因为评分员有两个或两个以上，所以人工评分使用的人力和时间都是可观的。

为了解决上述问题，美国的一些研究者设计出了计算机自动评分系统。1966 年，Page 开发出第一个计算机评分系统（Page，1966），到了 20 世纪 90 年代，机器评分系统至少有四个，其中最著名的可能是 ETS 开发的 e-rater 系统。机器评分系统的开发，主要不是为解决作文评分的主观性问题，而是为了节省人力和资金并提高效率。虽然 e-rater 等评分系统已经大量使用，但是，e-rater 等系统也有明显的缺陷。

一、e-rater 及其存在的问题

到了 20 世纪 90 年代，学者们开发出了多个机器评分系统，比较著名的有四个（Attali & Burstein，2006），它们是：Intelligent Essay Assessor（Landauer，Foltz，& Laham，1998），Intellimetric（Elliot，2001），Project Essay Grade（PEG，Page，1994）和 e-rater（Burstein *et al.*，1998）。机器评分的基本原理，亦即建立机器评分模型的基本过程是：

第一步，假定一次作文测试共有若干篇待评作文，人工评分员先给其中的一部分（一个样本）做人工评分。

第二步，机器评分的建模者从作文文本中抽取若干语言和内容特征。E-rater 选取的特征分为四类，即句法、篇章、内容和词汇，这四类特征再细化为约 50 个具体的量化指标，如句法错误的多少、段落间的衔接标志的有无、词汇的丰富程度等。

第三步，建模者用这些指标对人工评分员给出的分数（第一步的结果）做逐步回归，亦即去观察所选指标中有哪些能对人工评分员的分数做出成功预测，最后，建模

者得到一个回归方程。一般来说，50 个指标平均大约有 8 ～ 12 个能进入回归方程。

第四步，计算机去计算进入回归方程的那些指标在待评作文中的出现次数，然后，将这些指标的出现次数代入回归方程，最后计算出作文应得的分数。

机器评分系统虽然能够节省人力和时间，但也一直有人对机器评分持怀疑态度。Attali & Burstein（2006）把反对意见分为三类：

第一种是所谓的“人文主义反驳”，这种观点认为，机器不能像人那样理解或欣赏一篇作文。针对这种反驳而采取的补救方法是用人做第一评分员，用机器做第二评分员，最后，人工分数和机器给出的分数的平均分是被试的得分。

第二种是“辩护性反驳”，这种观点认为，只有作文是“真诚地”写出来的时候，计算机才能成功地评分，如果遇上有恶意或淘气的学生写出“恶意”的作文，机器就会被愚弄。也就是说，如果学生知道了机器评分的规则或原理，故意写出一些迎合评分原理而没有完整内容的文字，机器也会给高分。

第三种意见是“构成性反驳”，这种意见认为，回归方程所选中的那些指标并不是作文里真正重要的东西。作文里真正重要的东西是文章的内容，而选取的那些指标不能反映文章的内容。

机器评分是对人工评分的模拟，机器评分是否成功（可靠），其标准就是它给出的分数和人工评分的结果是否基本上一致。然而也有人反对用人工分数作为机器评分的评价标准，Bennett & Bejar（1998）认为，人工评分员是很容易出错的，用人工评分作为机器的标准，得不到理想的结果。

Bennett 和 Bejar 的意见是有道理的，我们都知道，人工评分员有自己的好恶，不同评分员对评分标准的把握不同，他会疲劳。这些因素都使得人工评出的分数不那么可靠。Chodorow & Burstein（2004）的研究表明，两个人工评分员分数的总方差中，只有 56% 是公共方差，也就是说，两人的一致性只有 0.56。既然人工评分不那么可靠，为什么我们还用人工评分作为标准呢？

用人工评分作为机器评分的检验标准还有一个问题，那就是循环论证。

上面介绍过机器评分的建模过程，一个回归模型建好后，我们怎么能知道它是否能很好地预测人工评分员的分数呢？这需要检验，检验的办法是，让机器去给人工评过分的那个小样本评分，然后比较机器评分的结果和人工评分的结果，如果二者的相关比较高，我们就认为机器评分成功。然而这是一个循环论证：你先根据那个样本的人工分数得出回归系数，然后再用这些回归系数去计算那个样本的作文得分，相关能不高吗？如果建模的样本和检验的样本是同一个样本，从理论上说，人工评分和机器评分的相关应该是 1。为了掩盖这个循环论证的痕迹，人们想出了交叉检验的办法，即把人工评分样本分成两个更小的样本 a 和 b，这样就得到两个回归方程 A 和 B，然后，A 方程的预测能力用 b 样本检验，B 方程的预测能力用 a 样本检验，这样一来，得到的两个相关系数就不会是 1，而是 0.8、0.9 这样的较高相关。交叉检验的结果从相关系数上看似乎不像是循环论证，但这个小伎俩并不能掩盖实质上的循环论证，因为 a 和 b 这两个小样本来自同一总体。

在对人工评分和机器评分做比较时，人们还发现了一个有意思的事，即无论是人工评分还是机器评分，分数的高低和作文的篇幅有很大关系。

Chodorow & Burstein（2004）发现，人工评分和作文篇幅关系密切，他们把这个关系描成下图：

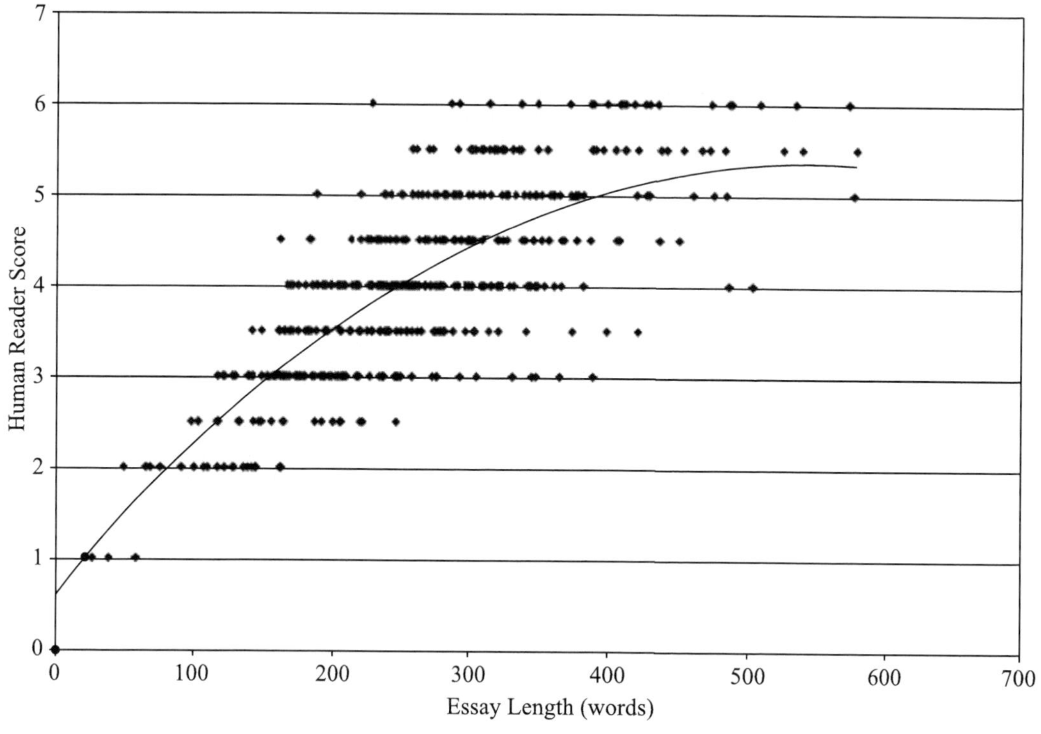

图 6-1　作文长度和人工分数的关系

从上图不难看出，虽然篇幅为 300 词的作文也可能得 5 分、6 分，但 600 词的作文却没有低于 5 分的！

无论是人工评分还是机器评分，都受到了篇幅的影响。E-rater 有两个版本，E-rater 99 和 E-rater 01（1999 年版和 2001 年版），除了这两个版本以外，Chodorow 和 Burstein 又编了一个只根据作文篇幅评分的程序（the length-based models）。他们把这三个机器评分的结果做了一个比较，结果是，只按篇幅评分的程序和人工评分的一致程度是 0.49（机器评分结果能解释人工分数方差的 53%，他们叫“严格一致性”或 kappa 值），E-rater 99 还不如按篇幅评分的程序，它和人工评分的一致性只有 0.46，E-rater 01 稍好一点，跟人工分数的一致性达到 0.53。两个人工评分员的一致性也不过是 0.56。

然后，Chodorow 和 Burstein 用计算偏相关的办法，排除掉篇幅因素后，再看两个机器评分程序和人工分数的相关，结果是，E-rater 99 跟人工评分的相关只有 0.05，E-rater 01 跟人工评分的相关有 0.14，而人工分数之间的相关在排除篇幅因素后只有 0.15。

这个结果表明，无论是人工评分，还是哪个版本的机器评分程序，基本上都是只根据作文的篇幅打分。

机器评分还有一个问题，就是指标问题，这个问题又分为两个方面：

第一，E-rater 选取的指标中有涉及作文内容的指标，如是否切题、某个关键信息是否出现等。由于每次作文的题目或主题都是不同的，因此每次评分所选取的内容指标也不同，这就导致了不同题目的作文的内容指标不可比，进而导致不同题目的作文得分不可比。

第二，E-rater 选取的指标有 4 类约 50 个，建模时采用逐步回归的方式，最终能进入回归方程的指标只有 8 ～ 12 个。“8 ～ 12 个指标进入回归方程”，这表明每次进入回归方程的指标的数量是不同的。下次再有一批作文需要评分时，这个建模过程要重新再来一次，但是，这次进入回归方程的指标可能不是上次进入方程的那些指标。由于每次进入回归方程指标会出现变化，所以这次的作文分数和上次的分数是不可比的。

综上所述，机器评分是很不可靠的。

二、现代汉语规范文本的特征

为了解决机器评分的上述问题，我们试图寻找另外一个办法，即计量语言学的办法。

我们有这样一个假设：在规范的现代汉语书面语里，常用汉字的分布有一定的规律，这些常用汉字的分布和句子的平均长度有一定的关系。为了检验这个假设，我们做了一个实验。

我们把巴金、老舍、冰心、梁晓声、陈忠实等十几位现当代作家的作品输入语料库（其中包括小说和散文），总字数近 1300 万，总句数 70 万（以句号、叹号、问号、冒号、删节号、破折号等为结句标志）。我们选择了“的、一、不、了”四个使用频率最高的字，然后用这四个字对句子长度（句长）做线性回归，得到一个回归方程。我们只是简单地做这四个字对平均句长的回归，不区分这四个字在文章中是单独成词，还是构词成分。

“图 6-2”是句子库的样式，左侧显示的是四个常用字的次数和句长，右侧是删掉了逗号等标点的句子（右侧显示的是左侧箭头所指的句子，也就是第三句的内容）。

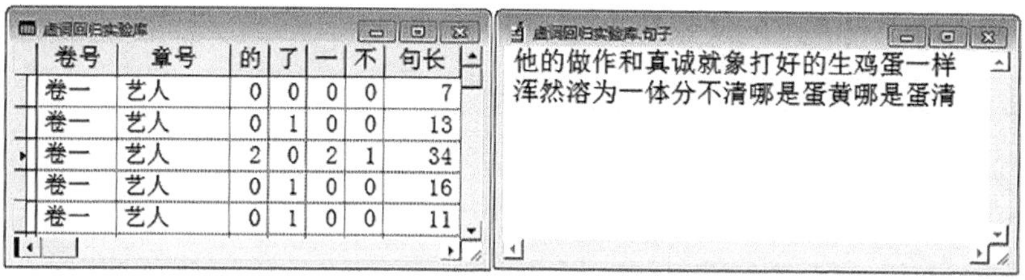

图 6-2　现代文学作品句子库

接下来，我们按句子编号（记录号）的奇偶数把 70 万句的大句库不断地分半，一直分到大句库的 1/8192，每一次分半，我们都做一次回归，得到一个回归方程，这样我们就得到了 27 个回归方程。最后，我们把这些回归方程（回归常数和回归系数）放在一起，观察它们是否有规律。“表 6-1”是 27 次回归的结果。另外，我们也对《红岩》这本书做了同样的处理，处理结果放进“表 6-1”的最后一行。“表 6-1”的右下部分有两个空格，是因为在语料为 0.3 万字的 1/4096 奇数库和语料为 0.15 万字的 1/8192 偶数库中，“了”和“不”没有进入回归方程。

表 6-1　27 次回归的结果

样本：字数	句数	平均句长	常数 / 截距	的	一	不	了
全部：1298 万	704949	18.43	7.181	7.267	6.123	4.783	4.403
1/2：奇数：649 万	352475	18.43	7.145	7.267	6.169	4.855	4.424
1/2：偶数：649 万	352474	18.42	7.216	7.266	6.076	4.711	4.383
1/4：奇数：324 万	176237	18.40	7.181	7.269	6.089	4.737	4.413
1/4：偶数：324 万	176237	18.45	7.252	7.264	6.063	4.685	4.352
1/8：奇数：162 万	88119	18.43	7.219	7.264	6.090	4.653	4.312
1/8：偶数：162 万	88118	18.46	7.284	7.264	6.036	4.717	4.393
1/16：奇数：81 万	44059	18.44	7.281	7.294	5.970	4.619	4.474
1/16：偶数：81 万	44059	18.49	7.287	7.235	6.102	4.814	4.311
1/32：奇数：40 万	22030	18.59	7.204	7.276	6.163	5.117	4.213

（续表）

样本：字数	句数	平均句长	常数/截距	的	一	不	了
1/32：偶数：40 万	22029	18.39	7.374	7.190	6.039	4.504	4.408
1/64：奇数：20 万	11015	18.39	7.510	7.021	6.056	4.493	4.230
1/64：偶数：20 万	11014	18.39	7.236	7.358	6.031	4.524	4.585
1/128：奇数：10 万	5507	18.37	7.139	7.427	6.344	4.489	4.506
1/128：偶数：10 万	5507	18.42	7.331	7.297	5.725	4.560	4.648
1/256：奇数：5 万	2754	18.47	7.449	7.072	5.490	4.487	4.925
1/256：偶数：5 万	2753	18.36	7.225	7.519	5.958	4.605	4.378
1/512：奇数：2.5 万	1377	18.04	7.111	7.435	5.756	4.720	4.745
1/512：偶数：2.5 万	1376	18.69	7.344	7.606	6.126	4.474	4.013
1/1024：奇数：1.2 万	688	18.47	7.285	8.152	5.626	4.472	3.901
1/1024：偶数：1.2 万	688	18.91	7.248	7.181	6.608	4.494	4.286
1/2048：奇数：0.6 万	344	19.26	7.374	6.361	6.916	5.746	4.982
1/2048：偶数：0.6 万	344	18.56	7.026	7.995	6.478	3.586	3.273
1/4096：奇数：0.3 万	172	18.69	7.181	8.462	6.618	4.678	
1/4096：偶数：0.3 万	172	18.44	6.998	7.780	5.772	2.882	6.361
1/8192：奇数：0.15 万	86	17.73	6.822	7.860	4.071	2.751	6.591
1/8192：偶数：0.15 万	86	19.14	8.291	8.100	7.341		6.093
红岩：285997	15962	17.92	7.938	8.186	4.766	4.380	3.778

在上表里我们可以看到，直到大句库被分成 1/1024 时，无论是回归常数（截距），还是“的、一、不、了”四个字的回归系数，都还是比较稳定的。回归常数在 7.111 到 7.51 之间，“的”的回归系数在 7.021 到 8.152 之间，“一”的回归系数在 5.49 到 6.608 之间，“不”的回归系数在 4.472 到 5.117 之间，“了”的回归系数在 3.901 到 4.925 之间。同时，平均句长也是很稳定的。

这个现象表明，当样本量比较大时，四个常用字对句子长度的回归系数是一定的，这些回归系数只在一个很小的范围里波动。这个现象，可能是规范的现代汉语书面语的一个规律。也就是说，在规范的现代汉语书面语里，“的、一、不、了”这四个常用字的分布和句长有一定的关系，这个关系就是回归方程所显示的关系。

刘海涛、黄伟（2012：183）说，计量语言学发现的定律可以分为三类，其中一类是分布定律，“分布定律描述了语言结构在语言系统和语言使用中的定量特征”。我们上面发现的汉语的四个常用字和句子平均长度的多重回归关系，也许基本上可以认为属于分布定律。

三、小学生作文和规范文本的差异

既然“的、一、不、了”的分布和平均句长有这样稳定的关系，我们能不能以此为标准，去给学生的作文评分呢？

我们假设，“的、一、不、了”的分布及其和平均句长的回归关系是标准的现代汉语文本的一个规律，换句话说，在规范的现代汉语文本里存在着这样一个规律。在不够规范的汉语文本里，也就是在由写作水平欠佳的人写出的文本里，“的、一、不、了”的分布及其和平均句长的回归关系，可能就是另外一个样子。如果是这样，“的、一、不、了”的分布及其和平均句长的回归关系可以反映作者的写作水平。

凑巧的是，我的学生李姝雯 2013 年做硕士论文时建了几个小学生作文的数据库，做完论文后，她把三年级和六年级的句子库给了我。于是，我们也对这两个库里的语料做了回归分析，然后将回归结果与现代作品库做对比，看它们之间是否有显著差异。

我们的做法是：

第一步，对三年级和六年级作文的句子库（句数分别是 12005 和 13909）做回归分析，得到两个回归方程（回归分析结果见“表 6-2”和“表 6-3”），并检验三年级和六年级的回归方程是否有显著差异。

表 6-2　三年级回归分析

Coefficientsa

Model	Unstandardized Coefficients		Standardized Coefficients			95% Confidence Interval for B	
	B	Std. Error	Beta	t	Sig.	Lower Bound	Upper Bound
1(Constant)	7.055	.080		88.695	.000	6.899	7.211
的	5.528	.074	.483	75.067	.000	5.384	5.673
一	4.491	.096	.301	46.546	.000	4.301	4.680
了	3.559	.090	.251	39.352	.000	3.382	3.736
不	3.853	.145	.168	26.584	.000	3.569	4.137

其中：

（Constant）是回归方程的常项；

B 是回归系数；

Beta 是标准化的回归系数；

95% Confidence Interval for B 下的两列数字是回归系数的上限和下限。

三年级作文的回归方程是：

句长 =7.055+5.528* 的 +4.491* 一 +3.853* 不 +3.559* 了

表 6-3　六年级回归分析

Coefficientsa

Model	Unstandardized Coefficients		Standardized Coefficients	t	Sig.	95% Confidence Interval for B	
	B	Std. Error	Beta			Lower Bound	Upper Bound
1(Constant)	7.848	.112		70.119	.000	7.628	8.067
的	7.055	.077	.478	91.972	.000	6.904	7.205
一	5.452	.102	.280	53.613	.000	5.253	5.652
了	5.630	.095	.302	59.098	.000	5.443	5.816
不	5.236	.139	.188	37.802	.000	4.965	5.508

六年级作文的回归方程是：

句长 =7.848+7.055* 的 +5.452* 一 +5.236* 不 +5.630* 了

第二步，对现代作品库的两个 1/64 子库（11000 句，见表 6-1）做回归分析和方差分析，并检验得到的两个回归方程是否有显著差异，选择 1/64 库是因为它的句子数和小学生作文库的句数大致相当。1/64 子库（奇数）的回归方程是：

句长 =7.51+7.021* 的 +6.056* 一 +4.493* 不 +4.230* 了

第三步，检验三年级、六年级回归方程和 1/64 子库的回归方程是否均有显著差异。

我们使用的检验方法是“邹氏检验（Chow test）”。

“邹氏检验”是美国华人经济学家邹至庄（Gregory C. Chow）1960 年提出的一种检验方法，它的目的是检验两个回归变量相同的回归方程是否有显著差异。这种方法可以判断在某个时间点上回归的结构是否发生了变化，也可以判断两个回归方程的预测力是否相同，我们使用“邹氏检验”属后一种情形，即判断“的、一、不、了”对平均句长的预测力是否相同。

“邹氏检验”是一个 F 检验，做法是，先对两个要比较的样本做方差分析，得到两个残差平方和，再把两个样本合在一起，做方差检验，得到合成样本的残差平方和，最后把三个残差平方和代入公式，计算 F 值。“邹氏检验”的公式是：

$$F=\frac{(RSS_R-RSS_{UR})/k}{RSS_{UR}/(n_1+n_2-2k)} \quad \text{（公式 6-1）}$$

其中 RSS_R 是混合样本的残差平方和；

RSS_{UR} 是两个独立样本的残差平方和之和；

k 是回归方程中参数的个数，本文得到的回归方程共有 5 个参数，所以在本文中 $k=5$；

n_1、n_2 分别是两个独立样本的样本量。

我们先来检验两个 1/64 子库是否有显著差异。两个 1/64 子库的方差分析结果见“表 6-4”和“表 6-5”，两个 1/64 子库合成库的方差分析见“表 6-6”。

表 6-4 1/64 子库（奇数）的方差分析

ANOVA[b]

Model		Sum of Squares	df	Mean Square	F	Sig.
1	Regression	1482175	4	370543.718	2773.840	.000[a]
	Residual	1470772	11010	133.585		
	Total	2952947	11014			

a. Predictors:（Constant），不，了，一，的

b. Dependent Variable：句长

上表中 Sum of Squares 下的第二行数字 1470772 就是残差平方和，下同。另一个 1/64 子库残差平方和是 879647。

表 6-5 1/64 子库（偶数）的方差分析

ANOVA[b]

Model		Sum of Squares	df	Mean Square	F	Sig.
1	Regression	1550687	4	387671.793	4851.806	.000[a]
	Residual	879647.5	11009	79.903		
	Total	2430335	11013			

a. Predictors:（Constant），不，了，一，的

b. Dependent Variable：句长

表 6-6　两个 1/64 子库合成库的方差分析

ANOVA[b]

Model		Sum of Squares	df	Mean Square	F	Sig.
1	Regression	3339724	4	834930.939	9937.677	.000[a]
	Residual	1850468	22025	84.017		
	Total	5190192	22029			

a. Predictors:(Constant), 不, 了, 一, 的

b. Dependent Variable：句长

我们把上面的三个残差代入公式：

$$F=\frac{(1850468-(1470772+879647.5))/5}{(1470772+879647.5)/(11015+11014-10)}=-936.72$$

F 值 = − 936.72，小于 1，即小于 $F_{0.01(\infty,\infty)}$ 的临界值，故两个 1/64 子库没有差异，这说明两个 1/64 子库的回归方程是没有差异的。

现在我们来看三年级作文和六年级作文的回归方程是否有差异。

表 6-7　三年级作文的方差分析

ANOVA[b]

Model		Sum of Squares	df	Mean Square	F	Sig.
1	Regression	510907.6	4	127726.898	3304.075	.000[a]
	Residual	463888.6	12000	38.657		
	Total	974796.2	12004			

a. Predictors:(Constant), 不, 了, 一, 的

b. Dependent Variable：句长

表 6-8　六年级作文的方差分析

ANOVA[b]

Model		Sum of Squares	df	Mean Square	F	Sig.
1	Regression	2431046	4	607761.435	7067.482	.000[a]
	Residual	1195661	13904	85.994		
	Total	3626707	13908			

a. Predictors:(Constant), 不, 了, 一, 的

b. Dependent Variable：句长

表 6-9　三年级、六年级合成库的方差分析

ANOVA[b]

Model		Sum of Squares	df	Mean Square	F	Sig.
1	Regression	3242564	4	810641.110	11909.204	.000[a]
	Residual	1763586	25909	68.068		
	Total	5006150	25913			

a. Predictors:(Constant), 不，了，一，的

b. Dependent Variable：句长

我们来做“邹氏检验”：

$$F=\frac{(1763586-(1195661+463888.6))/5}{(1195661+463888.6)/(13909+12005-10)}=324.78$$

F =324.78，大于 1，因此，三年级和六年级回归方程有显著差异，这说明四个常用字在两个年级里的分布是不同的，这四个字对平均句长的预测能力也是不同的，因此可以认为三年级和六年级学生的作文水平是不同的。

好了，现在我们分别去比较三年级作文和六年级作文跟 1/64 子库是否有差异。三年级和 1/64 子库合成库的方差检验结果是：

表 6-10　三年级和 1/64 子库（奇数）合成库的方差检验

ANOVA[b]

Model		Sum of Squares	df	Mean Square	F	Sig.
1	Regression	2093519	4	523379.692	6063.612	.000[a]
	Residual	1986536	23015	86.315		
	Total	4080055	23019			

a. Predictors:(Constant), 不，了，一，的

b. Dependent Variable：句长

F 检验的结果是：

$$F=\frac{(1986536-(1470772+463888))/5}{(1470772+463888)/(11015+12005-10)}=123.4$$

F =123.4，大于 1，因此，三年级作文和 1/64 子库有显著差异。

表 6-11　六年级和 1/64 子库（奇数）合成库的方差检验

ANOVA[b]

Model		Sum of Squares	df	Mean Square	F	Sig.
1	Regression	3947120	4	986780.044	9175.624	.000[a]
	Residual	2679880	24919	107.544		
	Total	6627000	24923			

a. Predictors:(Constant)，不，了，一，的

b. Dependent Variable：句长

$$F=\frac{(2679880-(1470772+1195661))/5}{(1470772+1195661)/(11015+13909-10)}=25.13$$

F 检验的结果是：

F =25.13，大于 1，因此，六年级作文和 1/64 子库也有显著差异。

现在我们归纳一下：由现当代文学作品构成的两个 1/64 子库（两库句数均为 11000）的回归方程没有显著差异，三年级（12000 句）和六年级（13900 句）有显著差异，三年级和 1/64 子库有显著差异，六年级作文和 1/64 子库也有显著差异。

上面的分析结果表明，“的、一、不、了”在三年级作文、六年级作文及 1/64 子库三种文本里的分布都是不同的，我们可以推测这是不同的写作水平造成的。下一步我们看看能不能提取出可测量的指标。

四、提取可测量的指标

我们已经得到了 1/64 子库、三年级、六年级的回归方程，检验表明，三年级和六年级作文均与 1/64 子库有显著差异，这表明，“的、一、不、了”这四个字在三种文本中的分布是不同的，我们希望在这种不同的分布中找到一个东西，作为衡量这种差异的指标。

为了让三年级、六年级作文有个参照，我们从现代文学作品中随便找了一部作品《红岩》，也对这部作品做了回归分析，《红岩》的回归方程是：

句长 =7.938+8.186* 的 +4.766* 一 +4.380* 不 +3.778* 了

我们首先观察了“的、一、不、了”四个字在不同文本中的平均次数（每句），计算结果如下：

1/64 库：的 =0.82；一 =0.35；不 =0.29；了 =0.40。

《红岩》：的 =0.77；一 =0.32；不 =0.22；了 =0.32。

六年级：的 =0.84；一 =0.51；不 =0.28；了 =0.55。

三年级：的 =0.49；一 =0.32；不 =0.15；了 =0.40。

以 1/64 库为例，“的” 字平均每句出现 0.82 次，“一”0.35 次，“不”0.29 次，“了”0.4 次。在《红岩》、三年级和六年级作文里，这几个字的平均次数和 1/64 库都有差异，有的用得多一点，有的用得少一点。我们用《红岩》、三年级和六年级作文中这几个字的平均次数去减 1/64 库中这几个字的平均次数，得到三种文本中这四个字平均次数与 1/64 库中平均次数的差，然后我们再把这些差值加起来，得到“差之和”：

《红岩》：的 = −0.05；一 = −0.03；不 = −0.07；了 = −0.08。差之和：−0.23。

六年级：的 = 0.02；一 = 0.16；不 = −0.01；了 = 0.15。差之和：0.32。

三年级：的 = −0.33；一 = −0.03；不 = −0.14；了 = 0.00。差之和：−0.50。

我们可以看到，在不同的文本里，四个常用字的分布是不同的，把上面的“差之和”处理一下，可以得到一个指标。我们的处理方法是：把 1/64 子库中四个常用字的分布当作 100，我们用这个 100 减去“差之和”的绝对值乘以 100，得到了一个百分制的分数，即：

《红岩》：$100-(|-0.23|\times 100)=77$

六年级：$100-(|0.32|\times 100)=68$

三年级：$100-(|-0.50|\times 100)=50$

按照上述指标，《红岩》得分是 77 分，六年级作文是 68 分，三年级最低，是 50 分。

五、小结

我们对现代汉语标准文本、《红岩》、三年级作文和六年级作文均做了回归分析，我们发现，虽然作为回归变量的“的、一、不、了”四个常用字均进入了回归方程，但“邹氏检验”表明，四种文本的回归关系是不同的，也就是说四种文本是不同质的。我们用学生作文中四个常用字出现次数与标准文本中出现次数的差作为衡量指标，将其变形之后得到《红岩》、三年级作文和六年级作文的分数。这些分数表明，《红岩》优于六年级作文，六年级作文优于三年级作文。

如果把这个实验所用的方法当作一种作文评分方法的话，和美国的 e-rater 相比，我们这个方法有以下几个优点：

第一，我们没有循环论证。

第二，我们的方法比 e-rater 简单得多，因为我们提取的指标很简单也很少，只有四个常用字和平均句长。

第三，用我们这种方法得出的分数，和作文的篇幅长短无关。

第四，e-rater 得出的分数单位不明，因而也是不相等的，因为 e-rater 所用指标的单位是不相等的，如词汇的丰富性和语法错误的个数这两个指标的单位就是不相等的。我们得出的分数的单位是相等的，因为我们使用的单位只有一个，即字数。

第五，由于 e-rater 的评分指标里有内容指标，而不同题目的内容指标是不同的，因此 e-rater 得出的不同题目的作文的分数是不可比的，我们的分数只用了字的分布这样一个指标而和内容无关，因此不同内容的作文的得分是可比的。

第六，我们的分数不是根据对人工评分员分数的回归得到的，我们的回归方程显示的完全是文本的客观状态，因而我们的分数里完全没有主观性因素，而是完全客观的。

当然，我们这个实验还是很初步的，还有以下一些不足：

第一，我们这次实验显示《红岩》、三年级作文和六年级作文处在不同水平，这个结果也许是一个偶然，我们还没有做大量的重复性检验，因此我们所用的指标是否真正稳定还未可知。

第二，即便我们所使用的方法是可靠的，那也只刻画了群体间（小学生群体和现代作家）总体上的差异，尽管群体间的差异也需要（或可以）描述（例如 IRT 就已出现刻画不同群体的差异的模型），但作文评分总归要处理单篇作文的差异。由于单篇作文（尤其是第二语言作文）篇幅都很小（几百字左右），我们这里所用的方法是否仍然可靠，目前还不知道，这需要做进一步的实验和研究。

我们的基本想法是，我们应该考虑摆脱 e-rater 的思路，摆脱人工评分的主观因素限制，探索这样一个方法，即作文的得分完全由文本本身的特征来决定，如果能够根据文本本身的特征给作文评分，这才是真正客观的作文评分。

第二节　事件相关电位

在第二章，我们介绍过乔姆斯基的语言理论，乔姆斯基认为语言能力是人的生物禀赋，是心智 / 大脑的一个属性，他曾经设想人脑内有一个语言器官 LAD。虽然人脑里可能没有一个单一的器官 LAD，但人的语言活动及其他一切心理活动都是大脑的行为，而大脑的这些行为是可以提取出来的。

一、事件相关电位（ERP）的发展

据 Steven Luck（2005/2009：3）介绍，1929 年，德国神经学家 Hans Berger 做了一系列实验，他发现，把电极放在人的头皮上，可以测量人的脑电。这种脑电信号可以放大，也可以画出在一段时间里脑电变化的图形，这种图形就是脑电图（electroencephalogram，EEG）。但是，这个发现当时没有引起人们的重视。几年以后，生理学家 Edgar Douglas Adrian（诺贝尔生物学奖获得者）等人也发现了 EEG，这时，人们才承认 EEG 的存在。从此以后，EEG 在科学研究和临床中得到应用。但是，EEG 有一个问题，那就是它是神经的混合活动的反映，不能反映特定的心理或认知活动。

图 6-3　EEG 的波形（魏景汉、罗跃嘉，2010：2）

EEG 是对大脑活动的粗糙测量，起初，人们很难把特定的神经反应过程从中提取出来。在这些粗糙的测量结果中，隐藏着与特定事件相关的特异性反应，下一步就是如何把这些特异性反应提取出来。

随着技术的发展，人们可以把 EEG 中的特定神经反应提取出来，由于这些脑电反应是跟人脑的特定事件相关联的，所以我们就把它叫作“事件相关电位（Event Related Potential，ERP）”。

最先提取出人类清醒感觉的 ERP 记录的是 Pauline & Hallowell Davies（1939 年）。1964 年，Grey Walter 等人提取出了第一个 ERP 成分（Steven Luck，2005：4、2009：3）。Kutas & Hillyard（1980）发现了第一个和语言加工有关的 ERP 成分。今天，如果我们在 google 上搜索“ERP, language comprehension”，能够搜到约 16 万个结果，在百度上搜索“事件相关电位，语言加工”，能得到 7 万多个结果。

二、ERP 的基本原理及其优点

(一) ERP 的基本原理

在做 ERP 实验时，被试头戴一个电极帽，电极帽里有若干个电极，对应大脑皮层的特定位置。实验开始后，被试得到一个刺激。当他得到这个刺激后，大脑产生反应，从而形成脑电（EEG）。EEG 里含有其他的心理或生理反应的信息，这些不是特定刺激引起的波形。ERP 波形有两个恒定，一是波形恒定，二是潜伏期恒定，所以，给被试的同一刺激重复多次，这些刺激引起的 ERP 波形和潜伏期都是相同的。多次刺激产生的EEG中ERP是相同的，而其他心理、生理反应的波形是不同的。把EEG中波形恒定、潜伏期恒定的波放大叠加，实验者就得到了 ERP 波形（魏景汉、罗跃嘉，2010：35）。"图 6-4" 是 ERP 的提取原理。

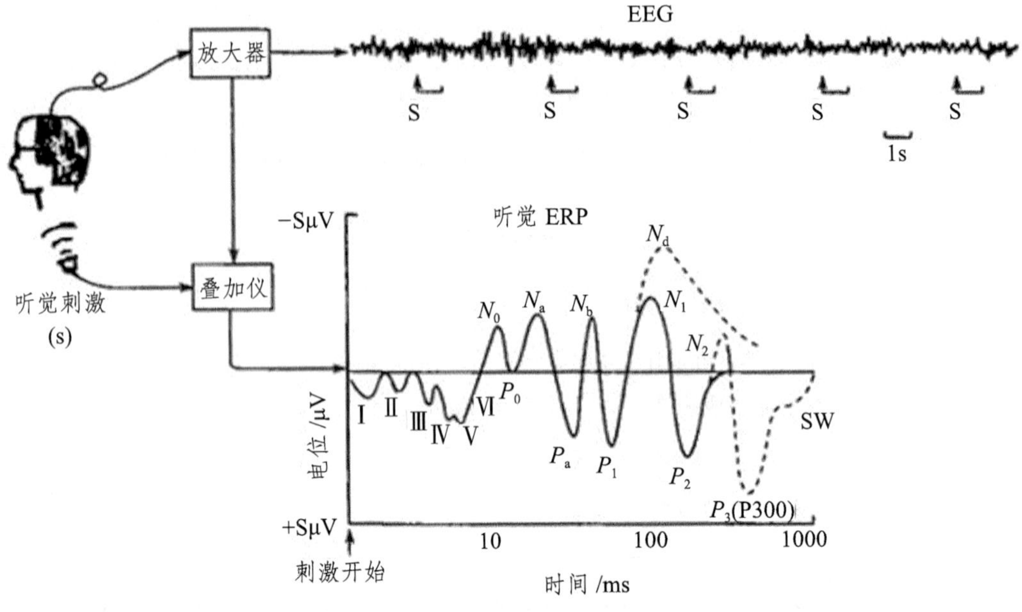

图 6-4　ERP 的提取原理（魏景汉、罗跃嘉，2010：35）

"图 6-4" 是听觉刺激产生 ERP 的示意图，图的最上边是 EEG 波形，其中的一部分通过放大和叠加，形成了听觉 ERP 的波形，标有字母 *N* 或 *P* 的波峰，就是代表某个特定反应的 ERP 成分。所谓 ERP 成分，就是"当执行一种特异的心理运算操作时，在特定的神经解剖模块所产生的头皮记录的神经活动"（Luck，2005/2009：46）。

下面我们看一个例子，这是 Luck（2005/2009：6-7）做过的一个简单的实验。

实验者在屏幕上给被试呈现字母“X”和“O”（见“图 6-5”），“X”呈现 80 次，“O”呈现 20 次，字母交替出现。

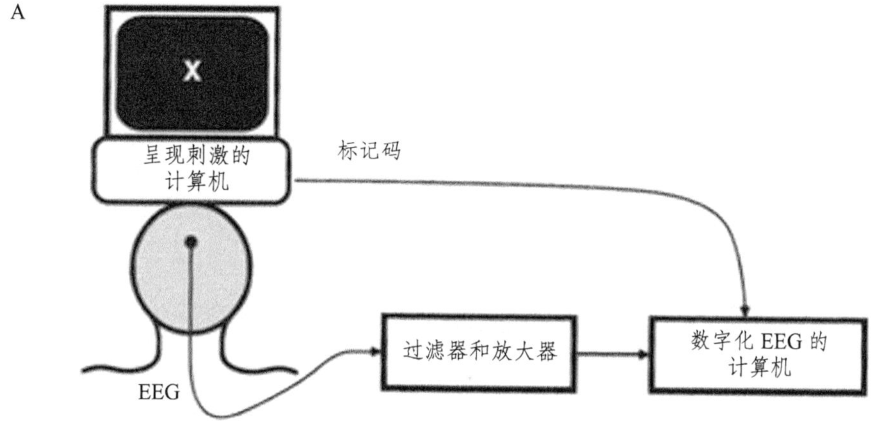

图 6-5 Luck（2005/2009：7）的实验

这 100 次呈现形成一个刺激序列。实验者告诉被试，当他看到“X”的时候按下一个键，看到“O”的时候按另一个键。每个字母在屏幕上呈现的时间是 100 毫秒，中间空 1400 毫秒后呈现下一个字母。在实验过程中，EEG 系统从电极帽里的电极上记录 EEG，EEG 被放大 2 万倍后转换成数字存在计算机硬盘上。呈现刺激的计算机还把每一个刺激的标记码送到对 EEG 进行处理的计算机里一起储存，标记码位于每个刺激开始的时候，在后面处理 EEG 时，实验者根据标记码给 EEG 分段。

在记录中，实验者可在处理 EEG 的计算机上看到 EEG，但看不清字母刺激诱发出的反应，因为在 EEG 里，这些反应太小了。“图 6-6”是一个电极在 9 秒钟时间里记录到的 EEG。

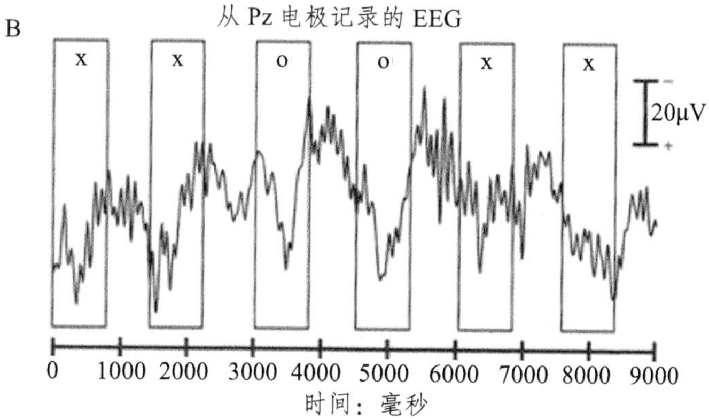

图 6-6 一个电极记录到的 EEG（Luck，2005/2009：7）

记录结束后，实验者用信号平均法提取字母“X”和“O”诱发的ERP。具体做法是，根据标记码分段提取与“X”或“O”相对应的EEG（见“图6-7”左侧），然后对这些波形做简单的叠加平均。例如，实验者测量每个“X”刺激后某个时间点上（如第24毫秒）的电压，然后把这些电压值相加后再平均，从而计算出“X”波形在刺激后第24毫秒的平均电压。对刺激后每个时间点上的电压都做这样的叠加平均，最后可以得到每个刺激类型高度可重复的波形（见“图6-7”右侧）。

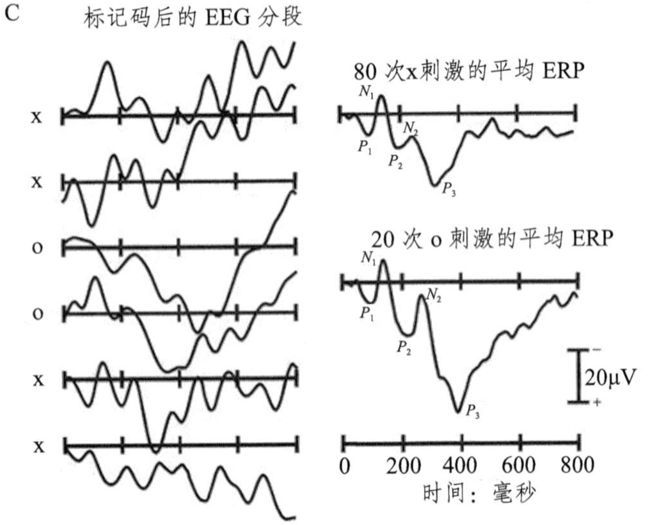

图6-7 分段的EEG和叠加平均后的ERP（Luck，2005/2009：7）

上图中，P代表正波，N代表负波，至于为什么负波向上画，正波向下画，完全是最初的习惯使然。后来有人提出标准化的画法，即向上的标成正波，向下的标成负波，但没人接受。上图中的P_1、P_2、P_3、N_1、N_2等标记的是波峰，也是波的命名，或者叫“成分”。

（二）ERP的优点

和其他一些测量手段比，ERP有一些优点。魏景汉、罗跃嘉（2010：3-4）把ERP的优点归结为6条。

第一，时间分辨率高。所谓时间分辨率高就是快、及时。ERP直接测量脑组织产生的电信号，电信号的传导速度极快。fMRI（功能性磁共振成像）等测的是脑组织代谢物质或代谢相关物质浓度，是对脑组织反应的间接测量，等测到脑组织代谢物质的浓度变化时，被试的反应早就过去了。

第二，与反应时和反应正确率比，ERP更准确。反应时和反应正确率反映的是从刺激到反应的全部结果，从中我们看不出认知中的阶段和过程。ERP 显示的是从刺激到反应的连续过程，我们可以把这个过程分成不同的阶段去观察。

第三，在反应时实验中，被试必须对刺激做出行为反应，如按一个键，ERP 则可以测量没有行为反应的心理过程。在语言理解研究中，ERP 可以观察被试听到或看到一个句子时大脑里产生的反应，不需要他做出回答或按键等行为反应。

第四，ERP 具有脑自动加工指标。如失匹配负波（详下）是人脑对外界变化进行自动加工的指标，这类客观指标可以为我们研究非意识加工或无意识状态等自动加工提供研究方法。

第五，价格非常便宜，设备简单，操作容易，对环境要求不高。据 Luck（2005/2009：21）说，ERP 技术比其他技术都便宜得多，建一个 ERP 实验室用不了 5 万美元，给一个被试做实验，材料耗费也就是 1 到 3 美元。ERP 在操作上简单，一个研究生或高年级大学生可以很容易地完成 ERP 实验。

第六，ERP 设备对人体完全无害。

三、ERP 的一些发现

(一) N400

N400 是第一个被发现的和语言加工有关的 ERP 成分，Luck（2005/2009：35）认为这是“最令人满意的语言相关ERP成分的研究”。1980 年，Kutas 和 Hillyard 在《科学》上发表了一篇文章，报告了他们的实验。他们的实验是：被试看屏幕上的句子，屏幕上每隔一秒出现一个词，最终出现一个由 7 个词组成的句子。第一个句子是正常的句子，如“IT WAS HIS FIRST DAY AT WORK”；第二个句子其他地方都正常，但最后一个词和全句的意思在语境上不搭配（畸义词），如“HE SPREAD THE WARM BREAD WITH SOCKS（他往热面包上抹袜子）”，正常的句子应该说“往面包上抹黄油或果酱”；第三个句子也都正常，但最后一个词的字号明显比其他词大。（见“图 6-8”）

当句子的最后一个词的意思和语境不搭配的时候，被试在看到“袜子”这个背离语境的词后 400 毫秒左右的地方，出现了一个大的负波，这个负波被命名为 N400。被试看到第三句的最后一个词的字号比其他词大时，产生了一正波 P300，这个波的波峰在 560 毫秒处。

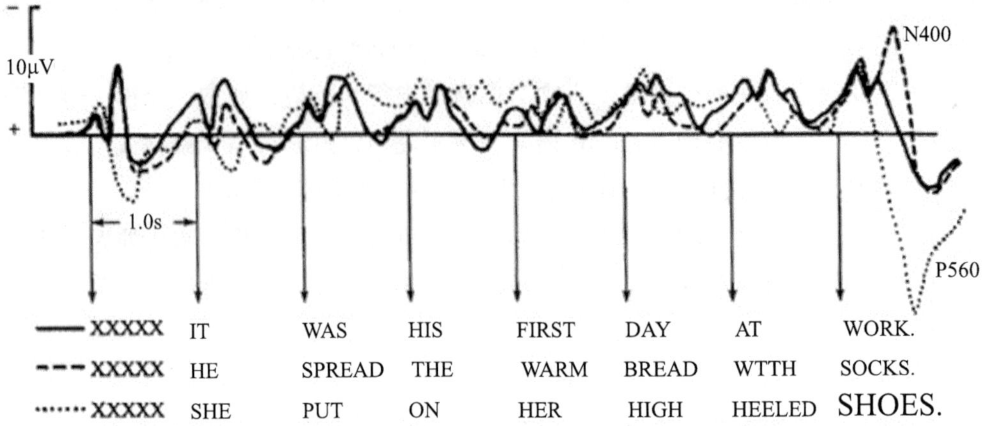

图 6-8　N400 和 P560（Kutas & Hillyard，1980：203；魏景汉、罗跃嘉，2010：64）

发现了 N400 后，人们就研究它的意义，这究竟是语义加工的产物，还是由其他因素引起的？Fabiani 等人的实验（转引自魏景汉、罗跃嘉，2010：64）表明，N400 的波幅跟词汇对语境的背离程度有关，畸义词对语境的背离程度越大，N400 的波幅就越大。Fabiani 的实验是让被试看三个句子：

比萨热得都没法吃了。

比萨热得都没法喝了。

比萨热得都没法喊了。

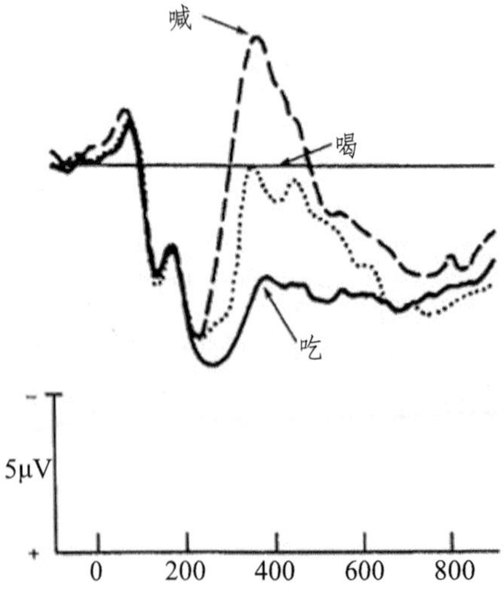

图 6-9　语境背离程度与 N400 大小的关系（魏景汉、罗跃嘉，2010：64）

结果显示，在上面三个句子里，“喊”对语境的背离程度最大，它产生的N400波幅最大。能够诱发N400的句子还有“While I was visiting my hometown, I had lunch with several old shirts”。

郭桃梅、彭聃龄（2003：746）认为，为了研究某些快速进行的认知活动，如汉字形、音、义加工的时间进程问题，在实验中尽量适当控制某些因素，事件相关电位N400不失为一种很好的指标。

（二）P600

违反语法规则会诱发一个P600成分（Osterhout & Holcomb，1992：795）。有这样两个句子：

The broker hoped to sell the stock.（经纪人想卖掉股票。）

The broker persuaded to sell the stock.（经纪人劝说卖掉股票。应该说persuaded somebody to do something。）

上面两句第一句没有语法错误，第二句有语法错误。被试在屏幕上看第一个句子时，to sell的to在600毫秒处诱发的波幅并不大，但当被试看到有语法错误的第二个句子时，to在600毫秒处诱发了一个大的正波。这个成分被命名为P600，“图6-10”是这两个句子产生的ERP波形，其中实线是正常的句子，虚线是有语法错误的句子。

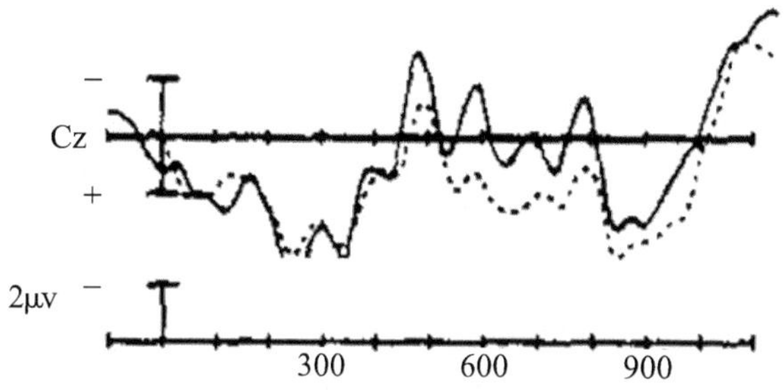

图6-10　语法错误诱发的P600（Osterhout &Holcomb，1992：795）

（三）其他成分

Luck（2005/2009：36）还说，违反语法规则还会诱发一个大约在300～500毫秒处出现的左额区负波。另外，功能词（如to和with）在左前部电极位置会诱发一个N280的成分。Ullman等人（1997）以及Ullman（2001）发现，语言是由两部分组成的，一个是储存词汇的词库，一个是生成规则形式的语法。词库在位于颞叶的“陈述性记忆系统”，而语法规则是由额叶的“程序性系统”处理的。Rudell（1990）发现了一个由视觉刺激诱发的识别电位（RP），Hinojosa等人（2001）发现，实词（名词、动词等）诱发的RP电位在大脑左右半球分布对称，而虚词（连词、介词等）则分布在左半球。Hinojosa等人的解释是：实词语义信息较多，其加工涉及范围较广的脑区，虚词语义信息少，加工主要集中在左半球。这几个研究都表明，语法和词汇是由大脑的不同部位处理的。

Hinojosa等人（2001：131）还发现，RP（识别电位）是阅读技能的一个很好的指标，在GRE语言部分（GRE Verbal）得高分的被试表现出更短的RP潜伏期，学者们据此得出结论，RP这个成分反映的是阅读速度。

（四）关于汉语的发现

夏志超、洪恬、张林军、舒华（2014：18-19）引用了Krishnan, Xu, Gandour, &Cariani（2005）的研究，该研究发现，和非汉语母语者相比，汉语母语者的脑干诱发电位表现出更好的音高表征和更精确的音高追踪能力。他们认为，这种差异显然是由不同的语言经验引起的，证明了长期语言经验对底层神经结构声音编码能力的塑造作用（Krishnan, Xu, Gandour, & Cariani, 2005）。

（五）在二语习得方面的发现

使用ERP研究与第二语言有关的问题，已经有了一些尝试。Hinojosa等人（2001：131）引用Rudell（1990）的一个发现。实验者给不会说汉语的英语被试呈现英语和汉语词汇，在200到250毫秒的潜伏期后，英语词诱发了一个来自枕叶的识别成分（RP），而汉语词没有诱发这个成分。然后，实验者再给不懂英语的汉语被试呈现汉语词和英语词，汉语词诱发了RP成分，而英语词没有诱发这个成分。

Bowden等人2013年做了一个实验，实验目的是考察外语学习者在句法处理上和母语者有什么差异。作者选择的被试是高年级（三年级）和低年级（一年级）西班牙语学习者，被试的母语是英语，被试均为在校大学生。高年级组有到过西班牙语国家的经历，低年级组没有国外经历。参照组是西班牙语母语者。测试目标是词序。他们的实验有这样几个发现，三组都出现了N400。西班牙语母语者和高年级组在300～425毫秒时间窗口出现LAN（左侧早期负波），L2低级组在这个时间窗口出现了一个左侧早期到中—早期的正波，但他们不知道这个正波如何解释。西班牙语母语者、高年级组在600～900毫秒时间窗口出现P600，低年级组没出现。

作者认为他们的研究有几个重要发现：第一，在900～1200毫秒时间窗口，高年级组和西班牙语母语组在统计上没有差异，这说明从实验的第一秒开始，在处理目标词的词序方面，两组基本上没有差异，即使有，也很小。第二，两组不同的地方是，在900～1200毫秒期间，西班牙语母语组有后早期负波，而高年级组没有。第三，高年级组显示出更像母语组的句法处理方式，而低年级组没表现出来，低年级组只显示出早前期正波和连续的弱正波。

四、ERP 技术能给语言测试什么启示

在第二章，我们讨论过乔姆斯基的语言理论，乔姆斯基认为人的语言能力是一种由遗传决定的生物禀赋，他把语言能力看成一个基因型要素，而语言表现是一个表现型要素。人的语言表现（performance）是发生在人的大脑里的生理和心理过程。语言基因 Foxp2 的发现支持了乔姆斯基关于语言能力的假说，ERP 研究显示，语言活动表现为脑电的变化。这种脑电的变化表现在大脑皮层和头皮上，表现在大脑皮层和头皮上的脑电变化，实际上就是乔姆斯基所说的语言表现。我们上面提到了 Ullman 等人（1997）的一个发现，即词库位于颞叶的“陈述性记忆系统”，而语法规则由额叶的“程序性系统”处理，这个发现也是对乔姆斯基的极好支持，乔姆斯基认为语法是一个计算系统，这个计算系统从词库得到词汇，生成的结构在发音—感知系统（PF）找到它的语音形式，在概念—意义系统（LF）得到意义，最终形成一个句子。我们可以认为，Ullman 等人所说的“额叶的程序性系统”就是乔姆斯基所说的计算系统，甚至于可以说，额叶的程序性系统就是乔姆斯基所说的 LAD。

现在我们看到，乔姆斯基语言能力—语言表现的假说得到了 ERP 技术的支持，通过 ERP 技术去观察、分析脑电，也就是分析语言表现，这已经成为现实。这样一来，语言学已经有可能还原成为生物学。关于这一点，乔姆斯基（2000：6）说得很清楚：

> ［语言学］它承担起对自然界中一个真实客体的研究，这个真实的客体就是大脑，以及它的状态和功能，这样一来，关于心智的研究最终就会整合成生物科学。

除了乔姆斯基以外，还有一些人有相同的看法。维格纳和桑顿（1992/2001：277）说，“我相信，心理学是以某种我们还很不了解的方式同物理学相联结的”。多伊奇（2002：106）认为，“大脑是有限的物理对象，它的所有功能都是物理过程”。波普尔（1972/2001：26）则说：

> 我觉得应该把心理学看作一门生物学的学科，尤其是关于获得知识的心理学理论应该看作是生物学的学科。

马赫（1926/2000：319）早在 20 世纪初就说过：

> 所有测量仅仅在于比较什么在质上是相像的，在于注意什么是相等的和什么

是不相等的，从而把诸如部分地依赖于观察主体的感性知觉的质从作用中除掉。内省的心理学起初无法消除定性特征，测量概念迄今在那里几乎没有任何意义，但是通过把它建立在生理学上并间接地建立在物理学上，心理学家可以在未来改变这种事态。

今天已经是马赫所说的“改变事态”的时候了，ERP 正是一种物理学方法，而且使用这种方法对语言所做的研究已经取得了大量的成果。当然，到目前为止，ERP 的应用还没有进入语言测试领域，目前有关语言的 ERP 研究主要在语言病理学、语言认知以及对语境失匹配、病句等特异性反应等方面。我们现在的想法是，应该考虑把 ERP 技术引入语言测试领域了。

我们上面介绍的 Bowden 等人 2013 年的实验已经很接近语言测试了。对于把 ERP 引入语言测试领域，我们有如下考虑：

第一，由语言刺激诱发的 ERP 就是乔姆斯基所说的语言表现，它是人的语言能力的反映。虽然我们不能直接测量人的语言能力，但 ERP 技术已经允许我们去测量语言活动产生的脑电了。如果用 ERP 测量语言表现是可行的，那么和使用多项选择题相比，我们就前进了一大步。

第二，用 ERP 测量二语者的外语能力应该是可行的。Rudell（1990）的实验显示的是一种极端情况，说英语但不懂汉语的被试根本就不会对汉语产生识别电位（RP），说汉语但不懂英语的人也不会对英语产生识别电位，这两种情况的对比是明显的。或者我们可以说，给被试听一种他完全不懂的语言时，他根本不会产生由语言刺激诱发的电位。如果被试在某种程度上懂一种外语，当接受这种外语的刺激时，他的脑电反应应该介于该语言母语者和完全不懂这种语言的人的反应之间。

如果事情是这样，我们可以这样做：设计若干测试句，先得到这些句子在母语者那里诱发出的 ERP，这些 ERP 波形就是“标准答案”。有了标准之后，我们给二语者听这些句子，如果二语者没有达到母语者的语言水平，在各个事件区间，他的 ERP 波形一定和母语者的波形有一定程度的差异，这些差异可以用数学的方法转换成被试的分数。

我们的上述想法是建立在以下推论上的。假定若干母语者听到一个词或句子，这些母语者大脑内产生的 ERP 波形应该是一样的，即便考虑到个体差异，他们的这些波形也应该是十分接近的，因为，如果母语者对同一个词或句子产生的 ERP 波形差异很大，他们就会对这个词或句子产生不同的理解。反过来说，如果他们对这个词或句子的理解是相同的，他们的 ERP 波形就会是一样的。

从另外一面说，如果给母语者听两个不同的句子，他对这两个句子的 ERP 反应应该是不同的，否则他会把两个句子听成同一个意思。

上述推论如果成立，我们完全可以得到母语者的标准的 ERP 波形。

第三，在以往的研究中，人们似乎只关注 N400、P600 这样的特异性成分，这些成分是由不正常的句子诱发的。如果我们试图用 ERP 做语言测试，那就不能关注这些特异性成分，而应该关注正常句子诱发出的 ERP。现在的技术也允许我们这样做。ERP 波形是不规则的波形，在得到一个正常句子的 ERP 波形之后，我们可以使用傅里叶变换对原始波形进行转换。傅里叶变换是一种数学方法，这种方法可以把任何一条波变换成正弦波。ERP 波形经过变换后，我们可以得到一系列不同频率、相位和振幅的正弦波（Luck，2005/2009：110）。母语者的原始 ERP 波形做这样的转换，二语者的波形同样做这个转换，转换之后的两组正弦波是可以比较的。最后，两组正弦波的若干差异可以用数学方法转换成被试的得分。

第四，我们还可以考虑另一个方法。前面说过，Ullman 等人发现语法结构诱发的 ERP 和词汇诱发的 ERP 来自不同的脑区，这可能也可以作为衡量二语者外语水平的指标。研究显示，水平不高的二语者对语法结构的处理方式和对词汇的处理方式是相同的，语法结构也被当作陈述性知识去处理。如果是这样的话，当二语者接受语法刺激时，他可能不会产生来自额叶的 ERP，和母语者的这个差异也可以转换成他的分数。

五、正弦函数的性质

刚才我们介绍过，ERP 波形经过转换以后，我们可以得到一系列不同频率、相位和振幅的正弦波，正弦波的形状是由正弦函数里的参数决定的。下面我们用假想的例子来说明正弦波如何比较。公式 6-2 是正弦函数：

$$y = A\sin(\omega x + \varphi) + k \qquad \text{（公式 6-2）}$$

上式中，A 是振幅，A 越大，振幅越大。φ 是初相位，它决定波形与 X 轴的关系。k 是偏距，它决定整个波形的上移或下移。ω 决定波形的周期，也就是频率，它越大，频率越高。

我们假定有一个标准波形（见“图 6-11”），即假定它是汉语母语者受到某个语言刺激时产生的波形，它的函数式是：

$$y = \sin(x)$$

再假定，有一个不标准的波形，它和标准波形的差异在于频率不同，它的波形是“图 6-11”中“频率不同”所指的那个波，其函数是：

$y = \sin(0.5x)$

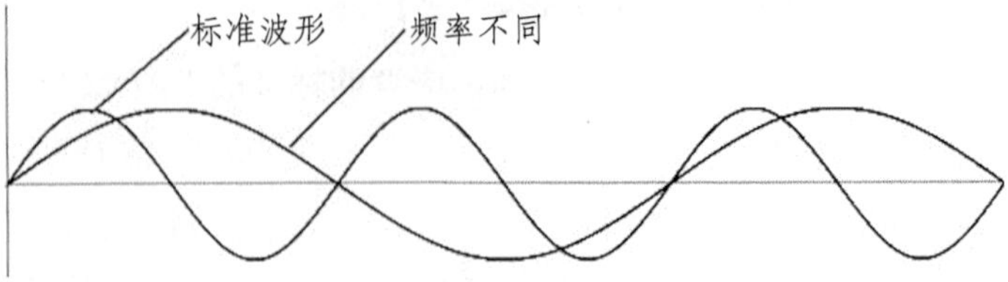

图 6-11 和标准波形频率不同

“图6-12”是一个标准波形和一个相位与之不同的波形，相位不同的那个波的函数是：

$y = \sin(x + 2)$

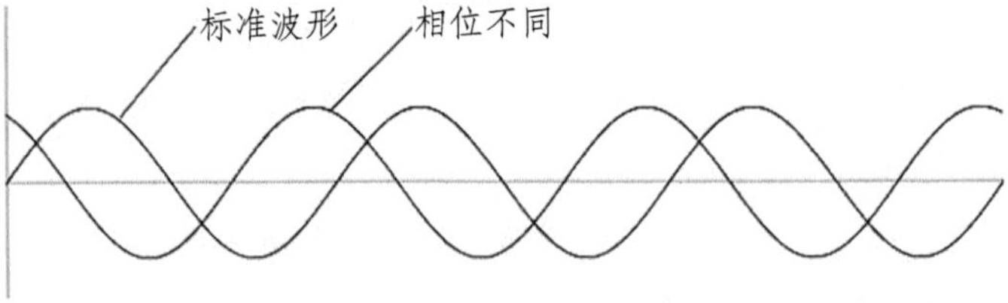

图 6-12 和标准波形相位不同

“图 6 -13”是两个振幅不同的波，振幅小的那个波的函数是：

$y = 0.3 \sin(x)$

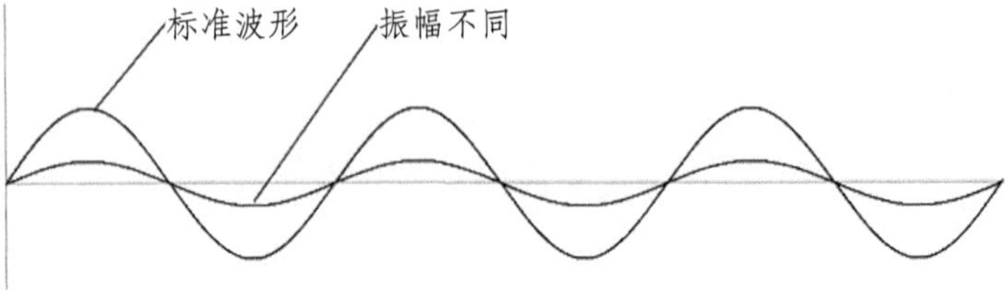

图 6-13 和标准波形振幅不同

“图 6-14”是频率、相位、振幅都与标准波形不同的波和标准波形的比较，三个参数都不同的那个波的函数是：

$y = 0.5 \sin(3x + 5)$

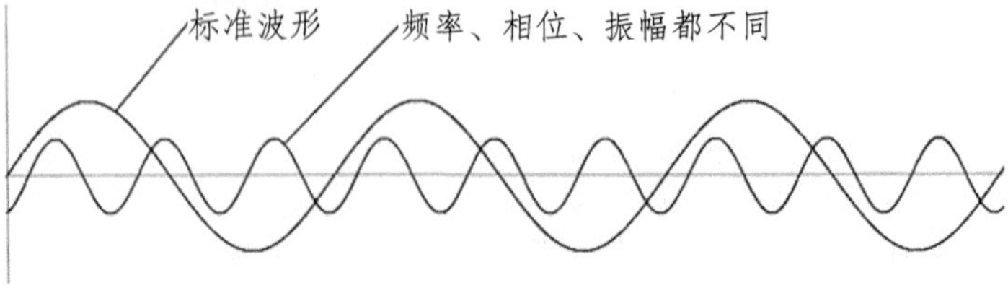

图 6-14 频率、相位、振幅都不同

上面这些例子是我们假想的，这些例子也极为简单。但从这些例子里我们可以看到，正弦波之间的差异取决于 A、φ、ω 等几个参数。如果我们能够得到汉语母语者在某个语言刺激下产生的标准波形及其参数，又能得到汉语学习者在同一个刺激下产生的波形及其参数，两套参数的差异可能就可以显示二语者和母语者的差异，据此，我们也许就能够测量出二语者的汉语水平。

六、用 ERP 做语言测试的优势

如果用 ERP 做语言测试可行，我们就找到了一种完全客观的测试方法。和目前使用的多项选择题等方法相比，ERP 有很多优点。

第一，应试培训和应试策略将不起作用。在使用多项选择题等测试方式的条件下，应试培训机构会教一些应试技巧，这些技巧可以提高被试的分数。如果使用 ERP 这些技术都会失效，因为 ERP 记录的是被试大脑对语言刺激的反应，应试技巧无法控制或改变大脑的反应，这就像人无法靠技巧控制血压、血糖一样。

第二，使用 ERP 不涉及 Messick 等人重视的伦理问题或价值问题，不会产生偏向或 DIF，因为 ERP 呈现的纯粹是脑电反应，即便测试句含有产生 DIF 的内容（如对某个群体的负面评价。当然，测试者不会选择这样的测试句），如果被试听懂了，他的 ERP 波形也会是正常的。ERP 和纸笔测试不一样，在纸笔测试中，如果被试看到冒犯他的题目内容，他可能拒绝回答。ERP 测试只要求他听或读一个句子，并记录他的脑电，不需要他在听或读一个句子后再做出另外一个行为反应。ERP 测试不会出现这样的情况：一个句子我懂了，懂了之后发现我不喜欢这个句子的内容，于是我就把我的大脑从听懂了的状态变成听不懂的状态。

第三，ERP 测试不会对教学产生负面后效，也就是考试的“指挥棒”效应会消失，因为教师或学生对学习或训练内容的选择不会改变 ERP 测试的结果。

第四，在 ERP 考试的条件下，事先泄露题目或考试作弊都将变得没有意义。即便事先把测试句告诉被试，如果他的语言水平不够的话，他也无法把自己的 ERP 波形弄得和母语者一样。

当然，我们也要承认，用 ERP 做语言测试现在还只是一个设想，在这个设想实现之前，我们还有很长的路要走。

ERP 研究目前已有的成果大部分是在 N400、P600 这样的特异性成分上，N400、P600 这样的东西从理论上说虽然也可以用于测试（如水平不够时二语者可能感觉不到失匹配、病句等），但更多地还是要用正常的句子作为刺激物。但母语者感知和产出正常句子时产生的波形似乎还太少，这需要做大量的实验，积累大量可靠的材料。得到母语者正常句子的标准 ERP 波形后，这些波形还需要做傅里叶转换。傅里叶转换得到了大大小小的正弦波，我们还要进一步求得正弦函数以获取参数。得到标准的 ERP 波形和相应的正弦波后，我们还要做大量的实验，去观察水平不同的二语者的波形和标准波形的差异，以便设计评分标准。

二语者和母语者在波形上的差异是否足以刻画这两种人语言能力上的差异，这也需要大量的研究和积累。目前这样的研究还很少。

如果上述两个问题将来能够解决，现在就剩最难解决的一个问题了：被试和社会是否接受这种测试方式。尽管验血、透视、B 超等在体检和医疗中早已被接受，但你现在说，咱们也用体检的办法测语言能力，人们会是什么反应呢？

但无论有什么困难，我们认为这都是值得去实验、去研究的，因为语言能力是人脑的一种机能，语言表现（乔姆斯基所说的 performance）是人脑的一种活动状态，ERP 测到的正是出现语言活动时的人脑的状态，没有什么测量比 ERP 更接近语言能力的本质了！

如果这个设想能够实现，语言测验的构想效度问题就有望解决：我们测到的是二语学习者的脑电，这是他大脑语言活动的表现，这个表现可以转换成一系列正弦波，这些波可以用一系列正弦函数来表示，不同语言水平的被试的差异在于其正弦函数的参数上的差异。

如果这个设想能够实现，乔姆斯基提出的语言能力问题将会部分地解决：一个语法格式不是用“主—谓—宾”这样的形式去表示，而是用母语者的标准 ERP 波形和一个正弦函数去表示。如果这个目标能实现，语言学就还原成生物学了，也就变成了真正的科学。

参考文献

柏拉图——《柏拉图全集·第一卷》，王晓朝译，北京：人民出版社，2002。

查尔斯·杰克逊（1996）《了解心理测验过程》，姚萍译，万传文审校，北京：北京大学出版社，2000。

戴海崎、简小珠（2005）被试作答的偶然性对IRT能力估计的影响研究，《心理科学》第6期，1433-1436。

戴维·多伊奇（2002）《真实世界的脉络》，梁焰、黄雄译，桂林：广西师范大学出版社。

恩斯特·马赫（1926）《认识与谬误——探究心理学论纲》，李醒民译，北京：华夏出版社，2000。

费尔迪南·德·索绪尔（1916）《普通语言学教程》，高名凯译，岑麒祥、叶蜚声校注，北京：商务印书馆，1980。

冯·诺伊曼（1999）论数学，见邓东皋、孙小礼、张祖贵编《数学与文化》，北京：北京大学出版社。

高兰生、陈辉岳（1996）《英语测试论》，南宁：广西教育出版社。

郭桃梅、彭聃龄（2003）从语义启动效应看事件相关电位N400的实质，《心理科学》第4期，750，746。

海然热（1985）《语言人——论语言学对人文科学的贡献》，张祖建译，北京：三联书店，1999。

汉斯·波塞尔（2002）《科学：什么是科学》，李文潮译，上海：上海三联书店。

金瑜（2001）《心理测量》，上海：华东师范大学出版社。

卡尔·波普尔（1935）《科学发现的逻辑》，查汝强、邱仁宗、万木春译，杭州：中国美术学院出版社，2008。

卡尔·波普尔（1940）《猜想与反驳》，傅季重等译，上海：上海译文出版社，1986。

卡尔·波普尔（1972）《客观知识：一个进化论的研究》，舒炜光、卓如飞、周柏乔、曾聪明等译，上海：上海译文出版社，2001。

卡尔·皮尔逊（1892）《科学的规范》，李醒民译，北京：华夏出版社，1999。

康德（1871）《康德三大批判合集》，邓晓芒译，杨祖陶校，北京：人民出版社，2009。

李姝雯（2012）IRT中Logistic模型的c参数对b值、a值及θ值的影响（课程论文）。

李筱菊（1997）《语言测试科学与艺术》，长沙：湖南教育出版社。

刘海涛、黄伟（2012）计量语言学的现状、理论与方法，《浙江大学学报（人文社会科学版）》第 2 期，179-192。

刘润清（1991）《语言测试和它的方法》，北京：外语教学与研究出版社。

刘英林（1990）汉语水平考试（HSK）述略，《中国语文》第 4 期。

莫里茨·石里克（1949）《自然哲学》，陈维杭译，北京：商务印书馆，1984。

尼尔·史密斯、达埃德尔·威尔逊（1982）《现代语言学——乔姆斯基革命的结果》，李谷城、方立、徐克荣译，刘润清校，北京：外语教学与研究出版社。

宁春岩（1982）普遍语法与个别语法，见黑龙江大学《外语学刊》编辑部编《乔姆斯基语言理论介绍》。

欧内斯特·内格尔（1979）《科学的结构：科学说明的逻辑问题》，徐向东译，上海：上海译文出版社，2002。

帕特里克·苏佩斯（2002）《科学结构的表征与不变性》，成素梅译，上海：上海译文出版社，2011。

漆书清、戴海崎（1992）《项目反应理论及其应用研究》，南昌：江西高校出版社。

漆书清、戴海崎、丁树良（2002）《现代教育与心理测量学原理》，北京：高等教育出版社。

邵学才、叶秀明（2001）《离散数学》，北京：电子工业出版社。

孙小礼（1987）科学理论，见《中国大百科全书》总编辑委员会编《中国大百科全书·哲学》，北京：中国大百科全书出版社。

同济大学应用数学系（2002）《高等数学》（第 5 版），北京：高等教育出版社。

汪存友、余嘉元（2008）CTT 与 IRT 参数不变性比较的实证研究综述，《南京师大学报（社会科学版）》第 2 期，93-98。

汪丁丁（1997）“学术中心”何处寻？，《读书》第 7 期。

王权（1993）《现代因素分析》，杭州：杭州大学出版社。

魏景汉、罗跃嘉（2010）《事件相关电位原理与技术》，北京：科学出版社。

吴文（2012）简论生物语言学的发展，《郑州师范教育》第 2 期，53-58。

夏志超、洪恬、张林军、舒华（2014）脑干诱发电位在言语感知研究中的应用，《心理科学进展》第 1 期，14–26。

许国璋（1985）社会语言学和唯理语言学在理论上的分歧，见祝畹瑾编《社会语言学译文集》，北京：北京大学出版社，1985。

尤金·P. 维格纳，安德鲁·桑顿（1992）《乱世学人——维格纳自传》，关洪译，上海：上海科技教育出版社，2001。

约翰·莱昂斯，（1977）《诺姆·乔姆斯基》，杨光慈译，北京：商务印书馆，1996。

詹尼弗·特拉斯特德（1979）《科学推理的逻辑》，刘钢、任定成译，石家庄：河北科学技术出版社，2000。

张厚粲、徐建平（2003）《现代心理与教育统计学》，北京：北京师范大学出版社。

张凯（主编）（2013）《语言测试概论》，北京：商务印书馆。

周大军、高兰生（1998）交际性语言测试理论述评，《外语教学与研究》第2期，40-47。

C. F. 霍凯特（1958）《现代语言学教程》，索振羽、叶蜚声译，北京：北京大学出版社，1986。

C. G. 亨普尔（1966）《自然科学的哲学》（附英文版），张华夏译，北京：中国人民大学出版社，2006。

C. L. 赫林，F. 德雷斯哥，C. K. 帕森斯（1983）《项目反应理论：在心理测量中的应用》，华东师范大学教育资讯中心译，武汉：湖北教育出版社，1990。

Chomsky, N. (1982) 乔姆斯基序，赵辛而译，见黑龙江大学《外语学刊》编辑部编《乔姆斯基语言理论介绍》。

Chomsky, N.（1992）《乔姆斯基语言哲学文选》，徐烈炯、尹大贻、程雨民译，北京：商务印书馆。

Chomsky, N. (2010) 如何看待今天的生物语言学方案，司富珍译，黄正德、沈阳审校，《语言科学》第2期，113-123。

D. 海姆斯（1972）论交际能力，吴兆颐译，见祝畹瑾编《社会语言学译文集》，北京：北京大学出版社，1985。

M. 罗德，R. 诺维克（1968）《心理测验分数的统计理论》，叶佩华等译，福州：福建教育出版社，1992。

R. H. 罗宾斯，（1997）《简明语言学史》（第4版），许德宝、冯建明、胡明亮译，北京：中国社会科学出版社。

S. Luck（2005）《事件相关电位基础》，范思陆、丁玉珑、曲折、傅世敏译，范思陆、高定国校，上海：华东师范大学出版社，2009。

W. C.丹皮尔（1958）《科学史及其与哲学和宗教的关系》，李珩译，张今校，北京：商务印书馆，1997。

Aiekn, L. R. (1996) *Assessment of Intellectual Functioning*. New York: Plenum Press.

Alderson, J. C., C. Clapham, D. Wall. (1995) *Language Test Construction and Evaluation*. Cambridge: Cambridge University Press.

American Psychological Association (APA), (1954) *Technical Recommendations for Psychological Tests and Diagnostic Techniques*. Washington, D. C.: APA.

Anastasi, A. (1961) *Psychological Testing* (2nd Edition). New York: Macmillan Publishing Co., Inc.

Anastasi, A. (1982) *Psychological Testing* (5th Edition). New York: Macmillan Publishing Co., Inc.

Anastasi, A. (1986) Evolving concepts of test validation. *Annual Review Psychology*, Vol. 37: 1-15.

Anastasi, A. & S. Urbina (1997) *Psychological Testing* (7th Edition). New Jersey: Prentice-Hall, Inc.

Andersen, E. B. (1995) What George Rasch would have thought about this book. In G. H. Fischer, I. W. Molenaar (eds.) *Rasch Models*. New York: Springer-Verlag.

Andersen, E. B. & L. W. Olsen, (2001) The life of George Rasch as a mathematician and as a statistician. In A. Boomsma, M. A. J. van Duijn, T. A. B. Snijder (eds.) *Essays on Item Response Theory*. New York: Springer-Verlag New York Inc.

Attali, Y. & J.Burstein (2006) Automated essay scoring with e-rater® V. 2. *The Journal of Technology, Learning, and Assessment*, Vol. 4, No. 3. JTLA， 1-31.

Bachman, L. F. (1982) The trait structure of cloze test scores, *TESOL Quarterly*, Vol. 16, No. 1: 61-70.

Bachman, L. F. (1990) *Fundamental Considerations in Language Testing*. Oxford: Oxford University Press.

Bachman, L. F. (2000) Modern language testing at the turn of the century: Assuring that what we count counts. In *Language Testing* Vol. 17, No.1: 1–42.

Bachman, L. F. & A. S. Palmer (1981a) A multitrait-multimethod investigation into the construct validity of six tests of speaking and reading. In Palmer A. S., P. J. M Groot, G. A. Trosper (eds.) *The Construct Validation of Tests of Communicative Competence.* Washington, D. C.: TESOL.

Bachman, L. F. & A. S. Palmer (1981b) The construct validation of the FSI oral interview. In *Language Learning*, Vol. 31, Issue 1: 67–86.

Bachman, L. F. & A. S. Palmer (1982) The construct validation of some components of communicative proficiency. *TESOL Quarterly*, Vol. 16, No. 4: 449-465.

Bachman, L. F. & A. S. Palmer (1989) The construct validation of self-ratings of communicative language ability. *Language Testing*, Vol. 6, No. 1: 14-29.

Bachman, L. F. & A. S. Palmer. (1996) *Language Testing in Practice*. New York: Oxford University Press.

Baker, F. B. (2001) *The Basics of Item Response Theory*, ERIC Clearinghouse on Assessment and Evaluation.

Baker, F. B. & Kim, Seock-ho (2004) *Item Response Theory: Parameter Estimation Techniques* (2nd Edition). New York: Marcel Dekker, Inc.

Barnwell, D. P. (1996) *A History of Foreign Language Testing in the United States*. Arizona: Bilingual Press.

Bennett, R. E. & Bejar, I. I. (1998). Validity and automated scoring: It' s not only the scoring. *Educational Measurement: Issues and Practice*, Vol. 17, Issue 4, 9-17.

Bolton, K. (1992) Sociolinguistics today: Asia and the West. In K. Bolton & H. Kwok (eds.) *Sociolinguistics Today: International Perspectives*. London: Routledge.

Borsboom, D. & A. Z. Scholten (2008) The Rasch model and conjoint measurement theory from the perspective of psychometrics. *Theory & Psychology*. Vol. 18 (1) : 111–117.

Botha, R. P. (1989) *Challenging Chomsky: The Generative Garden Game*. Oxford: Basil Blackwell.

Bowden, H. W., K. Steinhauer, C. Sanz, M. T. Ullman (2013) Native-like brain processing of syntax can be attained by university foreign language learners. *Neuropsychologia*. Vol. 51, 2492–2511.

Brown, J. D. (1996). *Testing in Language Programs*. New Jersey: Prentice Hall.

Burstein, J. C., K.Kukich, S. Wolff, C. Lu, & M. Chodorow, (1998) *Computer Analysis of Essays*. Paper presented at the annual meeting of the National Council of Measurement in Education, San Diego, CA.

Campbell, D. T. & D. W. Fiske (1959) Convergent and discrimination validation by the multitrait-multimethod matrix. *Psychological Bulletin*, Vol. 56, No. 2: 81-105.

Canale, M. & M. Swain (1980) Theoretical bases of communicative approaches to second language teaching and testing. *Applied Linguistics*, Vol. 1, 1: 1-47.

Carroll, J. B. (1968) Development of native language skills beyond the early years. *Research Bulletin*, New Jersey: Educational Testing Service.

Carroll, J. B. (1973) Foreign language testing: Will the persistent problems persist? In O'brien, M. C. (ed.) *Testing in Second Language Teaching: New Dimensions*. Dublin: ATESOL-Ireland.

Chapelle, C. A. (1998) Construct definition and validity in SLA research. In L. F. Bachman and A. D. Cohen (eds.) *Interfaces Between Second Language Acquisition and Language Testing Research*. Cambridge: Cambridge University Press.

Chodorow, M. & Burstein, J. (2004) Beyond Essay Length: Evaluating e-rater®' s Performance on TOEFL® Essays. ETS *Research Reports* 73.

Chomsky, N. (1965) *Aspects of the Theory of Syntax*. Cambridge MA: The MIT Press. 中译本《句法理论的若干问题》，黄长著、杨书武、沈家煊译，北京：中国社会科学出版社，1986。

Chomsky, N. (1966) *Cartesian Linguistics*. New York: Harper & Row Publishers.

Chomsky, N. (1968) *Language and Mind*. 中译本《语言与心理》，牟小华、侯月英译，北京：华夏出版社，1989。

Chomsky, N. (1980) *Rules and Representations*. New York: Columbia University Press.

Chomsky, N. (1986) *Knowledge of Language: Its Nature, Origin and Use*. New York: Praeger Publishers.

Chomsky, N. (1988) *Language and Problems of Knowledge*. Cambridge MA: The MIT Press.

Chomsky, N. (1995) *The Minimalist Program*. Cambridge: The MIT Press.

Chomsky, N. (2000) *New Horizons in the Study of Language and Mind*. Cambridge: Cambridge University Press.

Chomsky, N. (2002) *On Nature and Language*. Cambridge: Cambridge University Press.

Chow, G. C. (1960) Tests of equality between sets of coefficients in two linear regressions, *Econometrica*, Vol. 28, 3, 591-605.

Cliff, N. (1992) Abstract measurement theory and the revolution that never happened. *Psychological Science, No.*3, 186-190.

Cliff. N. (1993). What is and isn't measurement. In G. Keren and C. Lewis (eds.) *A Handbook for Data Analysis in Behavioral Sciences: Methodological Issues*. New Jersey: Lawrence Erlbaum Associates, Publishers.

Clifford, R.T. (1981) Convergent and discriminant validation of integrated and unitary language skills: The need for a research model. In Palmer, A. S., Groot, P. J. M. & Trosper, G. A., (eds.)

The Construct Validation of Tests of Communicative Competence. Washington, D. C: TESOL.

Cook, G. (1998) Communicative competence. In K. Johnson & H. Johnson (eds.) *Encyclopedic Dictionary of Applied Linguistics*. Oxford: Blackwell Publisher.

Cook, L. L., D. R. Eignor & H. L. Taft (1988) A Comparative study of the effects of recency of instruction on the stability of IRT and conventional item parameter estimates. *Journal of Educational Measurement*. Spring 1988, Vol. 25, No. 1, 31-45.

Cook, V. & Newson, M. (1996) *Chomsky's Universal Grammar: An Introduction*. Oxford: Blackwell Publisher.

Courville, T. G. (2004) *An Empirical Comparison of Item Response Theory and Classical Test Theory Item-Person Statistics*. PhD thesis of Texas A & M University.

Crocker, L. & J. Algina. (1986). *Introduction to Classical and Modern Test Theory*. New York: CBS College Publishing.

Cronbach, L. J. (1957) The two disciplines of scientific psychology. *American Psychologist*, Vol. 12, 671-648.

Cronbach, L. J. (1971) Test validation. In R. L. Thorndike (ed.) *Educational Measurement* (2nd Edition). Washinton, D. C.: American Council on Education.

Cronbach, L. J. (1989) Construct validation after thirty years. In R. L. Linn (ed.) *Intelligence, Measurement, Theory and Public Policy*. Urbana-Champaign: University of Illinois Press.

Cronbach, L. J. (1990) *Essentials of Psychological Testing* (5th Edition). New York: Harper and Row Publishers.

Cronbach, L. J. & P. E. Meehl (1955) Construct validity in psychological tests. *Psychological Bulletin*, *52*, 281-302.

Davies, A. (1983) The validity of concurrent validation. In A. Hughes & D. Porter (eds.) *Current Developments in Language Testing*. London: Academic Press.

Davies, A. (1990) *Principles of Language Testing*. Oxford: Basil Blackwell.

De Jong J. H. A. L. & L. Verhoeven (1992) Modeling and assessing language proficiency. In Verhoeven, L., J. H. A. L. de Jong (eds.) *The Construct of Language Proficiency*. Amsterdam: John Benjamins Publishing Company.

Ebel, R. L. & D. A. Frisbie (1991) *Essentials of Educational Measurement*. New Jersey: Prentice-Hall.

Elliot, S. M. (2001) *IntelliMetric: From Here to Validity.* Paper presented at the annual meeting of the American Educational Research Association, Seattle, WA.

Ellis, R. (1994) *The Study of Second Language Acquisition*. New York: Oxford University Press.

Embretson, S. E., S. P. Reise (2000) *Item Response Theory for Psychologists*. New Jersey: Lawrence Erlbaum Associates, Publishers.

Enard W., S. Gehre, K. Hammerschmidt, S. M. Hölter, T. Blass, M. Somel, M. K. Brückner, C. Schreiweis, C. Winter, R. Sohr, L. Becker, V. Wiebe, B. Nickel, T. Giger, U. Müller, M. Groszer, T. Adler, A. Aguilar, I. Bolle, J. Calzada-Wack, C. Dalke, N. Ehrhardt, J. Favor, H. Fuchs, V. Gailus-Durner, W. Hans, G. Hölzlwimmer, A. Javaheri, S. Kalaydjiev, M. Kallnik, E. Kling, S. Kunder, I. Moßbrugger, B. Naton, I. Racz, B. Rathkolb, J. Rozman, A. Schrewe, D. H.Busch, J. Graw, B. Ivandic, M. Klingenspor, T. Klopstock, M. Ollert, L. Quintanilla-Martinez, H. Schulz, E. Wolf, W. Wurst, A. Zimmer, S. E. Fisher, R. Morgenstern, T. Arendt, M. H. de Angelis, J. Fischer, J. Schwarz, S. Pääbo (2009) A humanized version of Foxp2 affects cortico-basal ganglia circuits in mice. *Cell*, Vol. 137: 961–971.

Fan, Xitao (1998) Item response theory and classical test theory: An empirical comparison of their item/person statistics. *Educational and Psychological Measurement*, Vol. 58, No.3, 357-381.

Fraenkel J. R. & N. E. Wallen. (1993). *How to Design and Evaluate Research in Education* (2nd Edition). New York: McGraw-Hill, Inc.

Gigerenzer, G.& G. Strube (1983) Are there limits to binaural additivity of loudness? *Journal of Experimental Psychology: Human Perception and Performance*. Vol. 9, No. 1, 126-136.

Gould, S. J. (1981) *The Mismeasure of Man*. New York: W. W. Norton & Company, Inc.

Green, A. (1998) *Verbal Protocol Analysis in Language Testing Research: A Handbook.* Cambridge: Cambridge University Press.

Hambleton, R. D. (1989) Principles and selected applications of item response theory, in Linn, R. L. (ed.) , *Educational Measurement* (3rd Edition). New York: Macmillan Publishing Company.

Hambleton, R. D., H. Swaminathan, H. J. Rogers (1991) *Fundamentals of Item Response Theory*. Newbury Park: SAGE Publications.

Hempel, C. G. (1952) Fundamentals of concept formation in empirical science, in

International Encyclopedia of Unified Science, Vol. II, 7. Chicago: University of Chicago Press.

Henning, G. (1987) *A Guide to Language Testing: Development, Evaluation, Research*. New York: Newbury House Publishers.

Hinojosa, J. A., M. Martín-Loeches & F. J. Rubia (2001) Event-related potentials and semantics: An overview and an integrative proposal. *Brain and Language*, Vol. 78, 128–139.

Hurst, J. A. , M. Baraitser, E. Auger, F. Graham and S. Norell (1990) An extended family with a dominantly inherited speech disorder. In *Developmental Medicine & Child Neurology*, Vol. 32, Issue 4: 352–355.

Hymes, D. (1974). *Foundations in Sociolinguistics: An Ethnographic Approach*. London: Tavistock Publications.

Kane, M. T. (2001) Current concerns in validity theory. In *Journal of Educational Measurement*, Vol. 38, No. 4, 319-342.

Kant, I. (1781) *Critique of Pure Reason*. The 1929 Norman Kemp Smith translation. New York: Macmillan and Company Limited.

Kess, J. F. (1992) *Psycholinguistics: Psychology, Linguistics, and the Study of Nature Language*. Amstedam: John Benjamins Publishing Company.

Kline, P. (1998) *The New Psychometrics: Science, Psychology and Measurement*. London: Routledge.

Krantz, D. H. (1967) Extensive measurement in semiorders. *Philosophy of Science,* Vol. 34, No. 4, 348-362.

Krantz, D. H., R. D. Luce, P. Suppes, and A. Tversky (1971) *Foundations of Measurement,* Vol. 1, New York: Academic Press.

Krishnan, A., X. Yisheng, G. Jackson, C. Peter Ariani (2005) Encoding of pitch in the human brainstem is sensitive to language experience. *Cognitive Brain Research,* Vol. 25, 161-168.

Kutas, M., & S. A. Hillyard. (1980) Reading senseless sentences: Brain potentials reflect semantic incongruity. *Science* 207. 203-205.

Lado, R. (1961) *Language Testing: The Construction and Use of Foreign Language Tests.* New York: Mcgraw-Hill.

Landauer, T. K., P. W. Foltz & D. Laham (1998) Introduction to latent semantic analysis. *Discourse Processes,* Vol. 25, 259-284.

Larsen-Freeman, D. & M. H. Long (1991). *An Introduction to Second Language Acquisition Research*. London: Longman.

Levelt, W. J. M., J. B. Riemersma & A. A. Bunt (1972) Binaural additivity of loudness. *The British Journal of Mathematical and Statistical Psychology*, Vol. 25, 51-68.

Loevinger, J. (1957) Objective tests as instruments of psychological theory. *Psychological Reports,* Vol. 3, 635-694.

Loewenthal, K. M. (2001) *An Introduction to Psychological Tests and Scales*. East Suseex: Psychological Press.

Lord, F. M. (1952) *A Theory of Test Scores*. (Psychometric Monograph No. 7). Richmond, VA: Psychometric Corporation.

Lord, F. M. (1980) *Applications of Item Response Theory to Practical Testing Problems*. New Jersey: Lawrence Erlbaum Associates, Publishers.

Luce, R. D. (1966) Two extensions of conjoint measurement. *Journal of Mathematical Psychology,* Vol. 3, 348-370.

Luce, R. D. & J. W. Tukey (1964) Similtaneous conjoint measurement: A new type of fundamental measurement. *Journal of Mathematical Psychology,* Vol. 1, 1-27.

Lyons, J. (1996) On competence and performance and related notions. In Brown, G., Malmkjaer, J. Williams (eds.) *Performance and Competence in Second Language Acquisition*. Cambridge: Cambridge University Press.

McNamara T. (1996) *Measuring Second Language Performance.* New York: Longman.

Meier, S. T. (1994) *The Chronic Crisis in Psychological Measurement and Assessment: A Historical Survey*. San Diego: Academic Press.

Messick, S. (1975) The standard problem: Meaning and values in measurement and evaluation. *American Psychologist*. October 1975: 955-966.

Messick, S. (1989a) Validity. In R. L. Linn (ed.) *Educational Measurement* (3rd Edition). New York: Macmillan Publishing Company.

Messick, S. (1989b) Meaning and values in test validation: The science and ethics of assessment. *Educational Researcher*, Vol. 18, No. 2 (Mar., 1989) , 5-11.

Messick, S. (1996) Validity and washback in language testing. In *Language Testing*, Vol. 13, No. 3: 241-256.

Messick, S. (1998a) Consequences of test interpretation and use: The fusion of validity and values in psychological assessment. *Research Report*, RR-98-48, Princeton, New Jersey: Educational Testing Service.

Messick, S. (1998b) Test validity: A matter of consequence. *Social Indicators Research*, Vol. 45:35–44.

Michell, J. (1988) Some problems in testing the double cancellation condition in conjoint measurement. *Journal of Mathematical Psychology,* Vol. 32, 466-473.

Michell, J. (1999) *Measurement in Psychology: Critical History of a Methodological Concept*. Cambridge: Cambridge University Press.

Michell, J. (2009) The psychometrician' s fallacy: Too clever by half? *The British Journal of Mathematical and Statistical Psychology*, Vol. 62, 41-55.

Milanovic, M. & N. Saville (1996) Introduction. In Milanovic, M. & N. Saville (eds.) *Performance Testing, Cognition and Assessment: Selected Papers from the 15th Language Testing Research Colloquium*. Cambridge: Cambridge University Press.

Miller, G. A. & Chomsky, N. (1963) Finitary models of language users. Volume II, In D. R. Luce, R. R. Bush, and G. Eugene (eds.) *Handbook of Mathematical Psychology*. New York and London: John Wiley and Sons, Inc.

Morgan, C. L. (1891) *Animal Life and Intelligence*. Boston: Ginn & Company, Publishers, 1895.

Moss, P. A. (1995) Themes and variations in validity theory. *Educational Measurement: Issues and Practice*. Summer 1995: 5-13.

Nagel, E. (1931) Measurement. *Erkenntnis*. Vol. 2, 313-333.

Nunnally, J. C. & I. H. Bernstein. (1994) *Psychometric Theory*. New York: McGraw-Hill.

Oller, J. W. Jr. (1976) Evidence of a general language proficiency factor: An expectancy grammar. *Die Nueren Sprachen*, Vol. 76: 165-174.

Oller, J. W. Jr. (1979) *Language Tests at School: A Pragmatic Approach*. London: Longman.

Olsen, L. W. (2003). *Essays on George Rasch and His Contributions to Statistics*. www.rasch.org.

Osterhout, L. & P. J. Holcomb (1992) Event-related brain potentials elicited by syntactic anomaly. *Journal of Memory and Language*. Vol. 31, 785-806.

Page, E. B. (1966) The imminence of grading essays by computer. *Phi Delta Kappan*. Vol. 47, No. 5, 238-243.

Page, E. B. (1994) Computer grading of student prose, using modern concepts and software. *Journal of Experimental Education,* Vol. 62, 127-142.

Payne, D. A. (1997) *Applied Educational Assessment*. Belmont: Wadsworth Publishing Company.

Pearson K. (1892) *The Grammar of Science*. London: Adam and Charles Black, 1900.

Piattelli-Palmarini, M. (ed.) (1980) *Language and Learning: The Debate between Jean Piaget and Noam Chomsky*. London: Routledge and Paul.

Piattelli-Palmarini, M., J. Uriagereka and P. Salaburu (eds.) (2009) *Of Minds and Language: A Dialogue with Noam Chomsky in the Basque Country*. Oxford: Oxford University Press.

Popham, W. J. (1997) Consequential validity: Right concern-wrong concept. *Educational Measurement: Issues and Practice*, Summer 1997, 13: 9-13.

Premack, D. (1980) 乔姆斯基与皮亚杰辩论中的发言。In M. Piattelli-Palmarini, (ed.) (1980) *Language and Learning: The Debate between Jean Piaget and Noam Chomsky*. London: Routledge and Paul.

Radford, A. (1997) *Syntax: A Minimalist Introduction*. Cambridge: Cambridge University Press.

Rasch, G. (1960/1980) *Probabilistic Models for Some Intelligence and Attainment Tests*. Copenhagen: DPI (Expanded edition of Rasch (1960). Chicago: The University of Chicago Press.

Rasch, G. (1961) On general laws and the meaning of measurement in psychology. In J. Neyman (ed.) *Proceedings of the Fourth Berkeley Symposium on Mathematical Statistics and Theory of Probability*, Vol. IV, 321-333, Berkeley: University of California Press.

Rasch, G. (1966a) An individualistic approach to item analysis. In P. E. Lazarsfeld & N. W. Henry (eds.) *Readings in Mathematical Social Science*. Chicago: Science Research Associates.

Rasch, G. (1966b) An item analysis which takes individual differences into account. *The British Journal of Mathematical and Statistical Psychology*, Vol. 19: 49-57.

Rasch, G. (1977) On specific objectivity: An attempt at formalizing the request for generality and validity of scientific statements. In M. Blagvad (ed.) *The Yearbook of Philosophy*. Copenhagen: Munksgaard.

Rogers, T. B. (1995) *The Psychological Testing Enterprise: An Introduction*. Belmont: Brooks/Cole Publishing Company.

Rudner, L. M. (1983) A closer look at latent trait parameter invariance. *Educational and Psychological Measurement*. Vol. 43 (4) , 951-955.

Schreiweis, C. U. Bornschein, E. Burguièrea, C. Kerimoglu, S. Schreiter, M. Dannemann, S. Goyal, E. Rea, C. A. French, R. Puliyadi, M. Groszer, S. E. Fisher, R. Mundry, C. Winter, W. Hevers, S. Pääbo, W. Enard, and A. M. Graybiel (2014) Humanized Foxp2 accelerates learning by enhancing transitions from declarative to procedural performance. *Proceedings of the National Academy of the Sciences of the United States of America (PNAS*). Vol. 111, No.39, 14253–14258.

Scott, D. (1964) Measurement structures and linear inequalities. *Journal of Mathematical Psychology,* Vol. 1, 233-247.

Shepard, L. A. (1993) Evaluating test validity. *Review of Research in Education,* Vol. 19: 405-450.

Skehan, P. (1991) Progress in language testing: The 1990s. In Alderson, J. & B. North (eds.) *Language Testing in the 1990s: The Communicative Legacy*, London: Macmillan Publishers Limited.

Skehan, P. (1995) Analysability, accessibility, and ability for use. In G. Cook & B. Seidlhofer (eds.) *Principles and Practice in Applied Linguistics*. Oxford: Oxford University Press.

Smith, G. T. (2005) On construct validity: Issues of method and measurement. *Psychological Assessment*, Vol. 17, No. 4, 396–408.

Smith, N. (1999) *Chomsky: Ideas and Ideals*. Cambridge: Cambridge University Press.

Smith, N. (2004) *Chomsky: Ideas and Ideals*. Cambridge: Cambridge University Press.

Spolsky, B. (1995) *Measured Words*. Oxford: Oxford University Press.

Stage, C. (2003) Classical test theory or item response theory: The Swedish experience. *Educational Measurement*, Vol. 42:1-28.

Stephens, W. N. (1968) *Hypothesis and Evidence*. New York: Thomas Y. Crowell Company.

Stevens, S. S. (1946) On the theory of scales of measurement. *Science*, 103, 667-680.

Stigler, S. M. (1986) *The History of Statistics: Measurement of Uncertainty before 1900*. Cambridge: The Belknap Press of Harvard University Press.

Thorndike, R. M. (1997) *Measurement and Evaluation in Psychology and Education* (6th Edition). New Jersey: Prentice Hall, Inc.

Torgerson， W. S. (1958). Classification of scaling methods. In A. W. Ward, H. W. Stoker, M. Murray-Ward (eds.), *Educational Measurement: Origins, Theories and Explications, Volume II, Theories and Applications*. Lanham: University Press of America, Inc., 1996.

Trendler, G. (2009) Measurement theory, psychology and the revolution that cannot happen. *Theory & Psychology*. Vol. 19 (5) : 579–599.

Tucker, L. R. (1946) Maximum validity of a test with equivalent items. *Psychometrika*. Vol. 11, No.1.1-13.

Tversky, A. (1967) A general theory of polynomial conjoint measurement. *Journal of Mathematical Psychology*. Vol. 4, 1-20.

Ullman, M. T. (2001) A Neurocognitive perspective on language: The declarative procedural model. *Neuroscience*. Vol. 2: 717-726.

Ullman, M. T., S. Corkin, M. Coppola, G. Hickok, J. H. Growdon, W. J. Koroshetz, and S. Pinker (1997) A neural dissociation within language: Evidence that the mental dictionary is part of declarative memory, and that grammatical rules are processed by the procedural system. *Journal of Cognitive Neuroscience.*Vol. 9, No. 2: 266-276.

van der Linden, W. J. & R. K. Hambleton (1997) Item response theory: Brief history, common models, and extensions. In van der Linden, W. J. & R. K. Hambleton (eds.) *Handbook of Modern Item Response Theory.* New York: Springer.

Verhoeven, L. & A.Vermeer (1992) Modeling communicative second language competence. In Verhoeven, L., J. H. A. L. de Jong (eds.) *The Construct of Language Proficiency*. Amstedam: John Benjamins Publishing Company.

Wiley, D. E. (1991) Test validity and invalidity reconsidered. In R. E. Snow & D. E. Wiley (eds.) *Improving Inquiry in Social Science: A Volume in Honor of Lee J. Cronbach*. New Jersey: Lawrence Erlbaum Associates, Publishers.

Wright, B. D. (1980) Afterword. In G. Rasch (1960/1980) *Probabilistic Models for Some Intelligence and Attainment Tests*. Copenhagen: DPI (Expanded edition of Rasch (1960). Chicago: The University of Chicago Press.

Wright, B. D. (1988) Rasch model from Thurstone' s scaling requirements. In *Rasch Measurement Transactions*, 2:1, www.rasch.org.

Wright, B. D. & J. M. Linacre (1987) Rasch model derived from objectivity. In *Rasch Measurement Transactions*, 1:1, www.rasch.org.

Yamada, J. E. (1990) *Laura*. Cambridge MA: The MIT Press.

* 本书所引英文文献，除注明译者的以外，均为笔者的翻译，引用时请核对原文。

后记

这本书终于写完了，总算了了一件事。

当初编委会在讨论这套系列教材的内容时，曾定下一条原则，那就是，作为研究生教材，基本常识和理论上已经有定论的内容可以不写。本书就是按照这个原则来写的。本书讨论了语言能力、构想效度、项目反应理论（IRT）的不变性、Rasch 模型的来历、联合测量等五个问题，这五个问题都是语言测试和心理测量中的重要问题，也都是有争议、无定论的问题。本书最后提出用计量语言学和事件相关电位（ERP）的方法去解决语言测试的问题，这只是初步的设想。这两个设想能否实现，还需要我们做大量的实验和研究，当然，最后的研究结论也可能是否定性的。

本书中的部分内容，即关于语言表现（performance）、构想效度、IRT 不变性和 Rasch 模型等四个问题的部分内容，来自我过去发表的文章，这些文章在 2011 年收入《张凯自选集》。作文回归实验部分（第六章第一节）是 2014 年“第 11 届对外汉语国际学术研讨会（ICCSL 11，宁夏）”的参会论文。

在本书的资料准备和写作过程中，我的学生李姝雯同学给了我很大的帮助。作文回归实验所用的小学三年级和六年级两个作文库是她提供给我的，另外，她还帮我搜集到上百篇 ERP、语言基因等方面的文献。在此，我向她表示真诚的感谢！本书完稿后，我的学生向帮友帮我校对了全文，改正了文中的很多错误。在此，我也向他表示真诚的感谢！

张　凯

2015 年 8 月 30 日